唐房玄齡等撰

晉書

第九册

卷一〇一至卷一一六（載記）

中華書局

晉書卷一百一

載記第一

古者帝王乃生奇類，淳維、伯禹之苗裔，豈異類哉？反首衣皮，餐羶飲湩，而震驚中域，其來自遠。天未悔禍，種落彌繁。其風俗險詖，性靈馳突，前史載之，亦以詳備。軒帝患其干紀，所以徂征；武王竄以荒服，同乎禽獸。而於露寒之野，候月覘風，覩隙揚埃，乘間騁暴，邊城不得緩帶，百姓靡有室家。孔子曰：「微管仲，吾其被髮左衽矣。」此言能教訓卒伍，整齊車甲，邊埸既伏，境內以安。然則燕築造陽之郊，秦塹臨洮之險，登天山，絕地脈，苞玄菟，款黃河，所以防夷狄之亂中華，其備豫如此。

漢宣帝初納呼韓，居之亭鄣，委以候望，始寬戎狄。光武亦以南庭數萬徙入西河，後亦轉至五原，連延七郡。董卓之亂，則汾晉之郊蕭然矣。郭欽騰牋於武帝，江統獻策於惠皇，皆以爲魏處戎夷，繡居都鄙，請移沙塞之表，定一殷周之服。統則憂諸幷部，欽則慮在盟津。言猶自口，元海已至。語曰「失以豪氂」，晉卿大夫之辱也。聰之誓兵，東兼齊地；曜之馳旆，西踰隴山，覆沒兩京，蒸徒百萬。天子陵江御物，分據地險，迴首中原，力不能救，劃長淮以北，大抵棄之。胡人利我艱虞，分鑣起亂；晉臣或阻兵遐遠，接武效尤。

大凡劉元海以惠帝永興元年據離石稱漢。後九年，石勒據襄國稱趙。張氏先據河西，是歲，自石勒後三十六年也，重華自稱涼王。〔一〕後一年，冉閔據鄴稱魏。後一年，苻健據長安稱秦。慕容氏先據遼東稱燕，是歲，自苻健後一年也，儁始僭號。後三十一年，後燕慕容垂據鄴。後二年，西燕慕容沖據阿房。是歲也，乞伏國仁據枹罕稱秦。後一年，慕容永據上黨。是歲也，呂光據姑臧稱涼。後十二年，慕容德據滑臺稱南燕。是歲也，禿髮烏孤據廉川稱南涼，段業據張掖稱北涼。〔二〕後三年，李玄盛據敦煌稱西涼。後一年，沮渠蒙遜殺段業，自稱涼。後四年，譙縱據蜀稱成都王。後二年，赫連勃勃據朔方稱大夏。後二年，馮跋殺離班，據和龍稱北燕。提封天下，十喪其八，莫不龍旌帝服，建社開祊，華夷咸暨，人物斯在。或篡通都之鄉，或擁數州之地，雄圖內卷，師旅外并，窮兵凶於勝負，盡人命於鋒鏑，其爲戰國者一百三十六載，抑元海爲之禍首云。

劉元海 子和　劉宣

劉元海，新興匈奴人，冒頓之後也。名犯高祖廟諱，故稱其字焉。

初，漢高祖以宗女爲公主，以妻冒頓，約爲兄弟，故其子孫遂冒姓劉氏。建武初，烏珠留若鞮單于子右奥鞬日逐王比自立爲南單于，入居西河美稷，今離石左國城卽單于所徙庭也。中平中，單于羌渠使子於扶羅將兵助漢，討平黄巾。會羌渠爲國人所殺，於扶羅以其衆留漢，自立爲單于。屬董卓之亂，寇掠太原、河東，屯於河內。於扶羅死，弟呼廚泉立，以於扶羅子豹爲左賢王，卽元海之父也。魏武分其衆爲五部，以豹爲左部帥，其餘部帥皆以劉氏爲之。太康中，改置都尉，左部居太原茲氏，右部居祁，南部居蒲子，北部居新興，中部居大陵。劉氏雖分居五部，然皆居于晉陽汾澗之濱。

豹妻呼延氏，魏嘉平中祈子於龍門，俄而有一大魚，頂有二角，軒鬐躍鱗而至祭所，久之乃去。巫覡皆異之，曰：「此嘉祥也。」其夜夢旦所見魚變爲人，左手把一物，大如半雞子，光景非常，授呼延氏，曰：「此是日精，服之生貴子。」寤而告豹，豹曰：「吉徵也。吾昔從邯鄲張冏母司徒氏相，云吾當有貴子孫，三世必大昌，仿像相符矣。」自是十三月而生元海，左手文有其名，遂以名焉。齠齔英慧，七歲遭母憂，擗踴號叫，哀感旁鄰，宗族部落咸共歎賞。時司空太原王昶等聞而嘉之，並遣弔賻。幼好學，師事上黨崔游，習毛詩、京氏易、馬氏尚書，尤好春秋左氏傳、孫吳兵法，略皆誦之，史、漢、諸子，無不綜覽。嘗謂同門生朱紀、范隆曰：「吾每觀書傳，常鄙隨陸無武，絳灌無文。道由人弘，一物之不知者，固君子之所耻也。

二生遇高皇而不能建封侯之業，兩公屬太宗而不能開庠序之美，惜哉！」於是遂學武事，妙絕於衆，猿臂善射，膂力過人。姿儀魁偉，身長八尺四寸，鬚長三尺餘，當心有赤毫毛三根，長三尺六寸。有屯留崔懿之、襄陵公師彧等，皆善相人，及見元海，驚而相謂曰：「此人形貌非常，吾所未見也。」於是深相崇敬，推分結恩。太原王渾虛襟友之，命子濟拜焉。

咸熙中，爲任子在洛陽，文帝深待之。泰始之後，渾又屢言之於武帝。帝召與語，大悅之，謂王濟曰：「劉元海容儀機鑒，雖由余、日磾無以加也。」濟對曰：「元海儀容機鑒，實如聖旨，然其文武才榦賢於二子遠矣。陛下若任之以東南之事，吳會不足平也。」帝稱善。孔恂、楊珧進曰：「臣觀元海之才，當今懼無其比，陛下若輕其衆，不足以成事；若假之威權，平吳之後，恐其不復北渡也。非我族類，其心必異。任之以本部，臣竊爲陛下寒心。若舉天阻之固以資之，無乃不可乎！」帝默然。

後秦涼覆沒，帝疇咨將帥，上黨李憙曰：「陛下誠能發匈奴五部之衆，假元海一將軍之號，鼓行而西，可指期而定。」孔恂曰：「李公之言，未盡殄患之理也。」憙勃然曰：「以匈奴之勁悍，元海之曉兵，奉宣聖威，何不盡之有！」恂曰：「元海若能平涼州，斬樹機能，恐涼州方有難耳。蛟龍得雲雨，非復池中物也。」帝乃止。後王彌從洛陽東歸，元海餞彌於九曲之濱，泣謂彌曰：「王渾、李憙以鄉曲見知，每相稱達，讒間因之而進，深非吾願，適足爲害。吾本無宦情，惟足下明之。恐死洛陽，永與子別。」因慷慨歔欷，縱酒長嘯，聲調亮然，坐者爲之流涕。齊王攸時在九曲，比聞而馳遣視之，見元海在焉，言於帝曰：「陛下不除劉元海，臣恐并州不得久寧。」王渾進曰：「元海長者，渾爲君王保明之。且大晉方表信殊俗，懷遠以德，如之何以無萌之疑殺人侍子，以示晉德不弘。」帝曰：「渾言是也。」

會豹卒，以元海代爲左部帥。太康末，拜北部都尉。明刑法，禁姦邪，輕財好施，推誠接物，五部俊傑無不至者。幽冀名儒，後門秀士，不遠千里，亦皆遊焉。楊駿輔政，以元海爲建威將軍、五部大都督，封漢光鄉侯。元康末，坐部人叛出塞免官。成都王穎鎮鄴，表元海行寧朔將軍、監五部軍事。

惠帝失馭，寇盜蜂起，元海從祖故北部都尉、左賢王劉宣等竊議曰：「昔我先人與漢約爲兄弟，憂泰同之。自漢亡以來，魏晉代興，我單于雖有虛號，無復尺土之業，自諸王侯，降同編戶。今司馬氏骨肉相殘，四海鼎沸，興邦復業，此其時矣。左賢王元海姿器絕人，榦宇超世，天若不恢崇單于，終不虛生此人也。」於是密共推元海爲大單于。乃使其黨呼延攸詣鄴，以謀告之。元海請歸會葬，穎弗許。乃令攸先歸，告宣等招集五部，引會宜陽諸胡，聲言應穎，實背之也。

穎爲皇太弟，以元海爲太弟屯騎校尉。惠帝伐穎，次于蕩陰，穎假元海輔國將軍、督北城守事。及六軍敗績，穎以元海爲冠軍將軍，封盧奴伯。并州刺史東嬴公騰、〔三〕安北將軍王浚，起兵伐穎，元海說穎曰：「今二鎮跋扈，衆餘十萬，恐非宿衞及近都士庶所能禦之，請爲殿下還說五部，以赴國難。」穎曰：「五部之衆可保發已不？縱能發之，鮮卑、烏丸勁速如風雲，何易可當邪？吾欲奉乘輿還洛陽，避其鋒銳，徐傳檄天下，以逆順制之。君意何如？」元海曰：「殿下武皇帝之子，有殊勳於王室，威恩光洽，四海欽風，孰不思爲殿下沒命投軀者哉，何難發之有乎！王浚豎子，東嬴疏屬，豈能與殿下爭衡邪！殿下一發鄴宮，示弱於人，洛陽可復至乎？縱達洛陽，威權不復在殿下也。紙檄尺書，誰爲人奉之！且東胡之悍不踰五部，願殿下勉撫士衆，靖以鎮之，當爲殿下以二部摧東嬴，三部梟王浚，二豎之首可指日而懸矣。」穎悅，拜元海爲北單于、參丞相軍事。

元海至左國城，劉宣等上大單于之號，二旬之間，衆已五萬，都于離石。

王浚使將軍祁弘率鮮卑攻鄴，穎敗，挾天子南奔洛陽。元海曰：「穎不用吾言，逆自奔潰，眞奴才也。然吾與其有言矣，不可不救。」於是命右於陸王劉景、左獨鹿王劉延年等率步騎二萬，將討鮮卑。劉宣等固諫曰：「晉爲無道，奴隸御我，是以右賢王猛不勝其忿。屬晉綱未弛，大事不遂，右賢塗地，單于之恥也。今司馬氏父子兄弟自相魚肉，此天厭晉德，授之於我。單于積德在躬，爲晉人所服，方當興我邦族，復呼韓邪之業，鮮卑、烏丸可以爲援，奈何距之而拯仇敵！今天假手於我，不可違也。違天不祥，逆衆不濟；天與不取，反受其咎。願單于勿疑。」元海曰：「善。當爲崇岡峻阜，何能爲培塿乎！夫帝王豈有常哉，大禹出於西戎，文王生於東夷，顧惟德所授耳。今見衆十餘萬，皆一當晉十，鼓行而摧亂晉，猶拉枯耳。上可成漢高之業，下不失爲魏氏。雖然，晉人未必同我。漢有天下世長，恩德結於人心，是以昭烈崎嶇於一州之地，而能抗衡於天下。吾又漢氏之甥，約爲兄弟，兄亡弟紹，不亦可乎？且可稱漢，追尊後主，以懷人望。」乃遷于左國城，遠人歸附者數萬。

永興元年，元海乃爲壇于南郊，僭即漢王位，下令曰：「昔我太祖高皇帝以神武應期，廓開大業。太宗孝文皇帝重以明德，升平漢道。世宗孝武皇帝拓土攘夷，地過唐日。中宗孝宣皇帝搜揚俊乂，多士盈朝。是我祖宗道邁三王，功高五帝，故卜年倍於夏商，卜世過於姬氏。而元成多僻，哀平短祚，賊臣王莽，滔天篡逆。我世祖光武皇帝誕資聖武，恢復鴻基，祀漢配天，不失舊物，俾三光晦而復明，神器幽而復顯。顯宗孝明皇帝、肅宗孝章皇帝累葉重暉，炎光再闡。自和安已後，皇綱漸頹，天步艱難，國統頻絕。黃巾海沸於九州，羣閹毒流於四海，董卓因之肆其猖勃，曹操父子凶逆相尋。故孝愍委棄萬國，昭烈播越岷蜀，冀否終有泰，旋軫舊京。何圖天未悔禍，後帝窘辱。自社稷淪喪，宗廟之不血食四十年于茲矣。今天誘其衷，悔禍皇漢，使司馬氏父子兄弟迭相殘滅。黎庶塗炭，靡所控告。孤今猥爲羣公所推，紹修三祖之業。顧茲尫闇，戰惶靡厝。但以大恥未雪，社稷無主，銜膽栖冰，勉從羣議。」乃赦其境內，年號元熙，追尊劉禪爲孝懷皇帝，立漢高祖以下三祖五宗神主而祭之。立其妻呼延氏爲王后。置百官，以劉宣爲丞相，崔游爲御史大夫，劉宏爲太尉，其餘拜授各有差。

東嬴公騰使將軍聶玄討之，戰于大陵，玄師敗績，騰懼，率并州二萬餘戶下山東，遂所在爲寇。元海遣其建武將軍劉曜寇太原、泫氏、屯留、長子、中都，皆陷之。二年，騰又遣司馬瑜、周良、石鮮等討之，次于離石汾城。元海遣其武牙將軍劉欽等六軍距瑜等，四戰，瑜皆敗，欽振旅而歸。是歲，離石大饑，遷于黎亭，以就邸閣穀，留其太尉劉宏、護軍馬景守離石，使大司農卜豫運糧以給之。以其前將軍劉景爲使持節、征討大都督、大將軍，要擊并州刺史劉琨于版橋，爲琨所敗，琨遂據晉陽。其侍中劉殷、王育進諫元海曰：「殿下自起兵以來，漸已一周，而顓守偏方，王威未震。誠能命將四出，決機一擲，梟劉琨，定河東，建帝號，鼓行而南，克長安而都之，以關中之衆席卷洛陽，如指掌耳。此高皇帝之所以創啓鴻基，克殄强楚者也。」元海悅曰：「此孤心也。」遂進據河東，攻寇蒲坂、平陽，皆陷之。元海遂入都蒲子，河東、平陽屬縣壘壁盡降。時汲桑起兵趙魏，上郡四部鮮卑陸逐延、氐酋大單于徵、〔四〕東萊王彌及石勒等並相次降之，元海悉署其官爵。

永嘉二年，元海僭卽皇帝位，大赦境內，改元永鳳。以其大將軍劉和爲大司馬，封梁王，尙書令劉歡樂爲大司徒，封陳留王，御史大夫呼延翼爲大司空，封雁門郡公，宗室以親疏爲等，悉封郡縣王，異姓以勳謀爲差，皆封郡縣公侯。太史令宣于脩之言於元海曰：〔五〕「陛下雖龍興鳳翔，奄受大命，然遺晉未殄，皇居仄陋，紫宮之變，猶鍾晉氏，不出三年，必克洛陽。蒲子崎嶇，非可久安。平陽勢有紫氣，兼陶唐舊都，願陛下上迎乾象，下協坤祥。」於是遷都平陽。汾水中得玉璽，文曰「有新保之」，蓋王莽時璽也。得者因增「泉海光」三字，〔六〕元海以爲己瑞，大赦境內，改年河瑞。封子裕爲齊王，隆爲魯王。

於是命其子聰與王彌進寇洛陽，劉曜與趙固等爲之後繼。東海王越遣平北將軍曹武、將軍宋抽、彭默等距之，王師敗績。聰等長驅至宜陽，平昌公模遣將軍淳于定、呂毅等自長安討之，戰于宜陽，定等敗績。聰恃連勝，不設備，弘農太守垣延詐降，夜襲，聰軍大敗而還，元海素服迎師。

是冬，復大發卒，遣聰、彌與劉曜、劉景等率精騎五萬寇洛陽，使呼延翼率步卒繼之，敗王師于河南。聰進屯于西明門，護軍賈胤夜薄之，戰于大夏門，斬聰將呼延顥，其衆遂潰。聰迴軍而南，壁於洛水，尋進屯宣陽門，曜屯上東門，彌屯廣陽門，景攻大夏門，聰親祈嵩嶽，令其將劉厲、呼延朗等督留軍。東海王越命參軍孫詢、將軍丘光、樓裒等率帳下勁卒三千，自宣陽門擊朗，斬之。聰聞而馳還。厲懼聰之罪己也，赴水而死。王彌謂聰曰：「今既失利，洛陽猶固，殿下不如還師，徐爲後舉。下官當於兗豫之間收兵積穀，伏聽嚴期。」宣于脩之又言於元海曰：「歲在辛未，當得洛陽。今晉氣猶盛，大軍不歸，必敗。」元海馳遣黃門郎傅詢召聰等還師。王彌出自轘轅，越遣薄盛等追擊彌，戰于新汲，彌師敗績。於是攝蒲阪之戍，還於平陽。

以劉歡樂爲太傅，劉聰爲大司徒，劉延年爲大司空，劉洋爲大司馬，赦其境內。立其妻單氏爲皇后，子和爲皇太子，封子乂爲北海王。

元海寢疾，將爲顧託之計，以歡樂爲太宰，洋爲太傅，延年爲太保，聰爲大司馬、大單于，並錄尚書事，置單于臺于平陽西，以其子裕爲大司徒。元海疾篤，召歡樂及洋等入禁中受遺詔輔政。以永嘉四年死，在位六年，〔七〕僞諡光文皇帝，廟號高祖，墓號永光陵。子和立。

和字玄泰。身長八尺，雄毅美姿儀，好學夙成，習毛詩、左氏春秋、鄭氏易。及爲儲貳，內多猜忌，馭下無恩。

元海死，和嗣僞位。其衞尉西昌王劉銳、宗正呼延攸恨不參顧命也，說和曰：「先帝不惟輕重之計，而使三王總强兵於內，大司馬擁十萬勁卒居于近郊，陛下今便爲寄坐耳。此之禍難，未可測也，願陛下早爲之所。」和卽攸之甥也，深然之，召其領軍劉盛及劉欽、馬景等告之。盛曰：「先帝尚在殯宮，四王未有逆節，今忽一旦自相魚肉，臣恐人不食陛下之餘。四海未定，大業甫爾，願陛下以上成先帝鴻基爲志，且塞耳勿聽此狂簡之言也。詩云：『豈無他人，不如我同父。』陛下旣不信諸弟，復誰可信哉！」銳、攸怒曰：「今日之議，理無有二。」於是命左右刃之。景懼曰：「惟陛下詔，臣等以死奉之，蔑不濟矣。」乃相與盟于東堂，使銳、景攻聰，攸率劉安國攻裕，使侍中劉乘、武衞劉欽攻魯王隆，尚書田密、武衞劉璿攻北海王乂。

密、璿等使人斬關奔于聰，聰命貫甲以待之。銳知聰之有備也，馳還，與攸、乘等會攻隆、裕。攸、乘懼安國、欽之有異志也，斬之。是日，斬裕及隆。聰攻西明門，克之。銳等奔入南宮，前鋒隨之，斬和于光極西室。銳、攸梟首通衢。

劉宣字士則。朴鈍少言，好學修潔。師事樂安孫炎，沈精積思，不舍晝夜，好毛詩、左氏傳。炎每嘆之曰：「宣若遇漢武，當踰於金日磾也。」學成而返，不出門閭蓋數年。每讀漢書，至蕭何、鄧禹傳，未曾不反覆詠之，曰：「大丈夫若遭二祖，終不令二公獨擅美於前矣。」

并州刺史王廣言之於武帝，帝召見，嘉其占對，因曰：「吾未見宣，謂廣言虛耳。今見其進止風儀，眞所謂如珪如璋，觀其性質，足能撫集本部。」乃以宣爲右部都尉，特給赤幢曲蓋。莅官清恪，所部懷之。元海即王位，宣之謀也，故特荷尊重，勳戚莫二，軍國內外靡不專之。

校勘記

〔一〕是歲自石勒後三十六年也重華自稱涼王　是歲指永興元年後九年，即永嘉六年，張重華稱涼王據通鑑九八在永和六年，相距三十八年。「六」當作「八」。

〔二〕是歲也秃髮烏孤據廉川稱南涼段業據張掖稱北涼　是歲指慕容德據滑臺之年，檢慕容德載記事在隆安二年，而秃髮烏孤稱南涼，段業稱涼州牧，據安紀在隆安元年，不在一歲。此誤。

〔三〕東嬴公騰　各本「嬴」作「瀛」，今據騰本傳改。

〔四〕氐酋大單于徵　通鑑八六作「氐酋單徵」，通鑑考異云：當時戎狄酋長皆謂之「大」，徵即光文單后之父。「于」衍字也。

〔五〕宣于脩之　通鑑考異云：晉春秋作「鮮于脩之」，今從載記、十六國春秋。按：諸氏姓書，有「鮮于」而無「宣于」。

〔六〕得者因增泉海光三字　魏書劉聰傳「泉」作「淵」，御覽六八二引前趙錄作「深」。蓋字本作「淵」，「泉」「深」皆避唐諱改。

〔七〕在位六年　淵於永興元年稱漢王，至永嘉四年計共七年。

晉書卷一百二

載記第二

劉聰 子粲 陳元達

劉聰字玄明，一名載，元海第四子也。母曰張夫人。初，聰之在孕也，張氏夢日入懷，寤而以告，元海曰：「此吉徵也，慎勿言。」十五月而生聰焉，夜有白光之異。形體非常，左耳有一白毫，長二尺餘，甚光澤。幼而聰悟好學，博士朱紀大奇之。年十四，究通經史，兼綜百家之言，孫吳兵法靡不誦之。工草隸，善屬文，著述懷詩百餘篇、賦頌五十餘篇。十五習擊刺，猿臂善射，彎弓三百斤，膂力驍捷，冠絕一時。太原王渾見而悅之，謂元海曰：「此兒吾所不能測也。」

弱冠游于京師，名士莫不交結，樂廣、張華尤異之也。新興太守郭頤辟爲主簿，〔一〕舉良將，入爲驍騎別部司馬，累遷右部都尉，善於撫接，五部豪右無不歸之。河間王顒表爲赤沙中郎將。聰以元海在鄴，懼爲成都王穎所害，乃亡奔成都王，拜右積弩將軍，參前鋒戰事。元海爲北單于，立爲右賢王，隨還右部。及卽大單于位，更拜鹿蠡王。既殺其兄和，羣臣勸卽尊位。聰初讓其弟北海王乂，乂與公卿泣涕固請，聰久而許之，曰：「乂及羣公正以四海未定，禍難尚殷，貪孤年長故耳。此國家之事，孤敢不祗從。今便欲遠遵魯隱，待乂年長，復子明辟。」於是以永嘉四年僭卽皇帝位，大赦境內，改元光興。〔二〕尊元海妻單氏曰皇太后，其母張氏爲帝太后，乂爲皇太弟，領大單于、大司徒，立其妻呼延氏爲皇后，封其子粲爲河內王，署使持節、撫軍大將軍、都督中外諸軍事，易河間王，翼彭城王，悝高平王。遣粲及其征東王彌、龍驤劉曜等率衆四萬，長驅入洛川，遂出轘轅，周旋梁、陳、汝、潁之間，陷壘壁百餘。以其司空劉景爲大司馬，左光祿劉殷爲大司徒，右光祿王育爲大司空。

僞太后單氏姿色絕麗，聰烝焉。單卽乂之母也，乂屢以爲言，單氏慚恚而死，聰悲悼無已。後知其故，乂之寵因此漸衰，然猶追念單氏，未便黜廢。又尊母爲皇太后。

署其衞尉呼延晏爲使持節、前鋒大都督、前軍大將軍，配禁兵二萬七千，自宜陽入洛川，命王彌、劉曜及鎮軍石勒進師會之。晏比及河南，王師前後十二敗，死者三萬餘人。彌等未至，晏留輜重于張方故壘，遂寇洛陽，攻陷平昌門，焚東陽、宣陽諸門及諸府寺。懷帝遣河南尹劉默距之，王師敗于社門。〔三〕晏以外繼不至，出自東陽門，掠王公已下子女二百餘人而去。時帝將濟河東遁，具船于洛水，晏盡焚之，還于張方故壘。王彌、劉曜至，復與晏會圍洛陽。時城內饑甚，人皆相食，百官分散，莫有固志。宣陽門陷，彌、晏入于南宮，升太極前殿，縱兵大掠，悉收宮人、珍寶。曜於是害諸王公及百官已下三萬餘人，於洛水北築爲京觀。遷帝及惠帝羊后、傳國六璽于平陽。聰大赦，改年嘉平，以帝爲特進、左光祿大夫、平阿公。

遣其平西趙染、安西劉雅率騎二萬攻南陽王模于長安，粲、曜率大衆繼之。染敗王師于潼關，將軍呂毅死之。軍至于下邽，模乃降染。染送模於粲，粲害模及其子范陽王黎，送衞將軍梁芬、模長史魯繇、兼散騎常侍杜鰲、辛謐及北宮純等于平陽。聰以粲之害模也，大怒。粲曰：「臣殺模本不以其晚識天命之故，但以其晉氏肺腑，洛陽之難不能死節，天下之惡一也，故誅之。」聰曰：「雖然，吾恐汝不免誅降之殃也。夫天道至神，理無不報。」

署劉曜爲車騎大將軍、開府儀同三司、雍州牧，改封中山王，鎭長安，王彌爲大將軍，封齊公。尋而石勒等殺彌於己吾而并其衆，表彌叛狀。聰大怒，遣使讓勒專害公輔，有無上之心，又恐勒之有二志也，以彌部衆配之。劉曜旣據長安，安定太守賈疋及諸氐羌皆送質任，唯雍州刺史麴特、新平太守竺恢固守不降。護軍麴允、頻陽令梁肅自京兆南山將奔安定，遇疋任子於陰密，擁還臨涇，推疋爲平南將軍，〔四〕率衆五萬，攻曜於長安，扶風太守梁綜及麴特、竺恢等亦率衆十萬會之。曜遣劉雅、趙染來距，敗績而還。曜又盡長安銳卒與諸軍戰于黃丘，曜衆大敗，中流矢，退保甘渠。〔五〕杜人王禿、紀特等攻劉粲于新豐，粲還平陽。曜攻陷池陽，掠萬餘人歸于長安。時閻鼎等奉秦王爲皇太子，入于雍城，關中戎晉莫不響應。

聰后呼延氏死，將納其太保劉殷女，其弟乂固諫。聰更訪之於太宰劉延年、太傅劉景，景等皆曰：「臣常聞太保自云周劉康公之後，與聖氏本源既殊，納之爲允。」聰大悅，使其兼大鴻臚李弘拜殷二女爲左右貴嬪，位在昭儀上。又納殷女孫四人爲貴人，位次貴嬪。謂弘曰：「此女輩皆姿色超世，女德冠時，且太保於朕實自不同，卿意安乎？」弘曰：「太保胤自有周，與聖源實別，陛下正以姓同爲恨耳。且魏司空東萊王基當世大儒，豈不達禮乎！爲子納司空太原王沈女，以其姓同而源異故也。」聰大悅，賜弘黃金六十斤，曰：「卿當以此意諭吾子弟輩。」於是六劉之寵傾於後宮，聰稀復出外，事皆中黃門納奏，左貴嬪決之。

聰假懷帝儀同三司，封會稽郡公，庾珉等以次加秩。聰引帝入讌，謂帝曰：「卿爲豫章王時，朕嘗與王武子相造，武子示朕於卿，卿言聞其名久矣。以卿所製樂府歌示朕，謂朕曰：『聞君善爲辭賦，試爲看之。』朕時與武子俱爲盛德頌，卿稱善者久之。又引朕射于皇堂，朕得十二籌，卿與武子俱得九籌，卿贈朕柘弓、銀研，卿頗憶否？」帝曰：「臣安敢忘之，但恨爾日不早識龍顏。」聰曰：「卿家骨肉相殘，何其甚也？」帝曰：「此殆非人事，皇天之意也。大漢將應乾受曆，故爲陛下自相驅除。且臣家若能奉武皇之業，九族敦睦，陛下何由得之！」至日夕乃出，以小劉貴人賜帝，謂帝曰：「此名公之孫，今特以相妻，卿宜善遇之。」拜劉爲會稽國夫人。

遣其鎮北靳沖寇太原，平北卜珝率衆繼之。沖攻太原不克，而歸罪于珝，輒斬之。聰聞之，大怒曰：「此人朕所不得加刑，沖何人哉！」遣其御史中丞浩衍持節斬沖。

左都水使者襄陵王攄坐魚蟹不供，將作大匠望都公靳陵坐溫明、徽光二殿不成，皆斬于東市。聰游獵無度，常晨出暮歸，觀漁於汾水，以燭繼晝。中軍王彰諫曰：「今大難未夷，餘晉假息，陛下不懼白龍魚服之禍，而昏夜忘歸。陛下當思先帝創業之艱難，嗣承之不易，鴻業已爾，四海屬情，何可墜之於垂成，隳之於將就！比竊觀陛下所爲，臣實痛心疾首有日矣。且愚人係漢之心未專，而思晉之懷猶盛，劉琨去此咫尺之間，狂狷刺客息頃而至。帝王輕出，一夫敵耳。願陛下改往修來，則億兆幸甚。」聰大怒，命斬之。上夫人王氏叩頭乞哀，乃囚之詔獄。聰母以聰刑怒過差，三日不食，弟乂、子粲並輿櫬切諫。聰怒曰：「吾豈桀、紂、幽、厲乎，而汝等生來哭人！」其太宰劉延年及諸公卿列侯百有餘人，皆免冠涕泣固諫曰：「光文皇帝以聖武膺期，創建鴻祚，而六合未一，夙世升遐。陛下睿德自天，龍飛紹統，東平洛邑，南定長安，眞可謂功高周成，德超夏啓。往也唐虞，今則陛下，歷觀書記，未有此比。而頃頻以小務不供而斬王公，直言忤旨，便囚大將，游獵無度，機管不修，臣等竊所未解，臣等所以破肝糜胃忘寢與食者也。」聰乃赦彰。

麴特等圍長安，劉曜連戰敗績，乃驅掠士女八萬餘口退還平陽，因攻司徒傅祗于三渚，使其右將軍劉參攻郭默于懷城。祗病卒，城陷，遷祗孫純、粹幷其二萬餘戶于平陽縣。聰贈祗太保，純、粹皆給事中，謂祗子暢曰：「尊公雖不達天命，然各忠其主，吾亦有以亮之。但晉主已降，天命非人所支，而虔劉南鄙，沮亂邊萌，此其罪也。以元惡之種而贈同勳舊，逆臣之孫荷榮禁闥，卿知皇漢之德弘曠以不？」暢曰：「陛下每嘉先臣，不以小臣之故而虧其忠節，及是恩也，自是明主伐國弔人之義，臣輒同萬物，未敢謝生於自然。」

聰遣劉粲、劉曜等攻劉琨於晉陽，琨使張喬距之，戰于武灌，喬敗績，死之，晉陽危懼。太原太守高喬、琨別駕郝聿以晉陽降粲。琨與左右數十騎，攜其妻子奔于趙郡之亭頭，遂如常山。粲、曜入于晉陽。先是，琨與代王猗盧結爲兄弟，乃告敗於猗盧，且乞師。猗盧遣子日利孫、賓六須及將軍衞雄、姬澹等率衆數萬攻晉陽，〔六〕琨收散卒千餘爲之鄉導，猗盧率衆六萬至于狼猛。曜及賓六須戰于汾東，曜墜馬，中流矢，身被七創。討虜傅武〔七〕以馬授曜，曜曰：「當今危亡之極，人各思免。吾創已重，自分死此矣。」武泣曰：「武小人，蒙大王識拔，以至於是，常思效命，今其時矣。且皇室始基，大難未弭，天下何可一日無大王也。」於是扶曜乘馬，驅令渡汾，迴而戰死。曜入晉陽，夜與劉粲等掠百姓，踰蒙山遁歸。猗盧率騎追之，戰于藍谷，粲敗績，斬其征虜邢延，獲其鎮北劉豐。琨收合離散，保于陽曲，猗盧戍之而還。

正旦，聰讌于光極前殿，逼帝行酒，光祿大夫庾珉、王儁等起而大哭，聰惡之。會有告珉等謀以平陽應劉琨者，聰遂鴆帝而誅珉、儁，復以賜帝劉夫人爲貴人，大赦境內殊死已下。

立左貴嬪劉氏爲皇后。聰將爲劉氏起鳷儀殿於後庭，〔八〕廷尉陳元達諫曰：「臣聞古之聖王愛國如家，故皇天亦祐之如子。夫天生蒸民而樹之君者，使爲之父母以刑賞之，不欲使殿屎黎元而蕩逸一人。晉氏闇虐，視百姓如草芥，〔九〕故上天剿絕其祚。乃眷皇漢，蒼生引領息肩，懷更蘇之望有日矣。我高祖光文皇帝靖言惟茲，痛心疾首，故身衣大布，居不重茵，先皇后嬪服無綺綵。重逆羣臣之請，故建南北宮焉。今光極之前足以朝羣后饗萬國矣，昭德、溫明已後足可以容六宮，列十二等矣。陛下龍興已來，外殄二京不世之寇，內興殿觀四十餘所，重之以饑饉疾疫，死亡相屬，兵疲於外，人怨於內，爲之父母固若是乎！伏聞詔旨，將營鳷儀，中宮新立，誠臣等樂爲子來者也。竊以大難未夷，宮宇粗給，今之所營，尤實非宜。臣聞太宗承高祖之業，惠呂息役之後，以四海之富，天下之殷，尙以百金之費而輟露臺，歷代垂美，爲不朽之迹。故能斷獄四百，擬於成康。陛下之所有，不過太宗二郡地耳，戰守之備者，豈僅匈奴、南越而已哉！孝文之廣，思費如彼；陛下之狹，欲損如此。愚臣所以敢昧死犯顏色，冒不測之禍者也。」聰大怒曰：「吾爲萬機主，將營一殿，豈問汝鼠子乎！不殺此奴，沮亂朕心，朕殿何當得成邪！將出斬之，幷其妻子同梟東市，使羣鼠共穴。」時在逍遙園李中堂，元達抱堂下樹叫曰：「臣所言者，社稷之計也，而陛下殺臣。若死者有知，臣要當上訴陛下於天，下訴陛下於先帝。朱雲有云：『臣得與龍逢、比干游於地下足矣。』未審陛下何如主耳！」元達先鎖腰而入，及至，卽以鎖繞樹，左右曳之不能動。聰怒甚。劉氏時在後堂，聞之，密遣中常侍私敕左右停刑，於是手疏切諫，聰乃解，引元達而謝之，易逍遙園爲納賢園，李中堂爲愧賢堂。

時愍帝卽位于長安，聰遣劉曜及司隸喬智明、武牙李景年等寇長安，命趙染率衆赴之。時大都督麴允據黃白城，累爲曜、染所敗。染謂曜曰：「麴允率大衆在外，長安可襲而取之。得長安，黃白城自服。願大王以重衆守此，染請輕騎襲之。」曜乃承制加染前鋒大都督、安南大將軍，以精騎五千配之而進。王師敗於渭陽，將軍王廣死之。染夜入長安外城，帝奔射鴈樓，染焚燒龍尾及諸軍營，殺掠千餘人，旦退屯逍遙園。麴允率衆襲曜，連戰敗之。曜入粟邑，遂歸平陽。

時流星起於牽牛，入紫微，龍形委蛇，其光照地，落于平陽北十里。視之，則有肉長三十步，廣二十七步，臭聞于平陽，肉旁常有哭聲，晝夜不止。聰甚惡之，延公卿已下問曰：「朕之不德，致有斯異，其各極言，勿有所諱。」陳元達及博士張師等進對曰：「星變之異，其禍行及，臣恐後庭有三后之事，亡國喪家，靡不由此，願陛下慎之。」聰曰：「此陰陽之理，何關人事！」既而劉氏產一蛇一猛獸，各害人而走，尋之不得，頃之，見在隕肉之旁。俄而劉氏死，乃失此肉，哭聲亦止。自是後宮亂寵，進御無序矣。

聰以劉易爲太尉。初置相國，官上公，有殊勳德者死乃贈之。於是大定百官，置太師、丞相，自大司馬以上七公，位皆上公，綠綟綬，遠遊冠。置輔漢，都護，中軍，上軍，輔軍，〔一〇〕鎮、衞京，前、後、左、右、上、下軍，輔國，冠軍，龍驤，武牙大將軍，營各配兵二千，皆以諸子爲之。置左右司隸，各領戶二十餘萬，萬戶置一內史，凡內史四十三。單于左右輔，各主六夷十萬落，萬落置一都尉。省吏部，置左右選曹尚書。自司隸以下六官，皆位次僕射。置御史大夫及州牧，位皆亞公。以其子粲爲丞相、領大將軍、錄尚書事，進封晉王，食五都。〔一一〕劉延年錄尚書六條事，劉景爲太師，王育爲太傅，任顗爲太保，馬景爲大司徒，朱紀爲大司空，劉曜爲大司馬。

曜復次渭汭，趙染次新豐。索綝自長安東討染，染狃于累捷，有輕綝之色。長史魯徽曰：「今司馬鄴君臣自以逼僭王畿，雄劣不同，必致死距我，將軍宜整陣案兵以擊之，弗可輕也。困獸猶鬬，況於國乎！」染曰：「以司馬模之強，吾取之如拉朽。索綝小豎，豈能汚吾馬蹄刀刃邪！要擒之而後食。」晨率精騎數百，馳出逆之，戰于城西，敗績而歸，悔曰：「吾不用魯徽之言，以至於此，何面見之！」於是斬徽。徽臨刑謂染曰：「將軍愎諫違謀，戇而取敗，而復忌前害勝，誅戮忠良，以逞愚忿，亦何顏面瞬息世間哉！袁紹爲之於前，將軍踵之於後，覆亡敗喪，亦當相尋，所恨不得一見大司馬而死。死者無知則已；若其有知，下見田豐爲徒，要當訴將軍於黃泉，使將軍不得服牀枕而死。」叱刑者曰：「令吾面東向。」大司馬曜聞之曰：「蹄涔不容尺鯉，染之謂也。」

曜還師攻郭默于懷城，收其米粟八十萬斛，列三屯以守之。聰遣使謂曜曰：「今長安假息，劉琨游魂，此國家所尤宜先除也。郭默小醜，何足以勞公神略，可留征虜將軍貝丘王翼光守之，公其還也。」於是曜歸蒲坂。俄而徵曜輔政。

趙染寇北地，夢魯徽大怒，引弓射之，染驚悸而寤。旦將攻城，中弩而死。

聰以粲爲相國，總百揆，省丞相以并相國。平陽地震，烈風拔樹發屋。光義人羊充妻產子二頭，其兄竊而食之，三日而死。聰以其太廟新成，大赦境內，改年建元。雨血於其東宮延明殿，徹瓦在地者深五寸。劉乂惡之，以訪其太師盧志、太傅崔瑋、太保許遐。志等曰：「主上往以殿下爲太弟者，蓋以安衆望也，志在晉王久矣，王公已下莫不希旨歸之。相國之位，自魏武已來，非復人臣之官，主上本發明詔，置之爲贈官，今忽以晉王居之，羽儀威尊踰於東宮，萬機之事無不由之，置太宰、大將軍及諸王之營以爲羽翼，此事勢去矣，殿下不得立明也。然非止不得立而已，不測之危厄在於旦夕，宜早爲之所。四衞精兵不減五千，餘營諸王皆年齒尙幼，可奪而取之。相國輕佻，正可煩一刺客耳。大將軍無日不出，其營可襲而得也。殿下但當有意，二萬精兵立便可得，鼓行向雲龍門，宿衞之士孰不倒戈奉迎，大司馬不慮爲異也。」乂弗從，乃止。

聰如中護軍靳準第，納其二女爲左右貴嬪，大曰月光，小曰月華，皆國色也。數月，立月光爲皇后。

東宮舍人荀裕告盧志等勸乂謀反，乂不從之狀。聰於是收志、瑋、遐於詔獄，假以他事殺之。使冠威卜抽監守東宮，禁乂朝賀。乂憂懼不知所爲，乃上表自陳，乞爲黔首，幷免諸子之封，褒美晉王粲宜登儲副，抽又抑而弗通。

其青州刺史曹嶷攻汶陽關、公丘，陷之，害齊郡太守徐浮，執建威劉宣，齊魯之間郡縣壘壁降者四十餘所。嶷遂略地，西下祝阿、平陰，衆十餘萬，臨河置戍，而歸于臨淄。嶷於是遂有雄據全齊之志。石勒以嶷之懷二也，請討之。聰又憚勒之幷齊，乃寢而弗許。

劉曜濟自盟津，將攻河南，將軍魏該奔于一泉塢。〔一二〕曜進攻李矩于滎陽，矩遣將軍李平師於成皋，曜覆而滅之。矩恐，送質請降。

時聰以其皇后靳氏爲上皇后，立貴妃劉氏爲左皇后，右貴嬪靳氏爲右皇后。〔一三〕左司隸陳元達以三后之立也，極諫，聰不納，乃以元達爲右光祿大夫，外示優賢，內實奪其權也。於是太尉范隆、大司馬劉丹、大司空呼延晏、尚書令王鑒等皆抗表遜位，以讓元達。聰乃以元達爲御史大夫、儀同三司。

劉曜寇長安，頻爲王師所敗。曜曰：「彼猶强盛，弗可圖矣。」引師而歸。

聰宮中鬼夜哭，三日而聲向右司隸寺，乃止。其上皇后靳氏有淫穢之行，陳元達奏之。聰廢靳，靳慚恚自殺。靳有殊寵，聰迫於元達之勢，故廢之。既而追念其姿色，深仇元達。

劉曜進師上黨，將攻陽曲，聰遣使謂曜曰：「長安擅命，國家之深恥也。公宜以長安爲先，陽曲一委驃騎。天時人事，其應至矣，公其亟還。」曜迴滅郭邁，朝于聰，遂如蒲阪。

平陽地震，雨血于東宮，廣袤頃餘。

劉曜又進軍，屯于粟邑。麴允饑甚，去黃白而軍于靈武。曜進攻上郡，太守張禹與馮翊太守梁肅奔于允吾。於是關右翕然，所在應曜。曜進據黃阜。

聰武庫陷入地一丈五尺。時聰中常侍王沈、宣懷、俞容，中宮僕射郭猗，中黃門陵修等皆寵幸用事。聰游宴後宮，或百日不出，羣臣皆因沈等言事，多不呈聰，率以其意愛憎而決之，故或有勳舊功臣而弗見敍錄，姦佞小人數日而便至二千石者。軍旅無歲不興，而將士無錢帛之賞，後宮之家賜賚及於僮僕，動至數千萬。沈等車服宅宇皆踰於諸王，子弟、中表布衣爲內史令長者三十餘人，皆奢僭貪殘，賊害良善。靳準合宗內外諂以事之。

郭猗有憾於劉乂，謂劉粲曰：「太弟於主上之世猶懷不逞之志，此則殿下父子之深仇，四海蒼生之重怨也。而主上過垂寬仁，猶不替二尊之位，一旦有風塵之變，臣竊爲殿下寒心。且殿下高祖之世孫，主上之嫡統，凡在含齒，孰不係仰。萬機事大，何可與人！臣昨聞太弟與大將軍相見，極有言矣，若事成，許以主上爲太上皇，大將軍爲皇太子。乂又許衞軍爲大單于，二王已許之矣。二王居不疑之地，並握重兵，以此舉事，事何不成！臣謂二王茲舉，禽獸之不若也。背父親人，人豈親之！今又苟貪其一切之力耳，事成之後，主上豈有全理！殿下兄弟故在忘言，東宮、相國、單于在武陵兄弟，何肯與人！許以三月上巳因讌作難，事淹變生，宜早爲之所。春秋傳曰：『蔓草猶不可除，況君之寵弟乎！』臣屢啓主上，主上性敦友于，謂臣言不實。刑臣刀鋸之餘，而蒙主上、殿下成造之恩，故不慮逆鱗之誅，每所聞必言，冀垂採納。臣當入言之，願殿下不泄，密表其狀也。若不信臣言，可呼大將軍從事中郎王皮、衞軍司馬劉惇，假之恩顧，通其歸善之路以問之，必可知也。」粲深然之。猗密謂皮、惇曰：「二王逆狀，主、相已具知之矣，卿同之乎？」二人驚曰：「無之。」猗曰：「此事必無疑，吾憐卿親舊幷見族耳。」於是歔欷流涕。皮、惇大懼，叩頭求哀。猗曰：「吾爲卿作計，卿能用不？」二人皆曰：「謹奉大人之教。」猗曰：「相國必問卿，卿但云有之。若責卿何不先啓，卿即答云：『臣誠負死罪，然仰惟主上聖性寬慈，殿下篤於骨肉，恐言成誑僞故也。』」皮、惇許諾。粲俄而召問二人，至不同時，而辭若畫一，粲以爲信然。

初，靳準從妹爲乂孺子，淫于侍人，乂怒殺之，而屢以嘲準。準深慚恚，說粲曰：「東宮萬機之副，殿下宜自居之，以領相國，使天下知早有所繫望也。」至是，準又說粲曰：「昔孝成距子政之言，使王氏卒成篡逆，可乎？」粲曰：「何可之有！」準曰：「然，誠如聖旨。下官亟欲有所言矣，但以德非更生，親非皇宗，恐忠言暫出，霜威已及，故不敢耳。」粲曰：「君但言之。」準曰：「聞風塵之言，謂大將軍、衞將軍及左右輔皆謀奉太弟，剋季春構變，殿下宜爲之備。不然，恐有商臣之禍。」粲曰：「爲之奈何？」準曰：「主上愛信於太弟，恐卒聞未必信也。如下官愚意，宜緩東宮之禁固，勿絕太弟賓客，使輕薄之徒得與交游。太弟既素好待士，必不思防此嫌，輕薄小人不能無逆意以勸太弟之心。小人有始無終，不能如貫高之流也。然後下官爲殿下露表其罪，殿下與太宰拘太弟所與交通者考問之，窮其事原，主上必以無將之罪罪之。不然，今朝望多歸太弟，主上一旦晏駕，恐殿下不得立矣。」於是粲命卜抽引兵去東宮。

聰自去冬至是，遂不復受朝賀，軍國之事一決於粲，唯發中旨殺生除授，王沈、郭猗等意所欲皆從之。又立市於後庭，與宮人讌戲，或三日不醒。聰臨上秋閣，誅其特進綦毋達、太中大夫公師彧、尚書王琰、田歆、少府陳休、左衞卜崇、大司農朱誕等，皆羣閹所忌也。侍中卜幹泣諫聰曰：「陛下方隆武宣之化，欲使幽谷無考槃，奈何一旦先誅忠良，將何以垂之於後！昔秦愛三良而殺之，君子知其不霸。以晉厲之無道，尸三卿之後，猶有不忍之心，陛下如何忽信左右愛憎之言，欲一日尸七卿！詔尚在臣間，猶未宣露，乞垂昊天之澤，迴雷霆之威。且陛下直欲誅之耳，不露其罪名，何以示四海！此豈是帝王三訊之法邪！」因叩頭流血。王沈叱幹曰：「卜侍中欲距詔乎？」聰拂衣而入，免幹爲庶人。

太宰劉易及大將軍劉敷、御史大夫陳元達、金紫光祿大夫王延等詣闕諫曰：「臣聞善人者，乾坤之紀，政教之本也。邪佞者，宇宙之螟螣，王化之蟊賊也。故文王以多士基周，桓靈以羣閹亡漢，國之興亡，未有不由此也。自古明王之世，未嘗有宦者與政，武、元、安、順豈足爲故事乎！今王沈等乃處常伯之位，握生死與奪於中，勢傾海內，愛憎任之，矯弄詔旨，欺誣日月，內諂陛下，外佞相國，威權之重，侔於人主矣。王公見之駭目，卿宰望塵下車，銓衡迫之，選舉不復以實，士以屬舉，政以賄成，多樹姦徒，殘毒忠善。知王琰等忠臣，必盡節於陛下，懼其姦萌發露，陷之極刑。陛下不垂三察，猥加誅戮，怨感穹蒼，痛入九泉，四海悲惋，賢愚傷懼。沈等皆刀鋸之餘，背恩忘義之類，豈能如士人君子感恩展效，以答乾澤也。陛下何故親近之？何故貴任之？昔齊桓公任易牙而亂，孝懷委黃皓而滅，此皆覆車於前，殷鑒不遠。比年地震日蝕，雨血火災，皆沈等之由。願陛下割翦凶醜與政之流，引尙書、御史朝省萬機，相國與公卿五日一入，會議政事，使大臣得極其言，忠臣得逞其意，則衆災自弭，和氣呈祥。今遺晉未殄，巴蜀未賓，石勒潛有跨趙魏之志，曹嶷密有王全齊之心，而復以沈等助亂大政，陛下心腹四支何處無患！復誅巫咸，戮扁鵲，臣恐遂成桓侯膏肓之疾，後雖欲療之，其如病何！請免沈等官，付有司定罪。」聰以表示沈等，笑曰：「是兒等爲元達所引，遂成癡也。」寢之。沈等頓首泣曰：「臣等小人，過蒙陛下識拔，幸得備洒掃宮閤，而王公朝士疾臣等如仇讎，又深恨陛下。願收大造之恩，以臣等膏之鼎鑊，皇朝上下自然雍穆矣。」聰曰：「此等狂言恒然，卿復何足恨乎！」更以訪粲，粲盛稱沈等忠淸，乃心王室。聰大悅，封沈等爲列侯。太宰劉易詣闕，又上疏固諫。聰大怒，手壞其表，易遂忿恚而死。元達哭之悲慟，曰：「人之云亡，邦國殄悴。吾旣不復能言，安用此默默生乎！」歸而自殺。

北地饑甚，人相食噉，羌酋大軍須運糧以給麴昌，劉雅擊敗之。麴允與劉曜戰于磻石谷，王師敗績，允奔靈武。平陽大饑，流叛死亡十有五六。石勒遣石越率騎二萬，屯于并州，以懷撫叛者。聰使黄門侍郎喬詩讓勒，勒不奉命，潛結曹嶷，規爲鼎峙之勢。

聰立上皇后樊氏，卽張氏之侍婢也。時四后之外，〔一四〕佩皇后璽綬者七人，朝廷內外無復綱紀，阿諛日進，貨賄公行，軍旅在外，饑疫相仍，後宮賞賜動至千萬。劉敷屢泣言之，聰不納，怒曰：「爾欲得使汝公死乎？朝朝夕夕生來哭人！」敷憂忿發病而死。

河東大蝗，唯不食黍豆。靳準率部人收而埋之，哭聲聞於十餘里，後乃鑽土飛出，復食黍豆。平陽饑甚，司隸部人奔于冀州二十萬戶，石越招之故也。犬與豕交于相國府門，又交于宮門，又交司隸、御史門。有豕著進賢冠，升聰坐。犬冠武冠，帶綬，與豕並升。俄而鬬死殿上。宿衞莫有見其入者。而聰昏虐愈甚，無誡懼之心。讌羣臣于光極前殿，引見其太弟乂，容貌毁悴，鬢髮蒼然，涕泣陳謝。聰亦對之悲慟，縱酒極歡，待之如初。

劉曜陷長安外城，愍帝使侍中宋敞送牋于曜，帝肉袒牽羊，輿櫬銜璧出降。及至平陽，聰以帝爲光祿大夫、懷安侯，使粲告于太廟，大赦境內，改年麟嘉。麴允自殺。

聰東宮四門無故自壞，後內史女人化爲丈夫。時聰子約死，一指猶暖，遂不殯殮。及蘇，言見元海於不周山，經五日，遂復從至崐崘山，三日而復返於不周，見諸王公卿將相死者悉在，宮室甚壯麗，號曰蒙珠離國。元海謂約曰：「東北有遮須夷國，無主久，待汝父爲之。汝父後三年當來，來後國中大亂相殺害，吾家死亡略盡，但可永明輩十數人在耳。汝且還，後年當來，見汝不久。」約拜辭而歸，道遇一國曰猗尼渠餘國，引約入宮，與約皮囊一枚，曰：「爲吾遺漢皇帝。」約辭而歸，謂約曰：「劉郎後年來必見過，當以小女相妻。」約歸，置皮囊於机上。俄而蘇，使左右机上取皮囊開之，有一方白玉，題文曰：「猗尼渠餘國天王敬信遮須夷國天王，歲在攝提，當相見也。」馳使呈聰，聰曰：「若審如此，吾不懼死也。」及聰死，與此玉幷葬焉。

時東宮鬼哭；赤虹經天，南有一歧；三日並照，各有兩珥，五色甚鮮；客星歷紫宮入於天獄而滅。太史令康相言於聰曰：「蛇虹見彌天，一歧南徹；三日並照；客星入紫宮。此皆大異，其徵不遠也。今虹達東西者，許洛以南不可圖也。一歧南徹者，李氏當仍跨巴蜀，司馬叡終據全吳之象，天下其三分乎！月爲胡王，皇漢雖苞括二京，龍騰九五，然世雄燕代，肇基北朔，太陰之變其在漢域乎！漢旣據中原，曆命所屬，紫宮之異，亦不在他，此之深重，胡可盡言。石勒鴟視趙魏，曹嶷狼顧東齊，鮮卑之衆星布燕代，齊、代、燕、趙皆有將大之氣。願陛下以東夏爲慮，勿顧西南。吳蜀之不能北侵，猶大漢之不能南向也。今京師寡弱，勒衆精盛，若盡趙魏之銳，燕之突騎自上黨而來，曹嶷率三齊之衆以繼之，陛下將何以抗之？紫宮之變何必不在此乎！願陛下早爲之所，無使兆人生心。陛下誠能發詔，外以遠追秦皇、漢武循海之事，內爲高帝圖楚之計，無不克矣。」聰覽之不悅。

劉粲使王平謂劉乂曰：「適奉中詔，云京師將有變，敕裹甲以備之。」乂以爲信然，令命宮臣裹甲以居。粲馳遣告靳準、王沈等曰：「向也王平告云東宮陰備非常，將若之何？」準白之，聰大驚曰：「豈有此乎！」王沈等同聲曰：「臣等久聞，但恐言之陛下弗信。」於是使粲圍東宮。粲遣沈、準收氐羌酋長十餘人，窮問之，皆懸首高格，燒鐵灼目，乃自誣與乂同造逆謀。聰謂沈等曰：「而今而後，吾知卿等忠於朕也。當念爲知無不言，勿恨往日言不用也。」於是誅乂素所親厚大臣及東宮官屬數十人，皆靳準及閹豎所怨也。廢乂爲北部王，粲使準賊殺之。坑士衆萬五千餘人，平陽街巷爲之空。氐羌叛者十餘萬落，以靳準行車騎大將軍以討之。時聰境內大蝗，平陽、冀、雍尤甚。靳準討之，震其二子而死。河汾大溢，漂沒千餘家。東宮災異，〔一五〕門閣宮殿蕩然。立粲爲皇太子，大赦殊死已下。以粲領相國、大單于，總攝朝政如前。

聰校獵上林，以帝行車騎將軍，戎服執戟前導，行三驅之禮。粲言於聰曰：「今司馬氏跨據江東，趙固、李矩同逆相濟，興兵聚衆者皆以子鄴爲名，不如除之，以絕其望。」聰然之。

趙固郭默攻其河東，至於絳邑，右司隸部人盜牧馬負妻子奔之者三萬餘騎。騎兵將軍劉勳追討之，殺萬餘人，固、默引歸。劉頡遮邀擊之，爲固所敗。使粲及劉雅等伐趙固，次于小平津，固揚言曰：「要當生縛劉粲以贖天子。」聰聞而惡之。

李矩使郭默、郭誦救趙固，屯于洛汭，遣耿稚、張皮潛濟，襲粲。貝丘王翼光自厘城覘之，以告粲。粲曰：「征北南渡，趙固望聲逃竄，彼方憂自固，何暇來邪！且聞上身在此，自當不敢北視，況敢濟乎！不須驚動將士也。」是夜，稚等襲敗粲軍，粲奔據陽鄉，稚館穀粲壘。雅聞而馳還，柵于壘外，與稚相持。聰聞粲敗，使太尉范隆率騎赴之，稚等懼，率衆五千，突圍趨北山而南。劉勳追之，戰于河陽，稚師大敗，死者三千五百人，投河死者千餘人。

聰所居螽斯則百堂災，焚其子會稽王衷已下二十有一人。〔一六〕聰聞之，自投於牀，哀塞氣絕，良久乃蘇。平陽西明門牡自亡，〔一七〕霍山崩。

署其驃騎大將軍、濟南王劉驥爲大將軍、都督中外諸軍事、錄尙書，衞大將軍、齊王劉勱爲大司徒。

中常侍王沈養女年十四，有妙色，聰立爲左皇后。尙書令王鑒、中書監崔懿之、中書令曹恂等諫曰：「臣聞王者之立后也，將以上配乾坤之性，象二儀敷育之義，生承宗廟，母臨天下，亡配后土，執饋皇姑，必擇世德名宗，幽閑淑令，副四海之望，稱神祇之心。是故周文造舟，姒氏以興，關雎之化饗，則百世之祚永。孝成任心縱欲，以婢爲后，使皇統亡絕，社稷淪傾。有周之隆既如彼矣，大漢之禍又如此矣。從麟嘉以來，亂淫於色，縱沈之弟女，刑餘小醜猶不可塵瓊寢，汙清廟，況其家婢邪！六宮妃嬪皆公子公孫，奈何一旦以婢主之，何異象榱玉簀而對腐木朽楹哉！臣恐無福於國家也。」聰覽之大怒，使宣懷謂粲曰：「鑒等小子，慢侮國家，狂言自口，無復君臣上下之禮，其速考竟。」於是收鑒等送市。金紫光祿大夫王延馳將入諫，門者弗通。鑒等臨刑，王沈以杖叩之曰：「庸奴，復能爲惡乎？乃公何與汝事！」鑒瞋目叱之曰：「豎子！使皇漢滅者，坐汝鼠輩與靳準耳，要當訴汝於先帝，取汝等於地下。」懿之曰：「靳準梟聲鏡形，必爲國患。汝既食人，人亦當食汝。」皆斬之。聰又立其中常侍宣懷養女爲中皇后。

鬼哭於光極殿，又哭於建始殿。雨血平陽，廣袤十里。時聰子約已死，至是晝見。聰甚惡之，謂粲曰：「吾寢疾惙頓，怪異特甚。往以約之言爲妖，比累日見之，此兒必來迎吾也。何圖人死定有神靈，如是，吾不悲死也。今世難未夷，非諒闇之日，朝終夕殮，旬日而葬。」徵劉曜爲丞相、錄尚書，輔政，固辭乃止。仍以劉景爲太宰，劉驥爲大司馬，劉顗爲太師，朱紀爲太傅，呼延晏爲太保，並錄尚書事；范隆守尚書令、儀同三司，靳準爲大司空、領司隸校尉，皆迭決尚書奏事。

太興元年，聰死，在位九年，僞謚曰昭武皇帝，廟號烈宗。

粲字士光。少而儁傑，才兼文武。自爲宰相，威福任情，疏遠忠賢，昵近姦佞，任性嚴刻無恩惠，距諫飾非。好興造宮室，相國之府仿像紫宮，在位無幾，作兼晝夜，飢困窮叛，死亡相繼，粲弗之恤也。

既嗣僞位，尊聰后靳氏爲皇太后，樊氏號弘道皇后，宣氏號弘德皇后，王氏號弘孝皇后。靳等年皆未滿二十，並國色也，粲晨夜烝淫於內，志不在哀。立其妻靳氏爲皇后，子元公爲太子，大赦境內，改元漢昌。雨血于平陽。

靳準將有異謀，私於粲曰：「如聞諸公將欲行伊尹、霍光之事，謀先誅太保及臣，以大司馬統萬機。陛下若不先之，臣恐禍之來也不晨則夕。」粲弗納。準懼其言之不從，謂聰二靳氏曰：〔一八〕「今諸公侯欲廢帝，立濟南王，恐吾家無復種矣。盍言之於帝。」二靳承間言之。粲誅其太宰、上洛王劉景，太師、昌國公劉顗，大司馬、濟南王劉驥，〔一九〕大司徒、齊王劉勱等。太傅朱紀、太尉范隆出奔長安。又誅其車騎大將軍、吳王劉逞，驥母弟也。粲大閱上林，謀討石勒。以靳準爲大將軍、錄尚書事。粲荒耽酒色，游讌後庭，軍國之事一決於準。準矯粲命，以從弟明爲車騎將軍，康爲衞將軍。

準將作亂，以金紫光祿大夫王延耆德時望，謀之于延。延弗從，馳將告之，遇靳康，劫延以歸。準勒兵入宮，升其光極前殿，下使甲士執粲，數而殺之。劉氏男女無少長皆斬于東市。發掘元海、聰墓，焚燒其宗廟。鬼大哭，聲聞百里。

準自號大將軍、漢大王，〔二〇〕置百官，遣使稱藩于晉。左光祿劉雅出奔西平。尙書北宮純、胡崧等招集晉人，保於東宮，靳康攻滅之。準將以王延爲左光祿，延罵曰：「屠各逆奴，何不速殺我，以吾左目置西陽門，觀相國之入也，右目置建春門，觀大將軍之入也。」準怒，殺之。

陳元達字長宏，後部人也。本姓高，以生月妨父，故改云陳。少而孤貧，常躬耕兼誦書，樂道行詠，忻忻如也。至年四十，不與人交通。

元海之爲左賢王，聞而招之，元達不答。及元海僭號，人謂元達曰：「往劉公相屈，君蔑而不顧，今稱號龍飛，君其懼乎？」元達笑曰：「是何言邪？彼人姿度卓犖，有籠羅宇宙之志，吾固知之久矣。然往日所以不往者，以期運未至，不能無事喧喧，彼自有以亮吾矣。卿但識之，吾恐不過二三日，驛書必至。」其暮，元海果徵元達爲黃門郎。人曰：「君殆聖乎！」既至，引見，元海曰：「卿若早來，豈爲郎官而已。」元達曰：「臣惟性之有分，盈分者顚。臣若早叩天門者，恐大王賜處於九卿、納言之間，此則非臣之分，臣將何以堪之！是以抑情盤桓，待分而至，大王無過授之謗，小臣免招寇之禍，不亦可乎！」元海大悅。在位忠謇，屢進讜言，退而削草，雖子弟莫得而知也。聰每謂元達曰：「卿當畏朕，反使朕畏卿乎？」元達叩頭謝曰：「臣聞師臣者王，友臣者霸。臣誠愚闇無可採也，幸邀陛下垂齊桓納九九之義，故使微臣得盡愚忠。昔世宗遙可汲黯之奏，故能恢隆漢道；桀紂誅諫，幽厲弭謗，是以三代之亡也忽焉。陛下以大聖應期，挺不世之量，能遠捐商周覆國之弊，近模孝武光漢之美，則天下幸甚，羣臣知免。」及其死也，人盡冤之。

校勘記

〔一〕郭頤　各本「頤」作「熙」，元大德九路刊本以下簡稱元二十二字本作「頤」，與通志一八六、魏書聰傳合，今從之。

〔二〕改元光興　各本「元」下衍「年」字，今據册府二一九删。

〔三〕王師敗於社門　「社」下局本注「元作『杜』」。舉正：洛陽有稅門，即清明門，無社、杜二門，「社」、「杜」蓋「稅」之譌。

〔四〕推疋爲平南將軍　通鑑八七、册府二三四「平南」皆作「平西」。疋本安定太守，軍號當帶「西」字，疑「南」字譌。

〔五〕退保甘渠　賈疋傳「渠」作「泉」。當時晉軍由臨涇東下攻長安，甘泉在長安北，地位相當，或當時甘泉亦名甘渠。

〔六〕猗盧遣子日利孫賓六須至姬澹　魏書序紀作「遣子六脩、桓帝子普根」。通鑑八八從魏書，通鑑考異云：十六國春秋云：「遣其子利孫、宥六須」，載記云「賓六須」，劉琨集云「左、右賢王」，又云「右賢王撲速根」。按：王浚傳見猗盧子右賢王日律孫，似卽「撲速根」，亦卽「普根」，然音不合。懷紀但舉猗盧子利孫一人。疑利孫或日利孫、日律孫並卽六脩之異譯，誤歧爲二人，又誤以當普根。又「姬澹」，劉琨傳、通鑑八八並作「箕澹」，而石勒載記上、魏書衞操傳復作「姬澹」。

〔七〕傅武　「武」本作「虎」，唐修晉書避諱改，通鑑八八作「虎」。

〔八〕鵾儀殿　「殿」原作「樓」，毛本、局本「樓」下注「元作『殿』」。本書列女傳、册府二三三、通鑑八八、御覽一四二引前趙錄並作「殿」，下文亦云「將營一殿」「睽殿」。今據改。

〔九〕視百姓如草芥　「芥」，各本作「莽」，殿本、通志一八六作「芥」。「草芥」用孟子離婁、左傳哀公元年文，今從殿本。

〔一〇〕輔軍　册府二二九、通志一八六皆作「撫軍」，撫軍是魏晉舊名，疑作「撫軍」爲是。

〔一一〕食五都　通志一八六「都」作「郡」，疑是。

〔一二〕一泉塢　「一泉塢」當從水經洛水注作「一合塢」。

〔一三〕右貴嬪靳氏爲右皇后　各本「靳」作「劉」，獨局本作「靳」。上文云聰納靳準二女爲左、右貴嬪，大曰月光，小曰月華。通鑑八九云「月華爲右皇后」，正是靳氏。通志一八六亦作「靳」。「劉」字譌，今從局本。

〔一四〕四后之外　通鑑八九「四后」作「三后」，通鑑考異云：時靳上皇后已死，唯三后耳，云「四」誤也。

〔一五〕東宮災異　李校：「異」字衍。

〔一六〕焚其子會稽王衷已下二十有一人　斠注：御覽一一九引十六國春秋前趙錄「衷」作「康」。按：通鑑九〇亦作「康」。

〔一七〕西明門牡自亡　各本「牡」作「社」，獨局本作「牡」。局本當據通志一八六改。漢書天文志以門牡自亡爲災，今從局本。

〔一八〕謂聰二靳氏曰　通鑑九〇作「復使二靳氏言之」，胡注：「二靳氏，聰后與桀后。」按：此處當衍「聰」字。

〔一九〕濟南王劉驥　各本無「劉」字，吳本獨有，當是據本條劉景、劉顗、劉勱、劉逞例補，今從之。

〔二〇〕漢大王　通鑑九〇「大」作「天」，疑「大」字譌。

晉書卷一百三

載記第三

劉曜

劉曜字永明，元海之族子也。少孤，見養於元海。幼而聰慧，有奇度。年八歲，從元海獵于西山，遇雨，止樹下，迅雷震樹，旁人莫不顚仆，曜神色自若。元海異之曰：「此吾家千里駒也，從兄爲不亡矣！」身長九尺三寸，垂手過膝，生而眉白，目有赤光，鬚髯不過百餘根，而皆長五尺。性拓落高亮，與衆不羣。讀書志於廣覽，不精思章句，善屬文，工草隸。雄武過人，鐵厚一寸，射而洞之，于時號爲神射。尤好兵書，略皆闇誦。常輕侮吳、鄧，而自比樂毅、蕭、曹，時人莫之許也，惟聰每曰：「永明，世祖、魏武之流，何數公足道哉！」

弱冠游于洛陽，坐事當誅，亡匿朝鮮，遇赦而歸。自以形質異衆，恐不容于世，隱迹管涔山，〔一〕以琴書爲事。嘗夜閑居，有二童子入跪曰：「管涔王使小臣奉謁趙皇帝，獻劍一口。」置前再拜而去。以燭視之，劍長二尺，光澤非常，赤玉爲室，背上有銘曰：「神劍御，除衆毒。」曜遂服之。劍隨四時而變爲五色。

元海世頻歷顯職，後拜相國、都督中外諸軍事，鎮長安。靳準之難，自長安赴之。至于赤壁，太保呼延晏等自平陽奔之，與太傅朱紀、太尉范隆等上尊號。曜以太興元年僭即皇帝位，大赦境內，惟準一門不在赦例，改元光初。以朱紀領司徒，呼延晏領司空，范隆以下悉復本位。使征北劉雅、鎮北劉策次于汾陰，與石勒爲掎角之勢。

靳準遣侍中卜泰降于勒，勒囚泰，送之曜。謂泰曰：「先帝末年，實亂大倫，羣閹撓政，誅滅忠良，誠是義士匡討之秋。司空執心忠烈，行伊霍之權，拯濟塗炭，使朕及此，勳高古人，德格天地。朕方寧濟大艱，終不以非命及君子賢人。司空若執忠誠，早迎大駕者，政由靳氏，祭則寡人，以朕此意布之司空，宣之朝士。」泰還平陽，具宣曜旨。準自以殺曜母兄，沈吟未從。尋而喬泰、王騰、靳康、馬忠等殺準，推尚書令靳明爲盟主，遣卜泰奉傳國六璽降于曜。曜大悅，謂泰曰：「使朕獲此神璽而成帝王者，子也。」石勒聞之，怒甚，增兵攻之。明戰累敗，遣使求救于曜，曜使劉雅、劉策等迎之。明率平陽士女萬五千歸于曜，曜命誅明，靳氏男女無少長皆殺之。使劉雅迎母胡氏喪于平陽，還葬粟邑，墓號陽陵，僞謚宣明皇太后。僭尊高祖父亮爲景皇帝，曾祖父廣爲獻皇帝，祖防懿皇帝，考曰宣成皇帝。徙都長安，起光世殿於前，紫光殿於後。立其妻羊氏爲皇后，子熙爲皇太子，封子襲爲長樂王，闡太原王，沖淮南王，敞齊王，高魯王，徽楚王，徵諸宗室皆進封郡王。繕宗廟、社稷、南北郊。以水承晉金行，國號曰趙。牲牡尚黑，旗幟尚玄，冒頓配天，元海配上帝，大赦境內殊死已下。

黃石屠各路松多起兵於新平、扶風，聚衆數千，附于南陽王保。保以其將楊曼爲雍州刺史，王連爲扶風太守，據陳倉；張顗爲新平太守，周庸爲安定太守，據陰密。松多下草壁，秦隴氐羌多歸之。曜遣其車騎劉雅、平西劉厚攻楊曼于陳倉，二旬不克。曜率中外精銳以赴之，行次雍城，太史令弁廣明言於曜曰：「昨夜妖星犯月，師不宜行。」乃止。敕劉雅等攝圍固壘，以待大軍。

地震，長安尤甚。時曜妻羊氏有殊寵，頗與政事，陰有餘之徵也。

三年，曜發雍，攻陳倉，曼、連謀曰：「諜者適還，云其五牛旗建，多言胡主自來，其鋒恐不可當也。吾糧廩既少，無以支久，若頓軍城下，圍人百日，不待兵刃而吾自滅，不如率見衆以一戰。如其勝也，關中不待檄而至；如其敗也，一等死，早晚無在。」遂盡衆背城而陣，爲曜所敗，王連死之，楊曼奔于南氐。曜進攻草壁，又陷之，松多奔隴城，進陷安定。保懼，遷于桑城，氐羌悉從之。曜振旅歸于長安，署劉雅爲大司徒。

晉將李矩襲金墉，克之。曜左中郎將宋始、振威宋恕降于石勒。署其大將軍、廣平王岳爲征東大將軍，鎮洛陽。會三軍疫甚，岳遂屯澠池。石勒遣石生馳應宋始等，軍勢甚盛。曜將尹安、趙愼等以洛陽降生，岳乃班師，鎮于陝城。

西明門內大樹風吹折，經一宿，樹撥變爲人形，髮長一尺，鬚眉長三寸，皆黃白色，有斂手之狀，亦有兩腳著裙之形，惟無目鼻，每夜有聲，十日而生柯條，遂成大樹，枝葉甚茂。

長水校尉尹車謀反，潛結巴酋徐庫彭，〔三〕曜乃誅車，囚庫彭等五十餘人于阿房，將殺之。光祿大夫游子遠固諫，曜不從。子遠叩頭流血，曜大怒，幽子遠而盡殺庫彭等，尸諸街巷之中十日，乃投之於水。於是巴氐盡叛，推巴歸善王句渠知爲主，四山羌、氐、巴、羯應之者三十餘萬，關中大亂，城門晝閉。子遠又從獄表諫，曜怒甚，毀其表曰：「大荔奴不憂命在須臾，猶敢如此，嫌死晚邪？」叱左右速殺之。劉雅、朱紀、呼延晏等諫曰：「子遠幽而尙諫者，所謂忠於社稷，不知死之將至。陛下縱弗能用，奈何殺之！若子遠朝誅，臣等亦暮死，以彰陛下過差之咎。天下之人皆當去陛下蹈西海而死耳，陛下復與誰居乎！」曜意解，乃赦之。於是敕內外戒嚴，將親討渠知。子遠進曰：「陛下誠能納愚臣之計者，不勞大駕親動，一月之中可使清定。」曜曰：「卿試言之。」子遠曰：「彼匪有大志，希竊非望也，但逼於陛下峻網耳。今死者不可追，莫若赦諸逆人之家老弱沒奚官者，使迭相撫育，聽其復業，大赦與之更始。彼生路既開，不降何待！若渠知自以罪重不卽下者，願假臣弱兵五千，以爲陛下梟之，不敢勞陛下之將帥也。不爾者，今賊黨既衆，彌川被谷，雖以天威臨之，恐非年歲可除。」曜大悅，以子遠爲車騎大將軍、開府儀同三司、都督雍秦征討諸軍事。大赦境內。子遠次于雍城，降者十餘萬。進軍安定，氐羌悉下，惟句氏宗黨五千餘家保于陰密，進攻平之，遂振旅循隴右，陳安郊迎。

先是，上郡氐羌十餘萬落保嶮不降，酋大虛除權渠自號秦王。子遠進師至其壁下，權渠率衆來距，五戰敗之。權渠恐，將降，其子伊餘大言於衆曰：「往劉曜自來，猶無若我何，況此偏師而欲降之！」率勁卒五萬，晨壓壘門。左右勸戰，子遠曰：「吾聞伊餘之勇，當今無敵，士馬之强，復非其匹；又其父新敗，怒氣甚盛；且西戎剽勁，鋒銳不可擬也。不如緩之，使氣竭而擊之。」乃堅壁不戰。伊餘有驕色。子遠候其無備，夜，誓衆蓐食，晨，大風霧，子遠曰：「天贊我也！」躬先士卒，掃壁而出，遲明覆之，生擒伊餘，悉俘其衆。權渠大懼，被髮割面而降。子遠啓曜以權渠爲征西將軍、西戎公，分徙伊餘兄弟及其部落二十餘萬口于長安。西戎之中，權渠部最强，皆稟其命而爲寇暴，權渠既降，莫不歸附。

曜大悅，讌羣臣于東堂，語及平生，泫然流涕，遂下書曰：「蓋褒德惟舊，聖后之所先；念惠錄孤，明王之恒典。是以世祖草創河北，而致封於嚴尤之孫；魏武勒兵梁宋，追慟於橋公之墓。前新贈大司徒、烈愍公崔岳，中書令曹恂，晉陽太守王忠，太子洗馬劉綏等，或識朕於童齔之中，或濟朕於艱窘之極，言念君子，實傷我心。詩不云乎：『中心藏之，何日忘之！』岳、漢昌之初雖有褒贈，屬否運之際，禮章莫備，今可贈岳使持節、侍中、大司徒、遼東公，恂大司空、南郡公，綏左光祿大夫、平昌公，忠鎮軍將軍、安平侯，並加散騎常侍。但皆丘墓夷滅，申哀莫由，有司其速班訪岳等子孫，授以茅土，稱朕意焉。」初，曜之亡，與曹恂奔於劉綏，綏匿之於書匱，載送於忠，忠送之朝鮮。歲餘，飢窘，變姓名，客爲縣卒。岳爲朝鮮令，見而異之，推問所由。曜叩頭自首，流涕求哀。岳曰：「卿謂崔元嵩不如孫賓碩乎，何懼之甚也！今詔捕卿甚峻，百姓間不可保也。此縣幽僻，勢能相濟，縱有大急，不過解印綬與卿俱去耳。吾既門衰，無兄弟之累，身又薄祜，未有兒子，卿猶吾子弟也，勿爲過憂。大丈夫處身立世，鳥獸投人，要欲濟之，而況君子乎！」給以衣服，資供書傳。曜遂從岳，質通疑滯，恩顧甚厚。岳從容謂曜曰：「劉生姿宇神調，命世之才也！四海脫有微風搖之者，英雄之魁，卿其人矣。」曹恂雖於屯厄之中，事曜有君臣之禮，故皆德之。

曜立太學於長樂宮東，小學於未央宮西，簡百姓年二十五已下十三已上，神志可教者千五百人，選朝賢宿儒明經篤學以教之。以中書監劉均領國子祭酒。置崇文祭酒，秩次國子。散騎侍郎董景道以明經擢爲崇文祭酒。以游子遠爲大司徒。

曜命起酆明觀，立西宮，建陵霄臺於滈池，又將於霸陵西南營壽陵。侍中喬豫、和苞上疏諫曰：「臣聞人主之興作也，必仰準乾象，俯順人時，是以衞文承亂亡之後，宗廟社稷流漂無所，而猶上候營室以構楚宮。彼其急也猶尙若茲，故能興康叔、武公之迹，以延九百之慶也。奉詔書將營酆明觀，市道芻蕘咸以非之，曰一觀之功可以平涼州矣。又奉敕旨復欲擬阿房而建西宮，模瓊臺而起陵霄，此則費萬酆明，功億前役也。以此功費，亦可以吞吳蜀，翦齊魏矣。陛下何爲於中興之日而蹤亡國之事！自古聖王，人誰無過！陛下此役，實爲過舉。過貴在能改，終之實難。又伏聞敕旨將營建壽陵，周迴四里，下深二十五丈，以銅爲棺椁，黃金飾之，恐此功費非國內所能辨也。且臣聞堯葬穀林，市不改肆；顓頊葬廣陽，下不及泉。聖王之於終也如是。秦皇下錮三泉，周輪七里，身亡之後，毀不旋踵，闇主之於終也如此。向魋石椁，孔子以爲不如速朽；王孫倮葬，識者嘉其矯世。自古無有不亡之國，不掘之墓，故聖王知厚葬之招害也，故不爲之。臣子之於君父，陵墓豈不欲高廣如山岳哉！但以保全始終，安固萬世爲優耳。興亡奢儉，冏然於前，惟陛下覽之。」曜大悅，下書曰：「二侍中懇懇有古人之風烈矣，可謂社稷之臣也。非二君，朕安聞此言乎！以孝明於承平之世，四海無虞之日，尙納鍾離一言而罷北宮之役，况朕之闇眇，當今極弊，而可不敬從明誨乎！今敕悉停壽陵制度，一遵霸陵之法。詩不云乎：『無言不酬，無德不報。』其封豫安昌子，苞平輿子，並領諫議大夫。可敷告天下，使知區區之朝思聞過也。自今政法有不便於時，不利社稷者，其詣闕極言，勿有所諱。」省酆水囿以與貧戶。

終南山崩，長安人劉終於崩所得白玉方一尺，有文字曰：「皇亡，皇亡，敗趙昌。井水竭，構五梁，咢酉小衰困嚼喪。嗚呼！嗚呼！赤牛奮靷其盡乎！」時羣臣咸賀，以爲勒滅之徵。曜大悅，齋七日而後受之於太廟，大赦境內，以終爲奉瑞大夫。中書監劉均進曰：「臣聞國主山川，故山崩川竭，君爲之不舉。終南，京師之鎭，國之所瞻，無故而崩，其凶焉可極言！昔三代之季，其災也如是。今朝臣皆言祥瑞，臣獨言非，誠上忤聖旨，下違衆議，然臣不達大理，竊所未同。何則？玉之於山石也，猶君之於臣下。山崩石壞，象國傾人亂。『皇亡，皇亡，敗趙昌』者，此言皇室將爲趙所敗，趙因之而昌。今大趙都於秦雍，而勒跨全趙之地，趙昌之應，當在石勒，不在我也。『井水竭，構五梁』者，井謂東井，秦之分也，五謂五車，梁謂大梁，五車、大梁，趙之分也，此言秦將竭滅，以構成趙也。咢者，歲之次名作咢也，言歲馭作咢酉之年，當有敗軍殺將之事。困謂困敦，歲在子之年名，玄囂亦在子之次，言歲馭於子，國當喪亡。赤牛奮靷謂赤奮若，在丑之歲名也。牛謂牽牛，東北維之宿，丑之分也，言歲在丑當滅亡，盡無復遺也。此其誡悟蒸蒸，欲陛下勤修德化以禳之。縱爲嘉祥，尙願陛下夕惕以答之。書曰：『雖休勿休。』願陛下追蹤周旦盟津之美，捐鄗虢公夢廟之凶，謹歸沐浴以待妖言之誅。」曜憮然改容。御史劾均狂言瞽說，誣罔祥瑞，請依大不敬論。曜曰：

「此之災瑞，誠不可知，深戒朕之不德，朕收其忠惠多矣，何罪之有乎！」

曜親征氐羌，仇池楊難敵率衆來距，前鋒擊敗之，難敵退保仇池，仇池諸氐羌多降於曜。曜後復西討楊韜于南安，韜懼，與隴西太守梁勛等降于曜，皆封列侯。使侍中喬豫率甲士五千，遷韜等及隴右萬餘戶于長安。曜又進攻仇池。時曜寢疾，兼癘疫甚，議欲班師，恐難敵躡其後，乃以其尚書郎王獷爲光國中郎將，使于仇池，以說難敵，難敵於是遣使稱藩。曜大悅，署難敵爲使持節、侍中、假黃鉞、都督益寧南秦涼梁巴六州隴上西域諸軍事、上大將軍、益寧南秦三州牧、領護南氐校尉、寧羌中郎將、武都王，子弟爲公侯列將二千石者十五人。

陳安請朝，曜以疾篤不許。安怒，且以曜爲死也，遂大掠而歸。曜疾甚篤，馬輿而還，使其將呼延寔監輜重於後。陳安率精騎要之于道，寔奔戰無路，與長史魯憑俱沒于安。安囚寔而謂之曰：「劉曜已死，子誰輔哉？孤當與足下終定大業。」寔叱安曰：「狗輩！汝荷人榮寵，處不疑之地，前背司馬保，今復如此。汝自視何如主上？憂汝不久梟首上邽通衢，何謂大業！可速殺我，懸我首於上邽東門，觀大軍之入城也。」安怒，遂殺之。以魯憑爲參軍，又遣其弟集及將軍張明等率騎二萬追曜，曜衞軍呼延瑜逆戰，擊斬之，悉俘其衆。安懼，馳還上邽。曜至自南安。陳安使其將劉烈、趙罕襲汧城，〔三〕拔之，西州氐羌悉從安。安士馬雄盛，衆十餘萬，自稱使持節、大都督、假黃鉞、大將軍、雍涼秦梁四州牧、涼王，以趙募爲相國，領左長史。魯憑對安大哭曰：「吾不忍見陳安之死也。」安怒，命斬之。憑曰：「死自吾分，懸吾頭於秦州通衢，觀趙之斬陳安也。」遂殺之。曜聞憑死，悲慟曰：「賢人者，天下之望也。害賢人，是塞天下之情。夫承平之君猶不敢乖臣妾之心，況於四海乎！陳安今於招賢採哲之秋，而害君子，絕當時之望，吾知其無能爲也。」

休屠王石武以桑城降，〔四〕曜大悅，署武爲使持節、都督秦州隴上雜夷諸軍事、平西大將軍、秦州刺史，封酒泉王。

曜后羊氏死，僞諡獻文皇后。羊氏內有特寵，外參朝政，生曜三子熙、襲、闡。

曜始禁無官者不聽乘馬，祿八百石已上婦女乃得衣錦繡，自季秋農功畢，乃聽飲酒，非宗廟社稷之祭不得殺牛，〔五〕犯者皆死。曜臨太學，引試學生之上第者拜郎中。

武功男子蘇撫、陝男子伍長平並化爲女子。石言於陝，若言勿東者。

曜將葬其父及妻，親如粟邑以規度之。負土爲墳，其下周迴二里，作者繼以脂燭，怨呼之聲盈于道路。游子遠諫曰：「臣聞聖主明王、忠臣孝子之於終葬也，棺足周身，椁足周棺，藏足周椁而已，不封不樹，爲無窮之計。伏惟陛下聖慈幽被，神鑒洞遠，每以清儉恤下爲先，社稷資儲爲本。今二陵之費至以億計，計六萬夫百日作，所用六百萬功。二陵皆下錮三泉，上崇百尺，積石爲山，增土爲阜，發掘古冢以千百數，役夫呼嗟，氣塞天地，暴骸原野，哭聲盈衢，臣竊謂無益於先皇先后，而徒喪國之儲力。陛下脫仰尋堯舜之軌者，則功不盈百萬，費亦不過千計，下無怨骨，上無怨人，先帝先后有太山之安，陛下饗舜、禹、周公之美，惟陛下察焉。」曜不納，乃使其將劉岳等帥騎一萬，迎父及弟暉喪於太原。疫氣大行，死者十三四。上洛男子張盧死二十七日，有盜發其冢者，盧得蘇。曜葬其父，墓號永垣陵，葬妻羊氏，墓號顯平陵。大赦境內殊死已下，賜人爵二級，孤老貧病不能自存者帛各有差。

太寧元年，陳安攻曜征西劉貢於南安，休屠王石武自桑城將攻上邽，以解南安之圍。安聞之懼，馳歸上邽，遇於瓜田。武以衆寡不敵，奔保張春故壘。安引軍追武曰：「叛逆胡奴！要當生縛此奴，然後斬劉貢。」武閉壘距之。貢敗安後軍，俘斬萬餘。安馳還赴救，貢逆擊敗之。俄而武騎大至，安衆大潰，收騎八千，奔于隴城。貢乃留武督後衆，躬先士卒，戰輒敗之，遂圍安于隴城。

大雨霖，震曜父墓門屋，大風飄發其父寢堂于垣外五十餘步。曜避正殿，素服哭于東堂五日，使其鎮軍劉襲、太常梁胥等繕復之。松柏衆木植已成林，至是悉枯。署其大司馬劉雅爲太宰，加劍履上殿，入朝不趨，讚拜不名，給千兵百騎，甲仗百人入殿，增班劍六十人，前後鼓吹各二部。

曜親征陳安，圍安于隴城。安頻出挑戰，累擊敗之，斬獲八千餘級。右軍劉幹攻平襄，克之，隴上諸縣悉降。曲赦隴右殊死已下，惟陳安、趙募不在其例。安留楊伯支、姜沖兒等守隴城，帥騎數百突圍而出，欲引上邽、平襄之衆還解隴城之圍。安既出，知上邽被圍，平襄已敗，乃南走陝中。曜使其將軍平先、丘中伯率勁騎追安，頻戰敗之，俘斬四百餘級。安與壯士十餘騎於陝中格戰，安左手奮七尺大刀，右手執丈八蛇矛，近交則刀矛俱發，輒害五六；〔六〕遠則雙帶鞬服，左右馳射而走。平先亦壯健絕人，勇捷如飛，與安搏戰，三交，奪其蛇矛而退。會日暮，雨甚，安棄馬，與左右五六人步踰山嶺，匿于溪澗。翌日尋之，遂不知所在。會連雨始霽，輔威呼延清尋其徑迹，〔七〕斬安于澗曲。曜大悅。

安善於撫接，吉凶夷險與衆同之，及其死，隴上歌之曰：「隴上壯士有陳安，軀榦雖小腹中寬，愛養將士同心肝。驫驄父馬鐵瑕鞍，七尺大刀奮如湍，丈八蛇矛左右盤，十盪十決無當前。戰始三交失蛇矛，棄我驫驄竄巖幽，爲我外援而懸頭。西流之水東流河，一去不還奈子何！」曜聞而嘉傷，命樂府歌之。

楊伯支斬姜沖兒，以隴城降。宋亭斬趙募，以上邽降。徙秦州大姓楊、姜諸族二千餘戶于長安。氐羌悉下，並送質任。

時劉岳與涼州刺史張茂相持于河上，曜自隴長驅至西河，戎卒二十八萬五千，臨河列營，百餘里中，鍾鼓之聲沸河動地，自古軍旅之盛未有斯比。茂臨河諸戍皆望風奔退。揚聲欲百道俱渡，直至姑臧，涼州大怖，人無固志。諸將咸欲速濟，曜曰：「吾軍旅雖盛，不踰魏武之東也。畏威而來者，三有二焉。中軍宿衞已皆疲老，不可用也。張氏以吾新平陳安，師徒殷盛，以形聲言之，非彼五郡之衆所能抗也，必怖而歸命，受制稱藩，吾復何求！卿等試之，不出中旬，張茂之表不至者，吾爲負卿矣。」茂懼，果遣使稱藩，獻馬一千五百匹，牛三千頭，羊十萬口，黃金三百八十斤，銀七百斤，女妓二十人，及諸珍寶珠玉、方域美貨不可勝紀。曜大悅，使其大鴻臚田崧署茂使持節、假黃鉞、侍中、都督涼南北秦梁益巴漢隴右西域雜夷匈奴諸軍事、太師、領大司馬、涼州牧、領西域大都護、護氐羌校尉、涼王。

曜至自河西，遣胡元增其父及妻墓高九十尺。

楊難敵以陳安旣平，內懷危懼，奔于漢中。鎭西劉厚追擊之，獲其輜重千餘兩，士女六千餘人，還之仇池。曜以大鴻臚田崧爲鎭南大將軍、益州刺史，鎭仇池，以劉岳爲侍中、都督中外諸軍事，進封中山王。

初，靳準之亂，曜世子胤沒于黑匿郁鞠部，至是，胤自言，郁鞠大驚，資給衣馬，遣子送之。曜對胤悲慟，嘉郁鞠忠款，署使持節、散騎常侍、忠義大將軍、左賢王。胤字義孫，美姿貌，善機對，年十歲，身長七尺五寸，眉鬢如畫。聰奇之，謂曜曰：「此兒神氣豈同義眞乎！

固當應爲卿之冢嫡，卿可思文王廢伯邑考立武王之意也。」曜曰：「臣之藩國，僅能守祭祀便足矣，不可以亂長幼之倫也。」聰曰：「卿勳格天地，國兼百城，當世祚太師，受專征之任，五侯九伯得專征之者，卿之子孫，柰何言同諸藩國也！義眞既不能遠追太伯高讓之風，吾不過爲卿封之以一國。」義眞，曜子儉之字也。於是封儉爲臨海王，立胤爲世子。胤雖少離屯難，流躓殊荒，而風骨俊茂，爽朗卓然。身長八尺三寸，髮與身齊，多力善射，驍捷如風雲，曜因以重之，其朝臣亦屬意焉。曜於是顧謂羣下曰：「義孫可謂歲寒而不凋，涅而不淄者矣。義光雖先已樹立，然沖幼儒謹，恐難乎爲今世之儲貳也，懼非所以上固社稷，下愛義光。義孫年長明德，又先世子也，朕欲遠追周文，近蹤光武，使宗廟有太山之安，義光饗無疆之福，於諸卿意如何？」其太傅呼延晏等咸曰：「陛下遠擬周漢，爲國家無窮之計，豈惟臣等賴之，實亦宗廟四海之慶。」左光祿卜泰、太子太保韓廣等進曰：「陛下若以廢立爲是也，則不應降日月之明，垂訪羣下。若以爲疑也，固思聞臣等異同之言，竊以誠廢太子非也。何則？昔周文以未建之前，擇聖表而超樹之可也。光武緣母色而廢立，豈足爲聖朝之模範！光武誠以東海纂統，何必不如明帝！皇子胤文武才略，神度弘遠，信獨絕一時，足以擬蹤周發；然太子孝友仁慈，志尚沖雅，亦足以堂負聖基，爲承平之賢主。何況儲宮者，六合人神所繫望也，不可輕以廢易。陛下誠實爾者，臣等有死而已，未敢奉詔。」曜默然。胤前泣曰：

「慈父之於子也，當務存尸鳩之仁，何可替熙而立臣也！陛下謬恩乃爾者，臣請死於此，以明赤心。且陛下若愛忘其醜，以臣微堪指授，亦當能輔導義光，仰遵聖軌。」因歔欷流涕，悲感朝臣。曜亦以太子羊氏所生，羊有寵，哀之不忍廢，乃止。追謚前妻卜氏爲元悼皇后，胤之母也。卜泰，胤之舅，曜嘉之，拜上光祿大夫、儀同三司、領太子太傅。封胤爲永安王，署侍中、衞大將軍、都督二宮禁衞諸軍事、開府儀同三司、錄尚書事，領太子太傅，號曰皇子。命熙於胤盡家人之禮。

時有鳳皇將五子翔於故未央殿五日，悲鳴不食皆死。曜立后劉氏。石勒將石他自鴈門出上郡，襲安國將軍、北羌王盆句除，俘三千餘落，獲牛馬羊百餘萬而歸。曜大怒，投袂而起。是日次于渭城，遣劉岳追之，曜次于富平，爲岳聲援。岳及石他戰于河濱，敗之，斬他及其甲士一千五百級，赴河死者五千餘人，悉收所虜，振旅而歸。楊難敵自漢中還襲仇池，克之，執田崧，立之於前。難敵左右叱崧令拜，崧瞋目叱之曰：「氐狗！安有天子牧伯而向賊拜乎！」難敵曰：「子岱，吾當與子終定大事。子謂劉氏可爲盡忠，吾獨不可乎！」崧厲色大言曰：「若賊氐奴才，安敢欲希覬非分！吾寧爲國家鬼，豈可爲汝臣，何不速殺我！」顧排一人，取其劍，前刺難敵，不中，爲難敵所殺。

曜遣劉岳攻石生于洛陽，配以近郡甲士五千，宿衞精卒一萬，濟自盟津。鎮東呼延謨率荆司之衆自崤澠而東。岳攻石勒盟津、石梁二戍，克之，斬獲五千餘級，進圍石生于金墉。石季龍率步騎四萬入自成皋關，岳陳兵以待之。戰于洛西，岳師敗績，岳中流矢，退保石梁。季龍遂塹栅列圍，遏絶内外。岳衆飢甚，殺馬食之。季龍又敗呼延謨，斬之。曜親率軍援岳，季龍率騎三萬來距。曜前軍劉黑大敗季龍將石聰于八特坂。〔八〕曜次于金谷，夜無故大驚，軍中潰散，乃退如澠池。夜中又驚，士卒奔潰，遂歸長安。季龍執劉岳及其將王騰等八十餘人，幷氐羌三千餘人，送于襄國，坑士卒一萬六千。曜至自澠池，素服郊哭，七日乃入城。

武功豕生犬，上邽馬生牛，及諸妖變不可勝記。曜命其公卿各舉博識直言之士一人，司空劉均舉參軍臺產，曜親臨東堂，遣中黄門策問之。產極言其故，曜覽而嘉之，引見東堂，訪以政事。產流涕歔欷，具陳災變之禍，政化之闕，辭旨諒直，曜改容禮之，卽拜博士祭酒、諫議大夫，領太史令。其後所言皆驗，曜彌重之，歲中三遷，歷位尚書、光祿大夫、太子少師，位特進。

曜署劉胤爲大司馬，進封南陽王，以漢陽諸郡十三爲國；置單于臺于渭城，拜大單于，置左右賢王已下，皆以胡、羯、鮮卑、氐、羌豪桀爲之。

曜自還長安，憤恚發病，至是疾瘳，曲赦長安殊死已下。署其汝南王劉咸爲太尉、錄尚書事，光祿大夫劉綏爲大司徒，卜泰爲大司空。

曜妻劉氏疾甚，曜親省臨之，問其所欲言。劉泣曰：「妾叔父昶無子，妾少養於叔，恩撫甚隆，無以報德，願陛下貴之。妾叔皚女芳有德色，願備後宮。」曜許之。言終而死，僞諡獻烈皇后。以劉昶爲使持節、侍中、大司徒、錄尙書事，進封河南郡公，封昶妻張氏爲慈鄉君，立劉皚女芳爲皇后，追念劉氏之言也。僞署驃騎劉述爲大司徒，劉昶爲太保。召公卿已下子弟有勇幹者爲親御郎，被甲乘鎧馬，動止自隨，以充折衝之任。尙書郝述、都水使者支當等固諫，曜大怒，鴆而殺之。

咸和三年，夜夢三人金面丹脣，東向逡巡，不言而退，曜拜而履其跡。旦召公卿已下議之，朝臣咸賀以爲吉祥，惟太史令任義進曰：「三者，曆運統之極也。東爲震位，王者之始次也。金爲兌位，物衰落也。脣丹不言，事之畢也。逡巡揖讓，退舍之道也。爲之拜者，屈伏於人也。履跡而行，愼不出疆也。東井，秦分也。五車，趙分也。秦兵必暴起，亡主喪師，留敗趙地。遠至三年，近七百日，其應不遠。願陛下思而防之。」曜大懼，於是躬親二郊，飾繕神祠，望秩山川，靡不周及。大赦殊死已下，復百姓租稅之半。長安自春不雨，至於五月。

曜遣其武衞劉朗率騎三萬襲楊難敵于仇池，弗克，掠三千餘戶而歸。張駿聞曜軍爲石氏所敗，乃去曜官號，復稱晉大將軍、涼州牧，遣金城太守張閬及枹罕護軍辛晏、將軍韓璞等率衆數萬人，自大夏攻掠秦州諸郡。曜遣劉胤率步騎四萬擊之，夾洮相持七十餘日。冠軍呼延那雞率親御郎二千騎，絕其運路。胤濟師逼之，璞軍大潰，奔還涼州。胤追之，及于令居，斬級二萬。張閬、辛晏率衆數萬降于曜，皆拜將軍，封列侯。

石勒遣石季龍率衆四萬，自軹關西入伐曜，河東應之者五十餘縣，進攻蒲坂。曜將東救蒲坂，懼張駿、楊難敵承虛襲長安，遣其河間王述發氐羌之衆屯于秦州。曜盡中外精銳水陸赴之，自衞關北濟。〔九〕季龍懼，引師而退。追之，及于高候，大戰，敗之，斬其將軍石瞻，枕尸二百餘里，收其資仗億計。季龍奔于朝歌。曜遂濟自大陽，攻石生于金墉，決千金堨以灌之。曜不撫士衆，專與嬖臣飲博，左右或諫，曜怒，以爲妖言，斬之。大風拔樹，昏霧四塞。聞季龍進據石門，續知勒自率大衆已濟，始議增滎陽戍，杜黄馬關。俄而洛水候者與勒前鋒交戰，擒羯，送之。曜問曰：「大胡自來邪？其衆大小復如何？」羯曰：「大胡自來，軍盛不可當也。」曜色變，使攝金墉之圍，陳于洛西，南北十餘里。曜少而淫酒，末年尤甚。勒至，曜將戰，飲酒數斗，常乘赤馬無故跼頓，乃乘小馬。比出，復飲酒斗餘。至於西陽門，撝陣就平，勒將石堪因而乘之，師遂大潰。曜昏醉奔退，馬陷石渠，墜于冰上，被瘡十餘，通中者三，爲堪所執，送于勒所。曜曰：「石王！憶重門之盟不？」勒使徐光謂曜曰：「今日之事，天使其然，復云何邪！」幽曜于河南丞廨，使金瘡醫李永療之，歸于襄國。

曜瘡甚，勒載以馬輿，使李永與同載。北苑市三老孫機上禮求見曜，勒許之。機進酒于曜曰：「僕谷王，關右稱帝皇。當持重，保土疆。輕用兵，敗洛陽。祚運窮，天所亡。開大分，持一觴。」曜曰：「何以健邪！當爲翁飲。」勒聞之，悽然改容曰：「亡國之人，足令老叟數之。」舍曜于襄國永豐小城，給其妓妾，嚴兵圍守。遣劉岳、劉震等乘馬，從男女，衣帢以見曜，曜曰：「久謂卿等爲灰土，石王仁厚，全宥至今，而我殺石他，〔一〇〕負盟之甚。今日之禍，自其分耳。」留宴終日而去。勒諭曜與其太子熙書，〔一一〕令速降之，曜但敕熙「與諸大臣匡維社稷，勿以吾易意也」。勒覽而惡之，後爲勒所殺。

熙及劉胤、劉咸等議西保秦州，尚書胡勳曰：「今雖喪主，國尚全完，將士情一，未有離叛，可共并力距險，走未晚也。」胤不從，怒其沮衆，斬之，遂率百官奔于上邽，劉厚、劉策皆捐鎭奔之。關中擾亂，將軍蔣英、辛恕擁衆數十萬，據長安，遣使招勒，勒遣石生率洛陽之衆以赴之。胤及劉遵率衆數萬，自上邽將攻石生于長安，隴東、武都、安定、新平、北地、扶風、始平諸郡戎夏皆起兵應胤。胤次于仲橋，石生固守長安。勒使石季龍率騎二萬距胤，戰於義渠，爲季龍所敗，死者五千餘人。胤奔上邽，季龍乘勝追戰，枕尸千里，上邽潰。季龍執其僞太子熙、南陽王劉胤并將相諸王等及其諸卿校公侯已下三千餘人，皆殺之。徙其臺省文武、關東流人、秦雍大族九千餘人于襄國，又坑其王公等及五郡屠各五千餘人于洛陽。曜在位十年而敗。始，元海以懷帝永嘉四年僭位，至曜三世，凡二十有七載，以成帝咸和四年滅。〔一三〕

史臣曰：彼戎狄者，人面獸心，見利則棄君親，臨財則忘仁義者也。投之遐遠，猶懼外侵，而處以封畿，窺我中釁。昔者幽后不綱，胡塵暗於戲水；襄王失御，戎馬生于關洛。至于算强弱，妙兵權，體興衰，知利害，於我中華未可量也。況元海人傑，必致青雲之上；許以殊才，不居庸劣之下。是以策馬鴻騫，乘機豹變，五部高嘯，一旦推雄，皇枝相害，未有與之爭衡者矣。伊秩啓興王之略，骨都論克定之秋，單于無北顧之懷，獫狁有南郊之祭，大哉天地，茲爲不仁矣！若乃習以華風，溫乎雅度；兼其舊俗，則罕規模。雖復石勒稱藩，王彌效款，終爲夷狄之邦，未辯君臣之位。至於不遠儒風，虛襟正直，則昔賢所謂并仁義而盜之者焉。

僞主斯亡，玄明篡嗣，樹恩戎旅，旣總威權，關河開曩日之疆，士馬倍前人之氣。然則信不由中，自乖弘遠，貌之爲美，處事難終。縱武窮兵，殘忠害謇，佞人方轡，並后載馳，閹豎類於迴天，凝科踰於炮烙。遣豺狼之將，逐鷹犬之師，懸旌俯渭，分麾陷洛，鐵馬陵山，胡笳遵渚，粉忠貞於戎手，聚搢紳於京觀。先王井賦，乃眷維桑；舊都宮室，咸成茂草。墜露沾衣，行人洒泪。若乃上古敦龐，不親其子，功成高讓，歸諸有德。爰及三代，乃用干戈，將以拯厥版蕩，恭膺天命。懿彼武王，殷之列辟，載旆乘時，興兵誓野，投焚既隕，可以絕言。而輕呂旁揮，彤弧三發，豈若嚮清蹕於常道之門，馳金車於山陽之館！故知黔首來蘇，居今愛古；白旗陳肆，古不如今。胡寇不仁，有同豺豕，役天子以行觴，驅乘輿以執蓋，庾珉之淚既盡，辛賓加之以血。若乃有生之貴，處死爲難，弘在三之義，忘七尺之重，主憂之恨，畢命同歸，自古篡奪，於斯爲甚。是以災氣呈形，賊臣苞亂，政荒民散，可以危亡。劉聰竟得壽終，非不幸也。

曜則天資虓勇，運偶時艱，用兵則王翦之倫，好殺亦董公之亞。而承基醜類，或有可稱。子遠納忠，高旌暫偃；和苞獻直，酆明罷觀。而師之所處，荆棘生焉，自絕强藩，禍成勁敵。天之所厭，人事以之，駭戰士而宵奔，酌戎杯而不醒，有若假手，同乎拾芥。豈石氏之興歟，何不支之甚也！

贊曰：惟皇不範，遁旬居穹。丹朱罕嗣，冒頓爭雄。胡旌颺月，朔馬騰風。埃塵淮浦，虓呼河宮。未央朝寂，謻門旦空。郭欽之慮，辛有知戎。

校勘記

〔一〕管涔山　各本「管」作「菅」，今據御覽四五引前趙錄、册府二二〇、水經汾水注改。下「菅涔王」同改。

〔二〕巴酋徐庫彭　通鑑九一「徐」上有「句」字，胡注：「句、庫皆姓也。」通鑑以句徐、庫彭爲二人。下文「囚庫彭」、「盡殺庫彭等」，通鑑亦並作「徐、彭」。疑載記脫「句」字，誤以爲一人。

〔三〕汧城　各本「汧」作「阱」，今據本書地理志上及通鑑九二改。

〔四〕石武　御覽二九九引三十國春秋作「石虎」，與石季龍同名，唐人避諱改石武。

〔五〕非宗廟社稷之祭不得殺牛　周校：「宗廟」上當有「非」字。按：通志一八六正有「非」字，周說是，今據通志補。

〔六〕輒害五六　御覽三一二引晉書「五六」下有「人」字。此字不宜省，疑是脫文。

〔七〕呼延清　通鑑九二「清」作「青人」，敍事較詳，當本前趙錄。御覽三一二引晉書作「青」。其人當名「青人」，單稱作「青」。

〔八〕曜前軍劉黑大敗季龍將石聰于八特坂　各本「聰」作「忩」。周校：「忩」卽石聰，當作「聰」。按：通鑑九二正作「聰」，今據改。

〔九〕自衞關北濟　斠注：御覽一一九引前趙錄，「衞關」作「潼關」，讀史方輿紀要曰：「衘關」，史誤作

「衝關」。按：元和郡縣志潼關條，河在關內南流衝激關、山，因謂之「衝關」。則潼關一名衝關。「衝」字乃「衝」形近而譌。

〔一〇〕而我殺石他　各本「他」作「生」，殿本作「他」。考證云：本書，曜次於富平，爲岳聲援，岳及石他戰於河濱，敗之，斬他。未嘗殺生。則「生」爲「他」字之誤無疑。按：商榷略同考證說，通鑑九四正作「他」，今從殿本。

〔一一〕勒諭曜與其太子熙書　成紀、御覽一一九引前趙錄、魏書曜傳「熙」並作「毗」。然通鑑九四亦作「熙」，知非字訛，或是二名。下「熙」字同，不再出校。

〔一二〕元海以懷帝永嘉四年僭位至曜三世凡二十有七載以成帝咸和四年滅　御覽一一九引前趙錄「二十有七載」作「二十有六載」。按：元海稱漢王，在永興元年，至咸和四年凡二十六年。其稱帝在永嘉二年，至咸和四年又僅二十二年。而永嘉四年乃劉聰卽帝位之年，其誤更不待言。然御覽一一九引晉書與傳本同，知原文已誤。

晉書卷一百四

載記第四

石勒上

石勒字世龍，初名㔨，上黨武鄉羯人也。其先匈奴別部羌渠之冑。祖耶奕于，父周曷朱，一名乞翼加，並爲部落小率。勒生時赤光滿室，白氣自天屬于中庭，見者咸異之。年十四，隨邑人行販洛陽，倚嘯上東門，王衍見而異之，顧謂左右曰：「向者胡雛，吾觀其聲視有奇志，恐將爲天下之患。」馳遣收之，會勒已去。長而壯健有膽力，雄武好騎射。曷朱性凶粗，不爲羣胡所附，每使勒代己督攝，部胡愛信之。所居武鄉北原山下草木皆有鐵騎之象，〔一〕家園中生人參，花葉甚茂，悉成人狀。父老及相者皆曰：「此胡狀貌奇異，志度非常，其終不可量也。」勸邑人厚遇之。時多嗤笑，唯鄔人郭敬、陽曲甯驅以爲信然，並加資贍。勒亦感其恩，爲之力耕。每聞鞞鐸之音，歸以告其母，母曰：「作勞耳鳴，非不祥也。」

太安中，幷州飢亂，勒與諸小胡亡散，乃自雁門還依甯驅。北澤都尉劉監欲縛賣之，驅匿之，獲免。勒於是潛詣納降都尉李川，路逢郭敬，泣拜言飢寒。敬對之流涕，以帶貨鬻食之，幷給以衣服。勒謂敬曰：「今者大餓，不可守窮。諸胡飢甚，宜誘將冀州就穀，因執賣之，可以兩濟。」敬深然之。會建威將軍閻粹說幷州刺史、東嬴公騰執諸胡於山東賣充軍實，騰使將軍郭陽、張隆虜羣胡將詣冀州，兩胡一枷。勒時年二十餘，亦在其中，數爲隆所敺辱。敬先以勒屬郭陽及兄子時，陽，敬族兄也，是以陽、時每爲解請，道路飢病，賴陽、時而濟。既而賣與茌平人師懽爲奴。有一老父謂勒曰：「君魚龍髮際上四道已成，當貴爲人主。甲戌之歲，王彭祖可圖。」勒曰：「若如公言，弗敢忘德。」忽然不見。每耕作於野，常聞鼓角之聲。勒以告諸奴，諸奴亦聞之，因曰：「吾幼來在家恒聞如是。」諸奴歸以告懽，懽亦奇其狀貌而免之。

懽家鄰於馬牧，與牧率魏郡汲桑往來，勒以能相馬自託於桑。嘗傭於武安臨水，爲遊軍所囚。會有羣鹿旁過，軍人競逐之，勒乃獲免。俄而又見一父老，謂勒曰：「向羣鹿者我也，君應爲中州主，故相救爾。」勒拜而受命。遂招集王陽、夔安、支雄、冀保、吴豫、劉膺、桃豹、逯明等八騎爲羣盜。後郭敖、劉徵、劉寶、張曀僕、呼延莫、郭黑略、張越、孔豚、趙鹿、支屈六等又赴之，號爲十八騎。復東如赤龍、騄驥諸苑中，乘苑馬遠掠繒寶，以賂汲桑。

及成都王穎敗乘輿于蕩陰，逼帝如鄴宮，王浚以穎陵辱天子，使鮮卑擊之，穎懼，挾惠帝南奔洛陽。帝復爲張方所逼，遷于長安。關東所在兵起，皆以誅穎爲名。河間王顒懼東師之盛，欲輯懷東夏，乃奏議廢穎。是歲，劉元海稱漢王于黎亭，穎故將陽平人公師藩等自稱將軍，起兵趙魏，衆至數萬。勒與汲桑帥牧人乘苑馬數百騎以赴之。桑始命勒以石爲姓，勒爲名焉。藩拜勒爲前隊督，從攻平昌公模於鄴。模使將軍馮嵩逆戰，敗之。藩濟自白馬而南，濮陽太守苟晞討藩斬之。勒與桑亡潛苑中，桑以勒爲伏夜牙門，帥牧人劫掠郡縣繫囚，又招山澤亡命，多附勒，勒率以應之。桑乃自號大將軍，稱爲成都王穎誅東海王越、東嬴公騰爲名。桑以勒爲前驅，屢有戰功，署爲掃虜將軍、忠明亭侯。桑進軍攻鄴，以勒爲前鋒都督，大敗騰將馮嵩，因長驅入鄴，遂害騰，殺萬餘人，掠婦女珍寶而去。濟自延津，南擊兗州，越大懼，使苟晞、王讚等討之。

桑、勒攻幽州刺史石尟於樂陵，尟死之。乞活田禋帥衆五萬救尟，〔二〕勒逆戰，敗禋，與晞等相持于平原、陽平間數月，大小三十餘戰，互有勝負。越懼，次於官渡，爲晞聲援。桑、勒爲晞所敗，死者萬餘人，乃收餘衆，將奔劉元海。冀州刺史丁紹要之于赤橋，〔三〕又大敗之。桑奔馬牧，勒奔樂平。王師斬桑于平原。

時胡部大張㔨督、馮莫突等擁衆數千，〔四〕壁于上黨，勒往從之，深爲所昵，因說㔨督曰：「劉單于舉兵誅晉，部大距而不從，豈能獨立乎？」曰：「不能。」勒曰：「如其不能者，兵馬當有所屬。今部落皆已被單于賞募，往往聚議欲叛部大而歸單于矣，宜早爲之計。」匐督等素無智略，懼部衆之貳已也，乃潛隨勒單騎歸元海。元海署匐督爲親漢王，莫突爲都督部大，以勒爲輔漢將軍、平晉王以統之。勒於是命匐督爲兄，賜姓石氏，名之曰會，言其遇己也。

烏丸張伏利度亦有衆二千，壁于樂平，元海屢招而不能致。勒僞獲罪于元海，因奔伏利度。伏利度大悅，結爲兄弟，使勒率諸胡寇掠，所向無前，諸胡畏服。勒知衆心之附己也，乃因會執伏利度，告諸胡曰：「今起大事，我與伏利度孰堪爲主？」諸胡咸以推勒。勒於是釋伏利度，率其部衆歸元海。元海加勒督山東征討諸軍事，以伏利度衆配之。

元海使劉聰攻壺關，命勒率所統七千爲前鋒都督。劉琨遣護軍黃秀等救壺關，勒敗秀於白田，〔五〕秀死之，勒遂陷壺關。元海命勒與劉零、閻羆等七將率衆三萬寇魏郡、頓丘諸壘壁，多陷之，假壘主將軍、都尉，簡强壯五萬爲軍士，老弱安堵如故，軍無私掠，百姓懷之。

及元海僭號，遣使授勒持節、平東大將軍，校尉、都督、王如故。勒并軍寇鄴，鄴潰，和郁奔于衞國。執魏郡太守王粹于三臺。進攻趙郡，害冀州西部都尉馮沖。攻乞活赦亭、田禋于中丘，皆殺之。元海授勒安東大將軍、開府，置左右長史、司馬、從事中郎。進軍攻鉅鹿、常山，害二郡守將。陷冀州郡縣堡壁百餘，衆至十餘萬，其衣冠人物集爲君子營。乃引張賓爲謀主，始署軍功曹，以刁膺、張敬爲股肱，夔安、孔萇爲爪牙，支雄、呼延莫、王陽、桃豹、逯明、吳豫等爲將率。使其將張斯率騎詣并州山北諸郡縣，說諸胡羯，曉以安危。諸胡懼勒威名，多有附者。進軍常山，分遣諸將攻中山、博陵、高陽諸縣，降之者數萬人。

王浚使其將祁弘帥鮮卑段務塵等十餘萬騎討勒，大敗勒于飛龍山，死者萬餘。勒退屯黎陽，分命諸將攻諸未下及叛者，降三十餘壁，置守宰以撫之。進寇信都，害冀州刺史王斌。於是車騎將軍王堪、北中郎將裴憲自洛陽率衆討勒，勒燒營并糧，迴軍距之，次于黃牛壘。魏郡太守劉矩以郡附于勒，勒使矩統其壘衆爲中軍左翼。勒至黎陽，裴憲棄其軍奔于淮南，王堪退堡倉垣。元海授勒鎮東大將軍，封汲郡公，持節、都督、王如故。勒固讓公不受。與閻羆攻圈、苑市二壘，陷之，羆中流矢死，勒并統其衆。潛自石橋濟河，攻陷白馬，坑男女三千餘口。東襲鄄城，害兗州刺史袁孚。因攻倉垣，陷之，遂害堪。渡河攻廣宗、清河、平原、陽平諸縣，降勒者九萬餘口。復南濟河，滎陽太守裴純奔于建業。

時劉聰攻河內，勒率騎會之，攻冠軍將軍梁巨于武德，懷帝遣兵救之。勒留諸將守武德，與王桑逆巨於長陵。巨請降，勒弗許，巨踰城而遁，軍人執之。勒馳如武德，坑降卒萬餘，數梁巨罪而害之。王師退還，河北諸堡壁大震，皆請降送任于勒。

及元海死，劉聰授勒征東大將軍、并州刺史、汲郡公，持節、開府、都督、校尉、王如故。勒固辭將軍，乃止。

劉粲率衆四萬寇洛陽，勒留輜重于重門，率騎二萬會粲於大陽，大敗王師於澠池，遂至洛川。粲出轘轅，勒出成皋關，圍陳留太守王讚於倉垣，爲讚所敗，退屯文石津。將北攻王浚，會浚將王甲始率遼西鮮卑萬餘騎敗趙固于津北，〔六〕勒乃燒船棄營，引軍向柏門，迎重門輜重，至于石門，濟河，攻襄城太守崔曠於繁昌，害之。

先是，雍州流人王如、侯脫、嚴嶷等起兵江淮間，聞勒之來也，懼，遣衆一萬屯襄城以距，勒擊敗之，盡俘其衆。勒至南陽，屯于宛北山。如懼勒之攻襄也，使送珍寶車馬犒師，結爲兄弟，勒納之。如與侯脫不平，說勒攻脫。勒夜令三軍雞鳴而駕，晨壓宛門，〔七〕攻之，旬有二日而克。嚴嶷率衆救脫，至則無及，遂降于勒。勒斬脫，囚嶷送于平陽，盡并其衆，軍勢彌盛。

勒南寇襄陽，攻陷江西壘壁三十餘所，留刁膺守襄陽，躬帥精騎三萬還攻王如。憚如之盛，遂趣襄城。如知之，遣弟璃率騎二萬五千，詐言犒軍，實欲襲勒。勒逆擊，滅之，復屯江西，蓋欲有雄據江漢之志也。張賓以爲不可，勸勒北還，弗從，以賓爲參軍都尉，領記室，位次司馬，專居中總事。

元帝慮勒南寇，使王導率衆討勒。勒軍糧不接，死疫太半，納張賓之策，乃焚輜重，裹糧卷甲，渡沔，寇江夏，太守楊岠棄郡而走。〔八〕北寇新蔡，害新蔡王確于南頓，朗陵公何襲、廣陵公陳眕、〔九〕上黨太守羊綜、廣平太守邵肇等率衆降于勒。勒進陷許昌，害平東將軍王康。

先是，東海王越率洛陽之衆二十餘萬討勒，越薨于軍，衆推太尉王衍爲主，率衆東下，勒輕騎追及之。衍遣將軍錢端與勒戰，爲勒所敗，端死之，衍軍大潰，勒分騎圍而射之，相登如山，無一免者。於是執衍及襄陽王範、任城王濟、〔一〇〕西河王喜、梁王禧、齊王超、〔一一〕吏部尚書劉望、豫州刺史劉喬、太傅長史庾敳等，坐之于幕下，問以晉故。衍、濟等懼死，多自陳說，惟範神色儼然，意氣自若，顧呵之曰：「今日之事，何復紛紜！」勒甚奇之。勒於是引諸王公卿士於外害之，死者甚衆。勒重衍清辨，奇範神氣，不能加之兵刃，夜使人排牆塡殺之。左衞何倫、右衞李惲聞越薨，奉越妃裴氏及越世子毗出自洛陽。勒逆毗於洧倉，軍復大潰，執毗及諸王公卿士，皆害之，死者甚衆。因率精騎三萬，入自成皋關。會劉曜、王彌寇洛陽，洛陽既陷，勒歸功彌、曜，〔一二〕遂出轘轅，屯于許昌。劉聰署勒征東大將軍，勒固辭不受。

先是，平陽人李洪有衆數千，壘于舞陽，苟晞假洪雍州刺史。勒進寇穀陽，害冠軍將軍王茲。〔一三〕破王讚于陽夏，獲讚，以爲從事中郎。襲破大將軍苟晞于蒙城，執晞，署爲左司馬。劉聰授勒征東大將軍、幽州牧，固辭將軍不受。

先是，王彌納劉曒之說，將先誅勒，東王青州，使曒徵其將曹嶷於齊。勒遊騎獲曒，得彌所與嶷書，勒殺之，密有圖彌之計矣。會彌將徐邈輒引部兵去彌，彌漸削弱。及勒之獲苟晞也，彌惡之，僞卑辭使謂勒曰：「公獲苟晞而赦之，何其神也！使晞爲公左，彌爲公右，天下不足定。」勒謂張賓曰：「王彌位重言卑，恐其遂成前狗意也。」賓曰：「觀王公有青州之心，桑梓本邦，固人情之所樂，明公獨無并州之思乎？王公遲迴未發者，懼明公躡其後，已有規明公之志，但未獲便爾。今不圖之，恐曹嶷復至，共爲羽翼，後雖欲悔，何所及邪！徐邈既去，軍勢稍弱，觀其控御之懷猶盛，可誘而滅之。」勒以爲然。勒時與陳午相攻于蓬關，王彌亦與劉瑞相持甚急。彌請救于勒，勒未之許。張賓進曰：「明公常恐不得王公之便，今天以其便授我矣。陳午小豎，何能爲寇？王彌人傑，將爲我害。」勒因迴軍擊瑞，斬之。彌大悅，謂勒深心推奉，無復疑也。勒引師攻陳午于肥澤，午司馬上黨李頭說勒曰：「公天生神武，當平定四海，四海士庶皆仰屬明公，望濟于塗炭。有與公爭天下者，公不早圖之，而返攻我曹流人。我曹鄉黨，終當奉戴，何遽見逼乎！」勒心然之，詰朝引退。詭請王彌讌于已吾，彌長史張嵩諫彌勿就，恐有專諸、孫峻之禍，彌不從。既入，酒酣，勒手斬彌而并其衆，啓聰稱彌叛逆之狀。聰署勒鎭東大將軍、督并幽二州諸軍事、領并州刺史，持節、征討都督、校尉、開府、幽州牧、公如故。

苟晞、王讚謀叛勒，勒害之。以將軍左伏肅爲前鋒都尉，攻掠豫州諸郡，臨江而還，屯于葛陂，〔一四〕降諸夷楚，署將軍二千石以下，稅其義穀，以供軍士。

初，勒被鬻平原，與母王相失。至是，劉琨遣張儒送王于勒，遺勒書曰：「將軍發迹河朔，席卷兗豫，飲馬江淮，折衝漢沔，雖自古名將，未足爲諭。所以攻城而不有其人，略地而不有其土，翕爾雲合，忽復星散，將軍豈知其然哉？存亡決在得主，成敗要在所附；得主則爲義兵，附逆則爲賊衆。義兵雖敗，而功業必成；賊衆雖克，而終歸殄滅。昔赤眉、黃巾橫逆宇宙，所以一旦敗亡者，正以兵出無名，聚而爲亂。將軍以天挺之質，威振宇內，擇有德而推崇，隨時望而歸之，勳義堂堂，長享遐貴。背聽則禍除，向主則福至。採納往誨，翻然改圖，天下不足定，蟻寇不足掃。今相授侍中、持節、車騎大將軍、領護匈奴中郎將、襄城郡公，總內外之任，兼華戎之號，顯封大郡，以表殊能，將軍其受之，副遠近之望也。自古以來誠無戎人而爲帝王者，至於名臣建功業者，則有之矣。今之遲想，蓋以天下大亂，當須雄才。遙聞將軍攻城野戰，合於機神，雖不視兵書，闇與孫吳同契，所謂生而知之者上，學而知之者次。但得精騎五千，以將軍之才，何向不摧！至心實事，皆張儒所具。」勒報琨曰：「事功殊途，非腐儒所聞。君當逞節本朝，吾自夷，難爲效。」遺琨名馬珍寶，厚賓其使，謝歸以絕之。

勒於葛陂繕室宇，課農造舟，將寇建鄴。會霖雨歷三月不止，元帝使諸將率江南之衆大集壽春，勒軍中飢疫死者太半。檄書朝夕繼至，勒會諸將計之。右長史刁膺諫勒先送款於帝，求掃平河朔，待軍退之後徐更計之。勒愀然長嘯。中堅夔安勸勒就高避水，勒曰：「將軍何其怯乎！」孔萇、支雄等三十餘將進曰：「及吳軍未集，萇等請各將三百步卒，乘船三十餘道，夜登其城，斬吳將頭，得其城，食其倉米。今年要當破丹楊，定江南，盡生縛取司馬家兒輩。」勒笑曰：「是勇將之計也。」各賜鎧馬一匹。顧問張賓曰：「於君計何如？」賓曰：「將軍攻陷帝都，囚執天子，殺害王侯，妻略妃主，擢將軍之髮不足以數將軍之罪，奈何復還相臣奉乎！去年誅王彌之後，不宜於此營建。天降霖雨方數百里中，示將軍不應留也。鄴有三臺之固，西接平陽，四塞山河，有喉衿之勢，宜北徙據之。伐叛懷服，河朔既定，莫有處將軍之右者。晉之保壽春，懼將軍之往擊爾，今卒聞迴軍，必欣於敵去，未遑奇兵掎擊也。輜重逕從北道，大軍向壽春，輜重既過，大軍徐迴，何懼進退無地乎！」勒攘袂鼓髯曰：「賓之計是也。」責刁膺曰：「君共相輔佐，當規成功業，如何便相勸降！此計應斬。然相明性怯，所以宥君。」於是退膺爲將軍，擢賓爲右長史，加中壘將軍，號曰「右侯」。

發自葛陂，遣石季龍率騎二千距壽春。會江南運船至，獲米布數十艘，將士爭之，不設備。晉伏兵大發，敗季龍于巨靈口，赴水死者五百餘人，奔退百里，及于勒軍。軍中震擾，謂王師大至，勒陣以待之。晉懼有伏兵，退還壽春。勒所過路次，皆堅壁清野，採掠無所獲，軍中大飢，士衆相食。行達東燕，聞汲郡向冰有衆數千，壁于枋頭，勒將於棘津北渡，懼冰邀之，會諸將問計。張賓進曰：「如聞冰船盡在瀆中，未上枋內，可簡壯勇者千人，詭道潛渡，襲取其船，以濟大軍。大軍既濟，冰必可擒也。」勒從之，使支雄、孔萇等從文石津縛筏潛渡，勒引其衆自酸棗向棘津。冰聞勒軍至，始欲內其船。會雄等已渡，屯其壘門，下船三十餘艘以濟其軍，令主簿鮮于豐挑戰，設三伏以待之。冰怒，乃出軍，將戰，而三伏齊發，夾擊攻之，又因其資，軍遂豐振。長驅寇鄴，攻北中郎將劉演于三臺。演部將臨深、牟穆等率衆數萬降于勒。

時諸將佐議欲攻取三臺以據之，張賓進曰：「劉演衆猶數千，三臺險固，攻守未可卒下，舍之則能自潰。王彭祖、劉越石大敵也，宜及其未有備，密規進據罕城，〔一五〕廣運糧儲，西稟平陽，掃定并薊，桓文之業可以濟也。且今天下鼎沸，戰爭方始，遊行羇旅，人無定志，難以保萬全、制天下也。夫得地者昌，失地者亡。邯鄲、襄國，趙之舊都，依山憑險，形勝之國，可擇此二邑而都之，然後命將四出，授以奇略，推亡固存，兼弱攻昧，則羣凶可除，王業可圖矣。」勒曰：「右侯之計是也。」於是進據襄國。賓又言於勒曰：「今我都此，越石、彭祖深所忌也，恐及吾城池未固，資儲未廣，送死於我。聞廣平諸縣秋稼大成，可分遣諸將收掠野穀。

遣使平陽，陳宜鎮此之意。」勒又然之。於是上表於劉聰，分命諸將攻冀州郡縣壘壁，率多降附，運糧以輸勒。劉聰署勒使持節、散騎常侍、都督冀幽并營四州雜夷、征討諸軍事、冀州牧，進封本國上黨郡公，邑五萬戶，開府、幽州牧、東夷校尉如故。

廣平游綸、張豺擁衆數萬，受王浚假署，保據苑鄉。勒使夔安、支雄等七將攻之，破其外壘。浚遣督護王昌及鮮卑段就六眷、末柸、匹磾等部衆五萬餘以討勒。時城隍未修，乃於襄國築隔城重柵，設鄣以待之。就六眷屯于渚陽，勒分遣諸將連出挑戰，頻爲就六眷所敗，又聞其大造攻具，勒顧謂其將佐曰：「今寇來轉逼，彼衆我寡，恐攻圍不解，外救不至，內糧罄絕，縱孫吳重生，亦不能固也。吾將簡練將士，大陣於野以決之，何如？」諸將皆曰：「宜固守以疲寇，彼師老自退，追而擊之，蔑不克矣。」勒顧謂張賓、孔萇曰：「君以爲何如？」賓、萇俱曰：「聞就六眷剋來月上旬送死北城，其大衆遠來，戰守連日，以我軍勢寡弱，謂不敢出戰，意必懈怠。今段氏種衆之悍，末柸尤最，其卒之精勇，悉在末柸所，可勿復出戰，示之以弱。速鑿北壘爲突門二十餘道，候賊列守未定，出其不意，直衝末柸帳，敵必震惶，計不及設，所謂迅雷不及掩耳。末柸之衆既奔，餘自摧散。擒末柸之後，彭祖可指辰而定。」勒笑而納之，即以萇爲攻戰都督，造突門于北城。鮮卑入屯北壘，勒候其陣未定，躬率將士鼓譟于城上。會孔萇督諸突門伏兵俱出擊之，生擒末柸，就六眷等衆遂奔散。萇乘勝追擊，枕尸三十餘里，獲鎧馬五千匹。就六眷收其遺衆，屯于渚陽，遣使求和，送鎧馬金銀，幷以末柸三弟爲質而請末柸。諸將幷勸勒殺末柸以挫之，勒曰：「遼西鮮卑，健國也，與我素無怨讎，爲王浚所使耳。今殺一人，結怨一國，非計也。放之必悅，不復爲王浚用矣。」於是納其質，遣石季龍盟就六眷于渚陽，結爲兄弟，就六眷等引還。使參軍閻綜獻捷於劉聰。於是游綸、張豺請降稱藩，勒將襲幽州，務養將士，權宜許之，皆就署將軍。於是遣衆寇信都，害冀州刺史王象。王浚復以邵舉行冀州刺史，保于信都。

建興元年，石季龍攻鄴三臺，鄴潰，劉演奔于廩丘，將軍謝胥、田青、郎牧等率三臺流人降于勒，勒以桃豹爲魏郡太守以撫之。命段末柸爲子，署爲使持節、安北將軍、北平公，遣還遼西。末柸感勒厚恩，在途日南面而拜者三，段氏遂專心歸附，自是王浚威勢漸衰。

勒襲苑鄉，執游綸以爲主簿。攻乞活李惲于上白，斬之，將坑其降卒，見郭敬而識之，曰：「汝郭季子乎？」敬叩頭曰：「是也。」勒下馬執其手，泣曰：「今日相遇，豈非天邪！」賜衣服車馬，署敬上將軍，悉免降者以配之。其將孔萇寇定陵，害兗州刺史田徽。烏丸薄盛執渤海太守劉既，率戶五千降于勒。劉聰授勒侍中、征東大將軍，餘如故，拜其母王氏爲上黨國太夫人，妻劉氏上黨國夫人，章綬首飾一同王妃。

段末柸任弟亡歸遼西，勒大怒，所經令尉皆殺之。

烏丸審廣、漸裳、郝襲背王浚，密遣使降于勒，勒厚加撫納。司冀漸寧，人始租賦。立太學，簡明經善書吏署爲文學掾，選將佐子弟三百人敎之。勒母王氏死，潛窆山谷，莫詳其所。既而備九命之禮，虛葬于襄國城南。

勒謂張賓曰：「鄴，魏之舊都，吾將營建。既風俗殷雜，須賢望以綏之，誰可任也？」賓曰：「晉故東萊太守南陽趙彭忠亮篤敏，有佐時良榦，將軍若任之，必能允副神規。」勒於是徵彭，署爲魏郡太守。彭至，入泣而辭曰：「臣往策名晉室，食其祿矣。犬馬戀主，切不敢忘。誠知晉之宗廟鞠爲茂草，亦猶洪川東逝，往而不還。明公應符受命，可謂攀龍之會。但受人之榮，復事二姓，臣志所不爲，恐亦明公之所不許。若賜臣餘年、全臣一介之願者，明公大造之惠也。」勒默然。張賓進曰：「自將軍神旗所經，衣冠之士靡不變節，未有能以大義進退者。至如此賢，以將軍爲高祖，自擬爲四公，所謂君臣相知，此亦足成將軍不世之高，何必吏之。」勒大悅，曰：「右侯之言得孤心矣。」於是賜安車駟馬，養以卿祿，辟其子明爲參軍。勒以石季龍爲魏郡太守，鎭鄴三臺，季龍簒奪之萌兆于此矣。

時王浚署置百官，奢縱淫虐，勒有吞幷之意，欲先遣使以觀察之。議者僉曰：「宜如羊祜與陸抗書相聞。」時張賓有疾，勒就而謀之。賓曰：「王浚假三部之力，稱制南面，雖曰晉藩，實懷僭逆之志，必思協英雄，圖濟事業。將軍威聲震于海內，去就爲存亡，所在爲輕重，浚之欲將軍，猶楚之招韓信也。今權譎遣使，無誠款之形，脫生猜疑，圖之兆露，後雖奇略，無所設也。夫立大事者必先爲之卑，當稱藩推奉，尚恐未信，羊、陸之事，臣未見其可。」勒曰：「右侯之計是也。」乃遣其舍人王子春、董肇等多齎珍寶，奉表推崇浚爲天子曰：「勒本小胡，出於戎裔，值晉綱弛御，海內饑亂，流離屯厄，竄命冀州，共相帥合，以救性命。今晉祚淪夷，遠播吳會，中原無主，蒼生無繫。伏惟明公殿下，州鄉貴望，四海所宗，爲帝王者，非公復誰？勒所以捐軀命、興義兵誅暴亂者，正爲明公驅除爾。伏願殿下應天順時，踐登皇祚。勒奉戴明公，如天地父母，明公當察勒微心，慈眄如子也。」亦遺棗嵩書而厚賂之。浚謂子春等曰：「石公一時英武，據趙舊都，成鼎峙之勢，何爲稱藩于孤，其可信乎？」子春對曰：「石將軍英才儁拔，士馬雄盛，實如聖旨。仰惟明公州鄉貴望，累葉重光，出鎮藩嶽，威聲播于八表，固以胡越欽風，戎夷歌德，豈唯區區小府而敢不斂衽神闕者乎！昔陳嬰豈其鄙王而不王，韓信薄帝而不帝者哉？但以知帝王不可以智力爭故也。石將軍之擬明公，猶陰精之比太陽，江河之比洪海爾。項籍、子陽覆車不遠，是石將軍之明鑒，明公亦何怪乎！且自古誠胡人而爲名臣者實有之，帝王則未之有也。石將軍非所以惡帝王而讓明公也，顧取之不爲天人之所許耳。願公勿疑。」浚大悅，封子春等爲列侯，遣使報勒，答以方物。浚司馬游統時鎮范陽，陰叛浚，馳使降于勒。勒斬其使，送于浚，以表誠實。浚雖不罪統，彌信勒之忠誠，無復疑矣。

子春等與王浚使至，勒命匿勁卒精甲，虛府羸師以示之，北面拜使而受浚書。浚遺勒麈尾，勒僞不敢執，懸之于壁，朝夕拜之，云：「我不得見王公，見王公所賜如見公也。」復遣董肇奉表于浚，期親詣幽州奉上尊號，亦修牋于棗嵩，乞幷州牧、廣平公，以見必信之誠也。

勒將圖浚，引子春問之。子春曰：「幽州自去歲大水，人不粒食，浚積粟百萬，不能贍恤，刑政苛酷，賦役殷煩，賊害賢良，誅斥諫士，下不堪命，流叛略盡。鮮卑、烏丸離貳于外，棗嵩、田矯貪暴于內，人情沮擾，甲士羸弊。而浚猶置立臺閣，布列百官，自言漢高、魏武不足並也。又幽州謠怪特甚，聞者莫不爲之寒心，浚意氣自若，曾無懼容，此亡期之至也。」勒撫几笑曰：「王彭祖眞可擒也。」浚使達幽州，具陳勒形勢寡弱，款誠無二。浚大悅，以勒爲信然。

勒纂兵戒期，將襲浚，而懼劉琨及鮮卑、烏丸爲其後患，沈吟未發。張賓進曰：「夫襲敵國，當出其不意。軍嚴經日不行，豈顧有三方之慮乎？」勒曰：「然，爲之奈何？」賓曰：「彭祖之據幽州，唯仗三部，今皆離叛，還爲寇讎，此則外無聲援以抗我也。幽州飢儉，人皆蔬食，衆叛親離，甲旅寡弱，此則內無強兵以禦我也。若大軍在郊，必土崩瓦解。今三方未靖，將軍便能懸軍千里以征幽州也。輕軍往返，不出二旬。就使三方有動，勢足旋趾。宜應機電發，勿後時也。且劉琨、王浚雖同名晉藩，其實仇敵。若修牋于琨，送質請和，琨必欣于得我，喜于浚滅，終不救浚而襲我也。」勒曰：「吾所不了，右侯已了，復何疑哉！」

於是輕騎襲幽州，以火宵行。至柏人，殺主簿游綸，以其兄統在范陽，懼聲軍計故也。遣張慮奉牋于劉琨，陳己過深重，求討浚以自效。琨既素疾浚，乃檄諸州郡，說勒知命思愆，收累年之咎，求拔幽都，效善將來，今聽所請，受任通和。軍達易水，浚督護孫緯馳遣白浚，將引軍距勒，游統禁之。浚將佐咸請出擊勒，浚怒曰：「石公來，正欲奉戴我也，敢言擊者斬！」乃命設饗以待之。勒晨至薊，叱門者開門。疑有伏兵，先驅牛羊數千頭，聲言上禮，實欲塡諸街巷，使兵不得發。浚乃懼，或坐或起。勒升其廳事，命甲士執浚，立之于前，使徐光讓浚曰：「君位冠元台，爵列上公，據幽都驍悍之國，跨全燕突騎之鄉，手握强兵，坐觀京師傾覆，不救天子，而欲自尊。又專任姦暴，殺害忠良，肆情恣欲，毒徧燕壤。自貽于此，非爲天也。」使其將王洛生驛送浚襄國市斬之。於是分遣流人各還桑梓，擢荀綽、裴憲，資給車服。數朱碩、棗嵩、田矯等以賄亂政，責游統以不忠于浚，皆斬之。遷烏丸審廣、漸裳、郝襲、靳市等于襄國。焚燒浚宮殿。以晉尚書劉翰爲寧朔將軍、行幽州刺史，戍薊，置守宰而還。遣其東曹掾傅遘兼左長史，封王浚首，獻捷于劉聰。勒既還襄國，劉翰叛勒，奔段匹磾。襄國大飢，穀二升直銀一斤，〔一六〕肉一斤直銀一兩。劉聰以平幽州之勳，乃遣其使人柳純持節、署勒大都督陝東諸軍事、驃騎大將軍、東單于，侍中、使持節、開府、校尉、二州牧、公如故，加金鉦黃鉞，前後鼓吹二部，增封十二郡。勒固辭，受二郡而已。勒封左長史張敬等十一人爲伯、子、侯，文武進位有差。

勒將支雄攻劉演於廩丘，爲演所敗。演遣其將韓弘、潘良襲頓丘，斬勒所署太守邵攀。支雄追擊弘等，害潘良于廩丘。劉琨遣樂平太守焦球攻勒常山，斬其太守邢泰。琨司馬溫嶠西討山胡，勒將逯明要之，敗嶠于潞城。

勒以幽冀漸平，始下州郡閱實人戶，戶貲二匹，租二斛。

勒將陳午以浚儀叛于勒。〔一七〕逯明攻甯黑于茌平，降之，因破東燕酸棗而還，徙降人二萬餘戶于襄國。勒使其將葛薄寇濮陽，陷之，害太守韓弘。

劉聰遣其使人范龕持節策命勒，賜以弓矢，加崇爲陝東伯，得專征伐，拜封刺史、將軍、守宰、列侯，歲盡集上。署其長子興爲上黨國世子，加翼軍將軍，爲驃騎副貳。

劉琨遣王旦攻中山，逐勒所署太守秦固。勒將劉勔距旦，敗之，執旦于望都關。勒襲邵續于樂陵。續盡衆逆戰，大敗而還。

章武人王眘起兵于科斗壘，擾亂勒河間、渤海諸郡。勒以揚武張夷爲河間太守，參軍臨深爲渤海太守，各率步騎三千以鎮靜之，使長樂太守程遐屯于昌亭爲之聲勢。

徙平原烏丸展廣、劉哆等部落三萬餘戶于襄國。

使石季龍襲乞活王平于梁城，敗績而歸。又攻劉演于廩丘。支雄、逯明擊甯黑于東武陽，陷之，黑赴河而死，徙其衆萬餘于襄國。邵續使文鴦救演，季龍退止盧關津避之，文鴦弗能進，屯于景亭。兗豫豪右張平等起兵救演。季龍夜棄營設伏于外，揚聲將歸河北。平等以爲信然，入于空營。季龍迴擊敗之，遂陷廩丘，演奔文鴦軍，獲演弟啓，送于襄國。演即劉琨之兄子也。勒以琨撫存其母，德之，賜啓田宅，令儒官授其經。

時大蝗，中山、常山尤甚。中山丁零翟鼠叛勒，攻中山、常山，勒率騎討之，獲其母妻而還。鼠保于胥關，遂奔代郡。

勒攻樂平太守韓據于坫城，劉琨遣將軍姬澹率衆十餘萬討勒，琨次廣牧，爲澹聲援。勒將距之，或諫之曰：「澹兵馬精盛，其鋒不可當，宜深溝高壘以挫其銳，攻守勢異，必獲萬全。」勒曰：「澹大衆遠來，體疲力竭，犬羊烏合，號令不齊，可一戰而擒之，何强之有！寇已垂至，胡可捨去，大軍一動，豈易中還！若澹乘我之退，顧乃無暇，焉得深溝高壘乎！此爲不戰而自滅亡之道。」立斬諫者。以孔萇爲前鋒都督，令三軍後出者斬。設疑兵于山上，分爲二伏。勒輕騎與澹戰，僞收衆而北。澹縱兵追之，勒前後伏發，夾擊，澹軍大敗，獲鎧馬萬匹，澹奔代郡，據奔劉琨。琨長史李弘以幷州降于勒，琨遂奔于段匹磾。勒遷陽曲、樂平戶于襄國，置守宰而退。孔萇追姬澹于桑乾。勒遣兼左長史張敷獻捷于劉聰。

勒之征樂平也，其南和令趙領招合廣川、平原、渤海數千戶叛勒，奔于邵續。河間邢嘏累徵不至，亦聚衆數百以叛。勒巡下冀州諸縣，以右司馬程遐爲寧朔將軍、監冀州七郡諸軍事。

勒姊夫廣威張越與諸將蒱博，勒親臨觀之。越戲言忤勒，勒大怒，叱力士折其脛而殺之。

孔萇攻代郡，澹死之。時司、冀、并、兗州流人數萬戶在于遼西，迭相招引，人不安業。孔萇等攻馬嚴、馮䐺，久而不克。勒問計於張賓，賓對曰：「馮䐺等本非明公之深仇，遼西流人悉有戀本之思。今宜班師息甲，差選良守，任之以龔遂之事，不拘常制，奉宣仁澤，奮揚威武，幽冀之寇可翹足而靜，遼西流人可指時而至。」勒曰：「右侯之計是也。」召萇等歸，署武遂令李回爲易北都護、振武將軍、高陽太守。馬嚴士衆多李潛軍人，回先爲潛府長史，素服回威德，多叛嚴歸之。嚴以部衆離貳，懼，奔于幽州，溺水而死。馮䐺率衆降于勒。回移居易京，〔一八〕流人降者歲常數千，勒甚嘉之，封回弋陽子，邑三百戶。加賓封一千戶，進賓位前將軍，固辭不受。

河朔大蝗，初穿地而生，二旬則化狀若蠶，七八日而臥，四日蛻而飛，彌亘百草，唯不食三豆及廡，幷冀尤甚。

石季龍濟自長壽津，寇梁國，害內史荀闓。劉琨與段匹磾、涉復辰、疾六眷、段末柸等會于固安，將謀討勒，勒使參軍王續齎金寶遺末柸以間之。末柸既思有以報勒恩，又忻於厚賂，乃說辰眷等引還，琨、匹磾亦退如薊城。

邵續使兄子濟攻勒渤海，虜三千餘人而還。劉聰將趙固以洛陽歸順，恐勒襲之，遣參軍高少奉書推崇勒，請師討聰。勒以大義讓之，固深恨恚，與郭默攻掠河內、汲郡。

段末柸殺鮮卑單于截附真，立忽跋鄰爲單于。段匹磾自幽州攻末柸，末柸逆擊敗之，匹磾奔還幽州，因害太尉劉琨，琨將佐相繼降勒。末柸遣弟騎督擊匹磾于幽州，匹磾率其部衆數千，將奔邵續，勒將石越要之于鹽山，大敗之，匹磾退保幽州。越中流矢死，勒爲之屏樂三月，贈平南將軍。

初，曹嶷據有青州，既叛劉聰，南稟王命，以建鄴懸遠，勢援不接，懼勒襲之，故遣通和。勒授嶷東州大將軍、青州牧，封琅邪公。

劉聰疾甚，驛召勒爲大將軍、錄尚書事，受遺詔輔政，勒固辭乃止。聰又遣其使人持節署勒大將軍、持節鉞，都督、侍中、校尉、二州牧、公如故，增封十郡，勒不受。聰死，其子粲襲僞位，其大將軍靳準殺粲于平陽，勒命張敬率騎五千爲前鋒以討準，勒統精銳五萬繼之，據襄陵北原，羌羯降者四萬餘落。準數挑戰，勒堅壁以挫之。劉曜自長安屯于蒲阪，曜復僭號，署勒大司馬、大將軍，加九錫，增封十郡，幷前十三郡，進爵趙公。勒攻準于平陽小城，平陽大尹周置等率雜戶六千降于勒。巴帥及諸羌羯降者十餘萬落，徙之司州諸縣。準使卜泰送乘輿服御請和，勒與劉曜競有招懷之計，乃送泰于曜，使知城內無歸曜之意，以挫其軍勢。曜潛與泰結盟，使還平陽宣慰諸屠各。勒疑泰與曜有謀，欲斬泰以速降之，諸將皆曰：「今斬卜泰，準必不復降，就令泰宣漢要盟于城中，使相率誅靳準，準必懼而速降矣。」勒久乃從諸將議遣之。泰入平陽，與準將喬泰、馬忠等起兵攻準，殺之，推靳明爲盟主，遣泰及卜玄奉傳國六璽送于劉曜。勒大怒，遣令史羊升使平陽，責明殺準之狀。明怒，斬升。勒怒甚，進軍攻明，明出戰，勒擊敗之，枕尸二里。明築城門堅守，不復出戰。勒遣其左長史王脩獻捷于劉曜。晉彭城內史周堅害沛內史周默，以彭沛降于勒。石季龍率幽、冀州兵會勒攻平陽。劉曜遣征東劉暢救明。勒命舍師于蒲上。靳明率平陽之衆奔于劉曜，曜西奔粟邑。勒焚平陽宮室，使裴憲、石會修復元海、聰二墓，收劉粲已下百餘尸葬之，徙渾儀、樂器于襄國。

劉曜又遣其使人郭汜等持節署勒太宰，領大將軍，進爵趙王，增封七郡，幷前二十郡，出入警蹕，冕十有二旒，乘金根車，駕六馬，如曹公輔漢故事，夫人爲王后，世子爲王太子。

勒舍人曹平樂因使留仕於曜，言於曜曰：「大司馬遣王脩等來，外表至虔，內覘大駕强弱，謀待脩之返，將輕襲乘輿。」時曜勢實殘弊，懼脩宣之。曜大怒，追汜等還，斬脩于粟邑，停太宰之授。劉茂逃歸，言王脩死故，勒大怒，誅平樂三族，贈脩太常。又知停殊禮之授，怒甚，下令曰：「孤兄弟之奉劉家，人臣之道過矣，若微孤兄弟，豈能南面稱朕哉！根基旣立，便欲相圖。天不助惡，使假手靳準。孤惟事君之體當資舜求瞽瞍之義，故復推崇令主，齊好如初，何圖長惡不悛，殺奉誠之使。帝王之起，復何常邪！趙王、趙帝，孤自取之，名號大小，豈其所節邪！」於是置太醫、尚方、御府諸令，命參軍鼂讚成正陽門。俄而門崩，勒大怒，斬讚。旣怒刑倉卒，尋亦悔之，賜以棺服，贈大鴻臚。

平西將軍祖逖攻陳川于蓬關，石季龍救川，逖退屯梁國，季龍使揚武左伏肅攻之。

勒增置宣文、宣敎、崇儒、崇訓十餘小學于襄國四門，簡將佐豪右子弟百餘人以敎之，且備擊柝之衞。置挈壺署，鑄豐貨錢。

河西鮮卑日六延叛于勒，石季龍討之，敗延于朔方，斬首二萬級，俘三萬餘人，獲牛馬十餘萬。孔萇討平幽州諸郡。時段匹磾部衆饑散，棄其妻子，匹磾奔邵續。曹嶷遣使來聘，獻其方物，請以河爲斷。桃豹至蓬關，祖逖退如淮南。徙陳川部衆五千餘戶于廣宗。

石季龍與張敬、張賓及諸將佐百餘人勸勒稱尊號，勒下書曰：「孤猥以寡德，忝荷崇寵，夙夜戰惶，如臨深薄，豈可假尊竊號，取譏四方！昔周文以三分之重，猶服事殷朝；小白居一匡之盛，而尊崇周室。況國家道隆殷周，孤德卑二伯哉！其亟止斯議，勿復紛紜。自今敢言，刑茲無赦！」乃止。

勒又下書曰：「今大亂之後，律令滋煩，其採集律令之要，爲施行條制。」於是命法曹令史貫志造辛亥制度五千文，施行十餘歲，乃用律令。晉太山太守徐龕叛降于勒。

石季龍及張敬、張賓、左右司馬張屈六、程遐文武等一百二十九人上疏曰：「臣等聞有非常之度，必有非常之功；有非常之功，必有非常之事。是以三代陵遲，五伯迭興，靜難濟時，績侔睿后。伏惟殿下天縱聖哲，誕應符運，鞭撻宇宙，弼成皇業，普天率土，莫不來蘇，嘉瑞徵祥，日月相繼，物望去劉氏、威懷于明公者十分而九矣。今山川夷靜，星辰不孛，夏海重譯，天人係仰，誠應升御中壇，即皇帝位，使攀附之徒蒙寸尺之潤。請依劉備在蜀、魏王在鄴故事，以河內、魏、汲、頓丘、平原、清河、鉅鹿、常山、中山、長樂、樂平十一郡，并前趙國、廣平、陽平、章武、渤海、河間、上黨、定襄、范陽、漁陽、武邑、燕國、樂陵十三郡，合二十四郡、戶二十九萬爲趙國。〔一九〕封內依舊改爲內史，準禹貢、魏武復冀州之境，南至盟津，西達龍門，東至于河，北至于塞垣。以大單于鎮撫百蠻。罷并、朔、司三州，通置部司以監之。伏願欽若昊天，垂副羣望也。」勒西面而讓者五，南面而讓者四，百僚皆叩頭固請，勒乃許之。

校勘記

〔一〕所居武鄉北原山下　毛本、局本「山下」注「元作『上』」。御覽四五引十六國春秋、通志一八七並作「山上」，疑作「上」是。

〔二〕田禋　東海王越傳作「田甄」。通鑑八六亦作「甄」。

〔三〕丁紹　周校：越傳作「丁劭」。南陽王模傳亦作「劭」。通鑑八六則作「紹」。

〔四〕馮莫突等擁衆數千　各本「莫突」作「突莫」，殿本據下文乙正。通鑑八六前後皆作「莫突」，今從殿本。

〔五〕勒敗秀於白田　通鑑八七「秀」作「肅」，「白田」作「封田」。通鑑考異云從十六國春秋及劉琨集。

〔六〕王甲始　校文：懷帝紀作「王申始」，凡兩見。御覽八七六引前趙錄作「王申」，亦不作「甲」。按：「申始」作「申」乃雙名單稱，懷紀與前趙錄合，疑此處「甲」字乃「申」形近而訛。

〔七〕晨壓宛門　各本「宛」作「苑」。周校：王如傳作「宛門」，時侯脫據宛，勒又屯於宛北山，「苑門」必「宛門」之誤。按：周說是，今據王如傳改。

〔八〕楊岠　斠注：懷帝紀及朱伺傳均作「楊珉」。

〔九〕廣陵公陳眕　「眕」原作「軫」。惠紀、元紀、賈謐傳及通鑑八五俱作「眕」，今據改。

〔一〇〕任城王濟　各本「濟」譌「躋」，今據任城景王陵傳、通鑑八七改。下同改。

〔一一〕齊王超　各本「超」譌「韶」，今據齊王冏傳、通鑑八七改。

〔一二〕勒歸功彌曜　各本「功」作「攻」。斠注：「歸攻」當從魏書石勒傳作「歸功」，於文義方合。按：「歸攻」於情事不符，今據魏書改。

〔一三〕害冠軍將軍王茲　懷紀作「沛王滋」，疑「王」上脫「沛」字，「茲」「滋」同音通用，其人當是沛王韜後。

〔一四〕屯于葛陂　各本「陂」作「陵」，殿本據下「勒於葛陂繕室宇」句改作「陂」。通鑑八七、八八、御覽四九九引趙書並作「陂」。今從殿本。

〔一五〕進據罕城　斠注：元和郡縣圖志作「宜及未至，密規進據牢城」，「罕城」疑爲「牢城」之譌。

〔一六〕穀二升直銀二斤　通鑑八九、御覽三五引三十國春秋「二斤」皆作「一斤」，文較合理，疑此「二」爲「一」之誤。

〔一七〕勒將陳午以浚儀叛于勒　斠注：元帝紀作：「陳川以浚儀叛，降於石勒。」據敦煌石室本晉紀，則陳午死後，其從父川大懼，以浚儀叛。是叛者陳川，非陳午也，且亦不得稱爲勒將。按：斠注說是，祖逖傳、通鑑九一並同元紀。此處「勒將」二字當在下「逯明攻甯黑於茌平」句上，傳本錯簡，又誤「陳川」爲「陳午」。

〔一八〕易京　各本「京」作「涼」，殿本作「京」。通鑑八九亦作「易京」。今從殿本。

〔一九〕戶二十九萬　御覽一二〇引前趙錄作「十九萬」。

晉書卷一百五

載記第五

石勒下 子弘 張賓

太興二年，勒僞稱趙王，赦殊死已下，均百姓田租之半，賜孝悌力田死義之孤帛各有差，孤老鰥寡穀人三石，大酺七日。依春秋列國、漢初侯王每世稱元，改稱趙王元年。始建社稷，立宗廟，營東西宮。署從事中郎裴憲、參軍傅暢、杜嘏並領經學祭酒，參軍續咸、庾景爲律學祭酒，任播、崔濬爲史學祭酒。中壘支雄、遊擊王陽並領門臣祭酒，專明胡人辭訟，以張離、張良、劉羣、劉謨等爲門生主書，司典胡人出內，重其禁法，不得侮易衣冠華族。號胡爲國人。遣使循行州郡，勸課農桑。加張賓大執法，專總朝政，位冠僚首。署石季龍爲單于元輔、都督禁衛諸軍事，署前將軍李寒領司兵勳，教國子擊刺戰射之法。命記室佐明楷、程機撰上黨國記，〔一〕中大夫傅彪、賈蒲、江軌撰大將軍起居注，參軍石泰、石同、石謙、孔隆撰大單于志。自是朝會常以天子禮樂饗其羣下，威儀冠冕從容可觀矣。羣臣議請論功，勒曰：「自孤起軍，十六年于茲矣。文武將士從孤征伐者，莫不蒙犯矢石，備嘗艱阻，其在葛陂之役，厥功尤著，宜爲賞之先也。若身見存，爵封輕重隨功位爲差，死事之孤，賞加一等，庶足以慰答存亡，申孤之心也。」又下書禁國人不聽報嫂及在喪婚娶，其燒葬令如本俗。

孔萇攻邵續別營十一，皆下之。續尋爲石季龍所獲，送于襄國。劉曜將尹安、宋始據洛陽，降于勒。

晉徐州刺史蔡豹敗徐龕于檀丘，龕遣使詣勒，陳討豹之計。勒遣將王步都爲龕前鋒，使張敬率騎繼之。敬達東平，龕疑敬之襲己也，斬步都等三百餘人，復降于晉。勒大怒，命張敬據其襟要以守之。

大雨霖，中山、常山尤甚，滹沲汎溢，衝陷山谷，巨松僵拔，浮于滹沲，東至渤海，原隰之間皆如山積。

孔萇攻陷文鴦十餘營，萇不設備，鴦夜擊之，大敗而歸。

勒始制軒懸之樂，八佾之舞，爲金根大輅，黄屋左纛，天子車旗，禮樂備矣。

使石季龍率步騎四萬討徐龕，龕遣長史劉霄詣勒乞降，送妻子爲質，納之。時蔡豹屯于譙城，〔三〕季龍攻豹，豹夜遁，季龍引軍城封丘而旋。

徙朝臣掾屬已上士族者三百戶于襄國崇仁里，置公族大夫以領之。勒宮殿及諸門始就，制法令甚嚴，諱胡尤峻。有醉胡乘馬突入止車門，勒大怒，謂宮門小執法馮翥曰：「夫人君爲令，尙望威行天下，況宮闕之閒乎！向馳馬入門爲是何人，而不彈白邪？」翥惶懼忘諱，對曰：「向有醉胡乘馬馳入，甚呵禦之，而不可與語。」勒笑曰：「胡人正自難與言。」恕而不罪。

使石季龍擊託候部掘咄哪於岍北，大破之，俘獲牛馬二十餘萬。

勒淸定五品，以張賓領選。復續定九品。署張班爲左執法郎，孟卓爲右執法郎，典定士族，副選擧之任。令羣僚及州郡歲各擧秀才、至孝、廉淸、賢良、直言、武勇之士各一人。置署都部從事各一部一州，〔三〕秩二千石，職準丞相司直。

勒下令曰：「去年水出巨材，所在山積，將皇天欲孤繕修宮宇也！其擬洛陽之太極起建德殿。」遣從事中郎任汪帥使工匠五千採木以供之。黎陽人陳武妻一產三男一女，武攜其妻子詣襄國上書自陳。勒下書以爲二儀諧暢，和氣所致，賜其乳婢一口，穀一百石，雜綵四十匹。

石季龍攻段匹磾于厭次。孔萇討匹磾部內諸城，陷之。匹磾勢窮，乃率其臣下輿櫬出

於勒。〔四〕

降。季龍送之襄國，勒署匹磾爲冠軍將軍，以其弟文鴦、亞將衞麟爲左右中郎將，皆金章紫綬。散諸流人三萬餘戶，復其本業，置守宰以撫之，於是冀、幷、幽州、遼西巴西諸屯結皆陷於勒。〔四〕

時晉征北將軍祖逖據譙，將平中原。逖善於撫納，自河以南多背勒歸順。勒憚之，不敢爲寇，乃下書曰：「祖逖屢爲邊患。逖，北州士望也，儻有首丘之思。其下幽州，修祖氏墳墓，爲置守冢二家。冀逖如趙他感恩，輟其寇暴。」逖聞之甚悅，遣參軍王愉使於勒，贈以方物，修結和好。勒厚賓其使，遣左常侍董樹報聘，以馬百匹、金五十斤答之。自是兗豫乂安，人得休息矣。

從事中郎劉奧坐營建德殿井木斜縮，斬于殿中。勒悔之，贈太常。建德校尉王和掘得員石，銘曰：「律權石，重四鈞，同律度量衡，有新氏造。」議者未詳，或以爲瑞。參軍續咸曰：「王莽時物也。」其時兵亂之後，典度堙滅，遂命下禮官爲準程定式。又得一鼎，容四升，〔五〕中有大錢三十文，曰：「百當千，千當萬。」〔六〕鼎銘十三字，篆書不可曉，藏之於永豐倉。因此令公私行錢，而人情不樂，乃出公絹市錢，限中絹匹一千二百，下絹八百。然百姓私買中絹四千，下絹二千，巧利者賤買私錢，貴賣於官，坐死者十數人，而錢終不行。勒徙洛陽銅馬、翁仲二于襄國，列之永豐門。

祖逖牙門童建害新蔡內史周密，遣使降于勒。勒斬之，送首于祖逖，曰：「天下之惡一也。叛臣逃吏，吾之深仇，將軍之惡，猶吾惡也。」逖遣使報謝。自是兗豫間壘壁叛者，逖皆不納，二州之人率多兩屬矣。

勒令武鄉耆舊赴襄國。既至，勒親與鄉老齒坐歡飲，語及平生。初，勒與李陽鄰居，歲常爭麻池，〔七〕迭相毆擊。至是，謂父老曰：「李陽，壯士也，何以不來？漚麻是布衣之恨，孤方崇信于天下，寧讎匹夫乎！」乃使召陽。既至，勒與酣謔，引陽臂笑曰：「孤往日厭卿老拳，卿亦飽孤毒手。」因賜甲第一區，拜參軍都尉。〔八〕令曰：「武鄉，吾之豐沛，萬歲之後，魂靈當歸之，其復之三世。」勒以百姓始復業，資儲未豐，於是重制禁釀，郊祀宗廟皆以醴酒，行之數年，無復釀者。

尋署石季龍爲車騎將軍，率騎三萬討鮮卑鬱粥于離石，俘獲及牛馬十餘萬，鬱粥奔烏丸，悉降其衆城。

先是，勒世子興死，至是，立子弘爲世子，領中領軍。遣季龍統中外精卒四萬討徐龕，龕堅守不戰，於是築室返耕，列長圍以守之。晉鎮北將軍劉隗降于勒，拜鎮南將軍，封列侯。石季龍攻陷徐龕，送之襄國，勒囊盛於百尺樓自上撲殺之，令步都等妻子刳而食之，坑龕降卒三千。晉兗州刺史劉遐懼，自鄒山退屯于下邳。〔九〕琅邪內史孫默以琅邪叛降于勒。徐兗間壘壁多送任請降，皆就拜守宰。

清河張披爲程遐長史，遐甚委昵之，張賓舉爲別駕，引參政事。遐疾披去己，又惡賓之權盛。勒世子弘，即遐之甥也，自以有援，欲收威重於朝，乃使弘之母譖之曰：「張披與張賓爲游俠，門客日百餘乘，物望皆歸之，非社稷之利也，宜除披以便國家。」勒然之。至是，披取急召不時至，因此遂殺之。賓知遐之間己，遂弗敢請。無幾，以遐爲右長史，總執朝政，自是朝臣莫不震懼，赴于程氏矣。

時祖逖卒，勒始侵寇邊戍。勒征虜石他敗王師于酇西，執將軍衞榮而歸。征北將軍祖約懼，退如壽春。勒境內大疫，死者十二三，乃罷徽文殿作。遣其將王陽屯于豫州，有闚闟之志，於是兵難日尋，梁鄭之間騷然矣。

又遣季龍統中外步騎四萬討曹嶷。先是，嶷議欲徙海中，保根余山，會疾疫甚，計未及就。季龍進兵圍廣固，東萊太守劉巴、長廣太守呂披皆以郡降。以石他爲征東將軍，擊羌胡于河西。左軍石挺濟師于廣固，曹嶷降，送于襄國。勒害之，坑其衆三萬。季龍將盡殺嶷衆，其青州刺史劉徵曰：「今留徵，使牧人也；無人焉牧，徵將歸矣。」季龍乃留男女七百口配徵，鎮廣固。青州諸郡縣壘壁盡陷。

勒司州刺史石生攻晉揚武將軍郭誦于陽翟，不克，進寇襄城，俘獲千餘而還。

勒以參軍樊坦淸貧，擢授章武內史。旣而入辭，勒見坦衣冠弊壞，大驚曰：「樊參軍何貧之甚也！」坦性誠朴，率然而對曰：「頃遭羯賊無道，資財蕩盡。」勒笑曰：「羯賊乃爾暴掠邪！今當相償耳。」坦大懼，叩頭泣謝。勒曰：「孤律自防俗士，不關卿輩老書生也。」賜車馬衣服裝錢三百萬，以勵貪俗。

勒將兵都尉石瞻寇下邳，敗晉將軍劉長，遂寇蘭陵，又敗彭城內史劉續。東莞太守竺珍、東海太守蕭誕以郡叛降于勒。

勒親臨大小學，考諸學生經義，尤高者賞帛有差。勒雅好文學，雖在軍旅，常令儒生讀史書而聽之，每以其意論古帝王善惡，朝賢儒士聽者莫不歸美焉。嘗使人讀漢書，聞酈食其勸立六國後，大驚曰：「此法當失，何得遂成天下！」至留侯諫，乃曰：「賴有此耳。」其天資英達如此。

勒徵徐、揚州兵，會石瞻于下邳，劉遐懼，又自下邳奔于泗汭。

石生攻劉曜河內太守尹平于新安，斬之，克壘壁十餘，降掠五千餘戶而歸。自是劉、石禍結，兵戈日交，河東、弘農間百姓無聊矣。

以右常侍霍皓爲勸課大夫，與典農使者朱表、典勸都尉陸充等循行州郡，核定戶籍，勸課農桑。農桑最修者賜爵五大夫。

使石生自延壽關出寇許潁，俘獲萬餘，降者二萬，生遂攻陷康城。晉將軍郭誦追生，生大敗，死者千餘。生收散卒，屯于康城。勒汲郡內史石聰聞生敗，馳救之，進攻郭默，俘獲男女二千餘人。石聰攻敗晉將李矩、郭默等。

勒將狩於近郊，主簿程琅諫曰：「劉、馬刺客，離布如林，變起倉卒，帝王亦一夫之敵耳。孫策之禍可不慮乎！且枯木朽株盡能爲害，馳騁之弊，今古戒之。」勒勃然曰：「吾榦力自可，足能裁量。但知卿文書事，不須白此輩也。」是日逐獸，馬觸木而死，勒亦幾殆，乃曰：「不用忠臣言，吾之過也。」乃賜琅朝服錦絹，爵關內侯。於是朝臣謁見，忠言競進矣。

晉都尉魯潛叛，以許昌降於勒。石瞻攻陷晉兗州刺史檀斌于鄒山，〔一〇〕斌死之。勒西夷中郎將王勝襲殺并州刺史崔琨、上黨內史王昚，以并州叛于勒。先是，石季龍攻劉曜將劉岳于石梁，至是，石梁潰，執岳送襄國。季龍又攻王勝于并州，殺之。李矩以劉岳之敗也，懼，自滎陽遁歸。矩長史崔宣率矩衆二千降于勒。於是盡有司兗之地，徐豫濱淮諸郡縣皆降之。

勒命徙洛陽晷影于襄國，列之單于庭。銘佐命功臣三十九人于石函，置于建德前殿。立桑梓苑于襄國。

勒嘗夜微行，檢察營衞，齎繒帛金銀以賂門者求出。永昌門門候王假欲收捕之，從者至，乃止。且召假以爲振忠都尉，爵關內侯。勒如苑鄉，召記室參軍徐光，光醉不至。以光物情所湊，常不平之，因此發怒，退爲牙門。勒自苑鄉如鄴，徐光侍直，慍然攘袂振紛，仰視不顧。勒因而惡之，讓光曰：「何負卿而敢怏怏邪！」於是幽光幷其妻子于獄。

勒既將營鄴宮，又欲以其世子弘爲鎮，密與程遐謀之。石季龍自以勳效之重，仗鄴爲基，雅無去意。及修構三臺，遷其家室，季龍深恨遐，遣左右數十人夜入遐宅，姦其妻女，掠衣物而去。勒以弘鎮鄴，配禁兵萬人，車騎所統五十四營悉配之，以驍騎領門臣祭酒王陽專統六夷以輔之。

石聰攻壽春，不克，遂寇逡遒、阜陵，殺掠五千餘人，京師大震。

濟岷太守劉闓、將軍張闔等叛，害下邳內史夏侯嘉，〔一二〕以下邳降于石生。

石瞻攻河南太守王羨于邾，陷之。

龍驤將軍王國叛，以南郡降于勒。〔一三〕晉彭城內史劉續復據蘭陵、石城，石瞻攻陷之。

勒令州郡，有墳發掘不掩覆者推劾之，骸骨暴露者縣爲備棺衾之具。以牙門將王波爲記室參軍，典定九流，始立秀、孝試經之制。

茌平令師懽獲黑兔，獻之於勒，程遐等以爲勒「龍飛革命之祥，於晉以水承金，兔陰精之獸，玄爲水色，此示殿下宜速副天人之望也」。於是大赦，以咸和三年改年曰太和。

石堪攻晉豫州刺史祖約于壽春，屯師淮上。晉龍驤將軍王國以南郡叛降于堪。南陽都尉董幼叛，率襄陽之衆又降于堪。祖約諸將佐皆陰遣使附于勒。石聰與堪濟淮，陷壽春，祖約奔歷陽，壽春百姓陷于聰者二萬餘戶。

劉曜敗季龍于高候，遂圍洛陽。勒滎陽太守尹矩、野王太守張進等皆降之，襄國大震。勒將親救洛陽，左右長史、司馬郭敖、程遐等固諫曰：「劉曜乘勝雄盛，難與爭鋒，金墉糧豐，攻之未可卒拔。曜懸軍千里，勢不支久。不可親動，動無萬全，大業去矣。」勒大怒，按劍叱遐等出。於是赦徐光，召而謂之曰：「劉曜乘高候之勢，圍守洛陽，庸人之情皆謂其鋒不可當也。然曜帶甲十萬，攻一城而百日不克，師老卒殆，以我初銳擊之，可一戰而擒。若洛陽不守，曜必送死冀州，自河已北，席卷南向，吾事去矣。程遐等不欲吾親行，卿以爲何如？」光對曰：「劉曜乘高候之勢而不能進臨襄國，更守金墉，此其無能爲也。懸軍三時，亡攻戰之利，若鸞旗親駕，必望旌奔敗。定天下之計，在今一舉。今此機會，所謂天授，授而弗應，禍之攸集。」勒笑曰：「光之言是也。」佛圖澄亦謂勒曰：「大軍若出，必擒劉曜。」勒尤悅，使內外戒嚴，有諫者斬。命石堪、石聰及豫州刺史桃豹等各統見衆會滎陽，使石季龍進據石門，以左衞石邃都督中軍事，勒統步騎四萬赴金墉，濟自大堨。先是，流澌風猛，軍至，冰泮清和，濟畢，流澌大至，勒以爲神靈之助也，命曰靈昌津。勒顧謂徐光曰：「曜盛兵成皋關，上計也；阻洛水，其次也；坐守洛陽者成擒也。」諸軍集于成皋，步卒六萬，騎二萬七千。勒見曜無守軍，大悅，舉手指天，又自指額曰：「天也！」乃卷甲銜枚而詭道兼路，出于鞏、訾之間。知曜陳其軍十餘萬于城西，彌悅，謂左右曰：「可以賀我矣！」勒統步騎四萬入自宣陽門，升故太極前殿。季龍步卒三萬，自城北而西，攻其中軍，石堪、石聰等各以精騎八千，城西而北，〔三〕擊其前鋒，大戰于西陽門。勒躬貫甲冑，出自閶闔，夾擊之。曜軍大潰，石堪執曜，送之以徇于軍，斬首五萬餘級，枕尸于金谷。勒下令曰：「所欲擒者一人耳，今已獲之，其敕將士抑鋒止銳，縱其歸命之路。」乃旋師。使征東石邃等帥騎衞曜而北。

及是，祖約舉兵敗，降于勒，勒使王波讓之曰：「卿逆極勢窮，方來歸命，吾朝豈逋逃之藪邪？而卿敢有靦面目也。」示之以前後檄書，乃赦之。

劉曜子熙等去長安，奔于上邽，遣季龍討之。

勒巡行冀州諸郡，引見高年、孝悌、力田、文學之士，班賜穀帛有差。令遠近牧守宣告屬城，諸所欲言，靡有隱諱，使知區區之朝虛渴讜言也。

季龍克上邽，遣主簿趙封送傳國玉璽、金璽、太子玉璽各一于勒。季龍進攻集木且羌于河西，克之，俘獲數萬，秦隴悉平。涼州牧張駿大懼，遣使稱藩，貢方物于勒。徙氐羌十五萬落于司、冀州。

勒羣臣議以勒功業既隆，祥符並萃，宜時革徽號以答乾坤之望，於是石季龍等奉皇帝璽綬，上尊號于勒，勒弗許。羣臣固請，勒乃以咸和五年僭號趙天王，行皇帝事。尊其祖邪曰宣王，父周曰元王。立其妻劉氏爲王后，世子弘爲太子。署其子宏爲持節、散騎常侍、都督中外諸軍事、驃騎大將軍、大單于，封秦王；左衞將軍斌太原王；小子恢爲輔國將軍、南陽王；中山公季龍爲太尉、守尚書令、中山王；石生河東王；石堪彭城王；以季龍子邃爲冀州刺史，封齊王，加散騎常侍、武衞將軍；宣左將軍；挺侍中、梁王。署左長史郭敖爲尚書左僕射，右長史程遐爲右僕射、領吏部尚書，左司馬夔安、右司馬郭殷、從事中郎李鳳、前郎中令裴憲爲尚書，署參軍事徐光爲中書令、領祕書監。論功封爵，開國郡公文武二十一人，侯二十四人，縣公二十六人，侯二十二人，其餘文武各有差。侍中任播等參議，以趙承金爲水德，旗幟尚玄，牲牡尚白，子社丑臘，勒從之。勒下書曰：「自今有疑難大事，八坐及委丞郎齎詣東堂，詮詳平決。其有軍國要務須敢，有令僕尚書隨局入陳，勿避寒暑昏夜也。」

勒以祖約不忠於本朝，誅之，及其諸子姪親屬百餘人。

羣臣固請勒宜即尊號，勒乃僭即皇帝位，大赦境內，改元曰建平，自襄國都臨漳。〔一四〕追尊其高祖曰順皇，曾祖曰威皇，祖曰宣皇，父曰世宗元皇帝，妣曰元昭皇太后，文武封進各有差。立其妻劉氏爲皇后，又定昭儀、夫人位視上公，貴嬪、貴人視列侯，員各一人；三英、九華視伯，淑媛、淑儀視子，容華、美人視男，務簡賢淑，不限員數。

勒荊州監軍郭敬、南蠻校尉董幼寇襄陽。勒驛敕敬退屯樊城，戒之使偃藏旗幟，寂若無人，彼若使人觀察，則告之曰：「自愛堅守，後七八日大騎將至，相策不復得走矣。」敬使人浴馬于津，周而復始，晝夜不絕。偵諜還告南中郎將周撫，撫以爲勒軍大至，懼而奔武昌。敬入襄陽，軍無私掠，百姓安之。晉平北將軍魏該弟遐等率該部衆自石城降于敬。敬毀襄陽，遷其百姓于沔北，城樊城以戍之。

秦州休屠王羌叛于勒，刺史臨深遣司馬管光帥州軍討之，爲羌所敗，隴右大擾，氐羌悉叛。勒遣石生進據隴城。王羌兄子擢與羌有仇，生乃賂擢，與掎擊之。羌敗，奔涼州。徙秦州夷豪五千餘戶于雍州。

勒下書曰：「自今諸有處法，悉依科令。吾所忿戮、怒發中旨者，若德位已高，不宜訓罰，或服勤死事之孤，邂逅罹譴，門下皆各列奏之，吾當思擇而行也。」堂陽人陳豬妻一產三男，賜其衣帛廩食，乳婢一口，復三歲勿事。時高句麗、肅愼致其楛矢，宇文屋孤並獻名馬于勒。涼州牧張駿遣長史馬詵奉圖送高昌、于寘、鄯善、大宛使，獻其方物。晉荊州牧陶侃遣兼長史王敷聘于勒，致江南之珍寶奇獸。秦州送白獸、白鹿，荊州送白雉、白兔，濟陰木連理，甘露降苑鄉。勒以休瑞並臻，遐方慕義，赦三歲刑已下，均百姓去年逋調；特赦涼州殊死，涼州計吏皆拜郎中，賜絹十匹，綿十斤。勒南郊，有白氣自壇屬天，勒大悅，還宮，赦四歲刑。遣使封張駿武威郡公，食涼州諸郡。勒親耕藉田，還宮，赦五歲刑，賜其公卿已下金帛有差。勒以日蝕，避正殿三日，令羣公卿士各上封事。禁州郡諸祠堂非正典者皆除之，其能興雲致雨，有益於百姓者，郡縣更爲立祠堂，殖嘉樹，準嶽瀆已下爲差等。

勒將營鄴宮，廷尉續咸上書切諫。勒大怒，曰：「不斬此老臣，朕宮不得成也！」敕御史收之。中書令徐光進曰：「陛下天資聰睿，超邁唐虞，而更不欲聞忠臣之言，豈夏癸、商辛之君邪？其言可用用之，不可用故當容之，奈何一旦以直言而斬列卿乎！」勒歎曰：「爲人君不得自專如是！豈不識此言之忠乎？向戲之爾。人家有百匹資，尚欲市別宅，況有天下之富，萬乘之尊乎！終當繕之耳。且敕停作，成吾直臣之氣也。」因賜咸絹百匹，稻百斛。又下書令公卿百僚歲薦賢良、方正、直言、秀異、至孝、廉清各一人，答策上第者拜議郎，中第中郎，下第郎中。其舉人得遞相薦引，廣招賢之路。起明堂、辟雍、靈臺于襄國城西。時大雨霖，中山西北暴水，流漂巨木百餘萬根，集于堂陽。勒大悅，謂公卿曰：「諸卿知不？此非爲災也，天意欲吾營鄴都耳。」於是令少府任汪、都水使者張漸等監營鄴宮，勒親授規模。

蜀梓潼、建平、漢固三郡蠻巴降于勒。

勒以成周土中，漢晉舊京，復欲有移都之意，乃命洛陽爲南都，置行臺治書侍御史于洛陽。

勒因饗高句麗、宇文屋孤使，酒酣，謂徐光曰：「朕方自古開基何等主也？」對曰：「陛下神武籌略邁于高皇，雄藝卓犖超絕魏祖，自三王已來無可比也，其軒轅之亞乎！」勒笑曰：「人豈不自知，卿言亦以太過。朕若逢高皇，當北面而事之，與韓彭競鞭而爭先耳。朕遇光武，當並驅于中原，未知鹿死誰手。大丈夫行事當礌礌落落，如日月皎然，終不能如曹孟德、司馬仲達父子，欺他孤兒寡婦，狐媚以取天下也。朕當在二劉之間耳，軒轅豈所擬乎！」其羣臣皆頓首稱萬歲。

晉將軍趙胤攻克馬頭，石堪遣將軍韓雍救之，至則無及，遂寇南沙、海虞，俘獲五千餘人。初，郭敬之退據樊城也，王師復戍襄陽。至是，敬又攻陷之，留戍而歸。

暴風大雨，震電建德殿端門、襄國市西門，殺五人。雹起西河介山，大如雞子，平地三尺，洿下丈餘，行人禽獸死者萬數，歷太原、樂平、武鄉、趙郡、廣平、鉅鹿千餘里，樹木摧折，禾稼蕩然。勒正服于東堂，以問徐光曰：「歷代已來有斯災幾也？」光對曰：「周、漢、魏、晉皆有之，雖天地之常事，然明主未始不爲變，所以敬天之怒也。去年禁寒食，介推，帝鄉之神也，歷代所尊，或者以爲未宜替也。一人吁嗟，王道尙爲之虧，況羣神怨憾而不怒動上帝乎！縱不能令天下同爾，介山左右，晉文之所封也，宜任百姓奉之。」勒下書曰：「寒食既并州之舊風，朕生其俗，不能異也。前者外議以子推諸侯之臣，王者不應爲忌，故從其議，儻或由之而致斯災乎！子推雖朕鄉之神，非法食者亦不得亂也，尙書其促檢舊典定議以聞。」有司奏以子推歷代攸尊，請普復寒食，更爲植嘉樹，立祠堂，給戶奉祀。勒黃門郎韋謏駁曰：「案春秋，藏冰失道，陰氣發泄爲雹。自子推已前，雹者復何所致？此自陰陽乖錯所爲耳。且子推賢者，曷爲暴害如此！求之冥趣，必不然矣。今雖爲冰室，懼所藏之冰不在固陰沍寒之地，多皆山川之側，氣泄爲雹也。以子推忠賢，令緜、介之間奉之爲允，於天下則不通矣。」勒從之。於是遷冰室於重陰凝寒之所，并州復寒食如初。

勒令其太子省可尙書奏事，使中常侍嚴震參綜可否，征伐刑斷大事乃呈之。自是震威權之盛過于主相矣。季龍之門可設雀羅，季龍愈怏怏不悅。

郭敬南掠江西，晉南中郎將桓宣承其虛攻樊城，取城中之衆而去。敬旋師救樊，追戰于涅水。敬前軍大敗，宣亦死傷太半，盡取所掠而止。宣遂南取襄陽，留軍戍之。

勒如鄴，臨石季龍第，謂之曰：「功力不可並興，待宮殿成後，當爲王起第，勿以卑小悒悒也。」季龍免冠拜謝，勒曰：「與王共有天下，何所謝也！」有流星大如象，尾足蛇形，自北極西南流五十餘丈，光明燭地，墜于河，聲聞九百餘里。黑龍見鄴井中，勒觀龍有喜色。朝其羣臣于鄴。

命郡國立學官，每郡置博士祭酒二人，弟子百五十人，三考修成，顯升台府。於是擢拜太學生五人爲佐著作郎，錄述時事。時大旱，勒親臨廷尉錄囚徒，五歲刑已下皆輕決遣之，重者賜酒食，聽沐浴，一須秋論。還未及宮，澍雨大降。

勒如其灃水宮，因疾甚而還。召石季龍與其太子弘、中常侍嚴震等侍疾禁中。季龍矯命絕弘、震及內外羣臣親戚，勒疾之增損莫有知者。詐召石宏、石堪還襄國。勒疾小瘳，見宏，驚曰：「秦王何故來邪？使王藩鎮，正備今日。有呼者邪？自來也？有呼者誅之！」季龍大懼曰：「秦王思慕暫還耳，今謹遣之。」數日復問之，季龍曰：「奉詔卽遣，今已半路矣。」更諭宏在外，遂不遣之。

廣阿蝗。季龍密遣其子邃率騎三千遊于蝗所。熒惑入昴。星隕于鄴東北六十里，初赤黑黃雲如幕，長數十匹，交錯，聲如雷震，墜地氣熱如火，塵起連天。時有耕者往視之，土猶燃沸，見有一石方尺餘，青色而輕，擊之音如磬。

勒疾甚，遺令：「三日而葬，內外百僚既葬除服，無禁婚娶、祭祀、飲酒、食肉，征鎮牧守不得輒離所司以奔喪，斂以時服，載以常車，無藏金寶，無內器玩。大雅沖幼，恐非能構荷朕志。中山已下其各司所典，無違朕命。大雅與斌宜善相維持，司馬氏汝等之殷鑒，其務於敦穆也。中山王深可三思周霍，勿爲將來口實。」以咸和七年死，〔一三〕時年六十，在位十五年。夜瘞山谷，莫知其所，備文物虛葬，號高平陵。僞謚明皇帝，廟號高祖。

弘字大雅，勒之第二子也。幼有孝行，以恭謙自守，受經於杜嘏，誦律於續咸。勒曰：「今世非承平，不可專以文業教也。」於是使劉徵、任播授以兵書，王陽教之擊刺。立爲世子，領中領軍，尋署衞將軍，使領開府辟召，後鎮鄴。

勒僭位，立爲太子。虛襟愛士，好爲文詠，其所親昵，莫非儒素。勒謂徐光曰：「大雅愔愔，殊不似將家子。」光曰：「漢祖以馬上取天下，孝文以玄默守之，聖人之後，必世勝殘，天之道也。」勒大悅。光因曰：「皇太子仁孝溫恭，中山王雄暴多詐，陛下一旦不諱，臣恐社稷必危，宜漸奪中山威權，使太子早參朝政。」勒納之。程遐又言於勒曰：「中山王勇武權智，羣臣莫有及者。觀其志也，自陛下之外，視之蔑如。兼荷專征歲久，威振外內，性又不仁，殘忍無賴。其諸子並長，皆預兵權。陛下在，自當無他，恐其怏怏不可輔少主也。宜早除之，以便大計。」勒曰：「今天下未平，兵難未已，大雅沖幼，宜任強輔。中山佐命功臣，親同魯衞，方委以伊霍之任，何至如卿言也。卿當恐輔幼主之日，不得獨擅帝舅之權故耳。吾亦當參卿於顧命，勿爲過懼也。」遐泣曰：「臣所言者至公，陛下以私賜距，豈明主開襟納說，忠臣必盡之義乎！中山雖爲皇太后所養，非陛下天屬，不可以親義期也。杖陛下神規，微建鷹犬之效，陛下酬其父子以恩榮，亦以足矣。魏任司馬懿父子，終於鼎祚淪移，以此而觀，中山豈將來有益者乎！臣因緣多幸，託瓜葛於東宮，臣而不竭言於陛下，而誰言之！陛下若不除中山，臣已見社稷不復血食矣。」勒不聽。遐退告徐光曰：「主上向言如此，太子必危，將若之何？」光曰：「中山常切齒於吾二人，恐非但國危，亦爲家禍，當爲安國寧家之計，不可坐而受禍也。」光復承間言於勒曰：「陛下廓平八州，帝有海內，而神色不悅者何也？」勒曰：「吳蜀未平，書軌不一，司馬家猶不絕於丹楊，恐後之人將以吾爲不應符籙。每一思之，不覺見於神色。」光曰：「臣以陛下爲憂腹心之患，而何暇更憂四支乎！何則？魏承漢運，爲正朔帝王，劉備雖紹興巴蜀，亦不可謂漢不滅也。吳雖跨江東，豈有虧魏美？陛下既苞括二都，爲中國帝王，彼司馬家兒復何異玄德，李氏亦猶孫權。符籙不在陛下，竟欲安歸？此四支之輕患耳。中山王藉陛下指授神略，天下皆言其英武亞於陛下，兼其殘暴多姦，見利忘義，無伊霍之忠。父子爵位之重，勢傾王室。觀其耿耿，常有不滿之心。近於東宮曲讌，有輕皇太子之色。陛下隱忍容之，臣恐陛下萬年之後，宗廟必生荆棘，此心腹之重疾也，惟陛下圖之。」勒默然，而竟不從。

及勒死，季龍執弘使臨軒，命收程遐、徐光下廷尉，召其子邃率兵入宿衞，文武靡不奔散。弘大懼，讓位于季龍。季龍曰：「君薨而世子立，臣安敢亂之！」弘泣而固讓，季龍怒曰：

「若其不堪，天下自當有大議，何足預論！」遂以咸和七年逼立之，〔一六〕改年曰延熙，文武百僚進位一等。誅程遐、徐光。弘策拜季龍爲丞相、魏王、大單于，加九錫，以魏郡等十三郡爲邑，總攝百揆。季龍僞固讓，久而受命，赦其境內殊死已下，立季龍妻鄭氏爲魏王后，子邃爲魏太子，加使持節、侍中、大都督中外諸軍事、大將軍、錄尚書事；宣爲使持節、車騎大將軍、冀州刺史，封河間王；韜爲前鋒將軍、司隸校尉，封樂安王；遵齊王，鑒代王，苞樂平王；徙太原王斌爲章武王。勒文武舊臣皆補左右丞相閑任，季龍府僚舊昵悉署臺省禁要。命太子宮曰崇訓宮，勒妻劉氏已下皆徙居之。簡其美淑及勒車馬、珍寶、服御之上者，皆入于己署。鎮軍夔安領左僕射，尙書郭殷爲右僕射。

劉氏謂石堪曰：「皇祚之滅不復久矣，王將何以圖之？」堪曰：「先帝舊臣皆已斥外，衆旅不復由人，宮殿之內無所措籌，臣請出奔兗州，據廩丘，挾南陽王爲盟主，宣太后詔於諸牧守征鎭，令各率義兵同討桀逆，蔑不濟也。」劉氏曰：「事急矣，便可速發，恐事淹變生。」堪許諾，微服輕騎襲兗州，失期，不克，遂南奔譙城。季龍遣其將郭太等追擊之，獲堪于城父，送襄國，炙而殺之。徵石恢還于襄國。劉氏謀泄，季龍殺之。尊弘母程氏爲皇太后。

時石生鎭關中，石朗鎭洛陽，皆起兵於二鎭。季龍留子邃守襄國，統步騎七萬攻朗于金墉。金墉潰，獲朗，刖而斬之。進師攻長安，以石挺爲前鋒大都督。生遣將軍郭權率鮮卑涉璝部衆二萬爲前鋒距之，生統大軍繼發，次于蒲坂。前鋒及挺大戰潼關，敗績，〔一七〕挺及丞相左長史劉隗皆戰死，季龍退奔澠池，枕尸三百餘里。鮮卑密通于季龍，背生而擊之。生時停蒲坂，不知挺之死也，懼，單馬奔長安。郭權乃復收衆三千，與越騎校尉石廣相持于渭汭。生遂去長安，潛于雞頭山。將軍蔣英固守長安。季龍聞生之奔也，進師入關，進攻長安，旬餘拔之，斬蔣英等。分遣諸將屯于汧。徙雍、秦州華戎十餘萬戶于關東。生部下斬生于雞頭山。季龍還襄國，大赦，諷弘命己建魏臺，一如魏輔漢故事。

郭權以生敗，據上邽以歸順，詔以權爲鎮西將軍、秦州刺史，於是京兆、新平、扶風、馮翊、北地皆應之。弘鎮西石廣與權戰，敗績。季龍遣郭敖及其子斌等率步騎四萬討之，次于華陰。上邽豪族害權以降。徙秦州三萬餘戶于青、并二州諸郡。南氐楊難敵等送任通和。長安陳良夫奔于黑羌，招誘北羌四角王薄句大等擾北地、馮翊，與石斌相持。石韜等率騎掎句大之後，與斌夾擊，敗之，句大奔于馬蘭山。郭敖等懸軍追北，爲羌所敗，死者十七八。斌等收軍還于三城。季龍聞而大怒，遣使殺郭敖。石宏有怨言，季龍幽之。

弘齎璽綬親詣季龍，諭禪位意。季龍曰：「天下人自當有議，何爲自論此也！」弘還宮，對其母流涕曰：「先帝眞無復遺矣！」俄而季龍遣丞相郭殷持節入，廢弘爲海陽王。弘安步就車，容色自若，謂羣臣曰：「不堪纂承大統，顧慚羣后，此亦天命去矣，又何言！」百官莫不流涕，宮人慟哭。咸康元年，幽弘及程氏并宏、恢于崇訓宮，尋殺之，在位二年，時年二十二。

張賓字孟孫，趙郡中丘人也。父瑤，中山太守。賓少好學，博涉經史，不爲章句，闊達有大節，常謂昆弟曰：「吾自言智算鑒識不後子房，但不遇高祖耳。」爲中丘王帳下都督，非其好也，病免。

及永嘉大亂，石勒爲劉元海輔漢將軍，與諸將下山東，賓謂所親曰：「吾歷觀諸將多矣，獨胡將軍可與共成大事。」乃提劍軍門，大呼請見，勒亦未之奇也。後漸進規謨，乃異之，引爲謀主。機不虛發，算無遺策，成勒之基業，皆賓之勳也。及爲右長史、大執法，封濮陽侯，任遇優顯，寵冠當時，而謙虛敬慎，開襟下士，士無賢愚，造之者莫不得盡其情焉。肅清百僚，屏絕私昵，入則格言，出則歸美。勒甚重之，每朝，常爲之正容貌，簡辭令，呼曰「右侯」而不名之，勒朝莫與爲比也。

及卒，勒親臨哭之，哀慟左右，贈散騎常侍、右光祿大夫、儀同三司，謚曰景。將葬，送于正陽門，望之流涕，顧左右曰：「天欲不成吾事邪，何奪吾右侯之早也！」程遐代爲右長史，勒每與遐議，有所不合，輒歎曰：「右侯捨我去，令我與此輩共事，豈非酷乎！」因流涕彌日。

校勘記

〔一〕命記室佐明楷程機撰上黨國記　史通正史篇敍石趙修史諸人有程陰、徐機。斠注：冉閔載記有尙書令徐機，疑卽修史之人。此作「程機」，或因「程陰」而誤。按：當是「程」下脫「陰徐」二字。

〔二〕時蔡豹屯于譙城　蔡豹傳，豹先屯下邳，進據卞城，欲逼徐龕，而石虎軍在鉅平，亦欲取龕。徐龕在東莞，今山東沂水縣，卞城在今泗水縣，鉅平今泰安縣，地望相接。譙城今安徽亳縣，遠在東莞西南，與蔡豹行軍道路不合。屯譙城者乃祖逖，石虎攻譙，見元紀建武元年及祖逖傳。載記誤合二事爲一。

〔三〕置署都部從事各一部一州　册府二二九、通志一八七無「署」字。

〔四〕遼西巴西諸屯結皆陷於勒　「巴西」遠不相及，「巴」當是「巳」之譌，今不標。

〔五〕容四升　毛本、局本「升」下注「元作『斗』」。

〔六〕百當千千當萬　御覽八三六引後趙錄作「當千，當萬」。

〔七〕歲常爭麻池　類聚一九、御覽三九一引中興書、四九六引勒別傳、通鑑九一「麻池」上並有「漚」字。疑此脫「漚」字。

〔八〕拜參軍都尉　御覽三九一引中興書「參軍」作「奉車」。按：「參軍都尉」不聞有此官，疑當作「奉車」，形近而譌。

〔九〕晉兗州刺史劉遐懼自鄒山退屯于下邳　商榷：帝紀作兗州刺史郗鑒自鄒山退守合肥，郗鑒傳亦云然，此作「劉遐」疑誤。按：紀瞻傳、通鑑九一略同紀文，商榷說是。

〔一〇〕石瞻攻陷晉兗州刺史檀斌于鄒山　明紀，「石瞻」作「石良」，「檀斌」作「檀贇」。「斌」「贇」通，石良又見李矩傳。

〔一一〕害下邳內史夏侯嘉　各本脫「侯」字，今據成紀、通鑑九二補。

〔一二〕龍驤將軍王國叛以南郡降于勒　商榷：下文又言「晉龍驤將軍王國以南郡叛降于堪」，數行之中，一事重出，疏矣。周校：事在成帝咸和三年。兩文中間有「咸和三年改年太和」文，則敍在前者當刪也。斠注：成帝紀作「南陽太守王國叛降于勒」，諸史拾遺謂「南郡」疑「南陽」之譌，是也。按：紀明言石勒攻宛，宛爲南陽郡治，此作「南郡」誤。通鑑九四亦從紀。

〔一三〕城西而北　通鑑九四「城」上有「自」字。「自城西而北」，與上步卒「自城北而西」句一律，當脫「自」字。

〔一四〕自襄國都臨漳　通鑑考異云：載記云「自襄國都臨漳，卽鄴也」。按建平二年四月，勒如鄴，議營新宮；三年，勒如鄴，臨石虎第；勒疾，虎詐召石宏還襄國；至虎建武元年九月，始遷鄴。是勒未嘗都鄴也。

〔一五〕以咸和七年死　校文：據帝紀及天文志，咸云勒死於咸和八年七月。考勒僭卽王位，在元帝太興二年，至咸和八年，正合在位十五年之數。傳作死於七年實誤。舉正云：魏書序紀，烈帝五年勒死，是年卽晉咸和八年也。按：成紀，勒於咸和五年八月稱帝，載記云改年建平，御覽一二〇引後趙錄，勒死於建平（原作建元誤）四年七月，卽晉咸和八年，亦與本書帝紀合。此作「七年」顯誤。

〔一六〕遂以咸和七年逼立之　校文：弘立於咸和八年七月，云「七年」亦誤。

〔一七〕敗績　周校：文似前鋒敗績，與下挺戰死，季龍退奔文不相應。「敗績」宜作「敗之」，謂前鋒戰敗挺也。

晉書卷一百六

載記第六

石季龍上

石季龍，勒之從子也，名犯太祖廟諱，故稱字焉。祖曰匐邪，父曰寇覓。勒父朱幼而子季龍，故或稱勒弟焉。年六七歲，有善相者曰：「此兒貌奇有壯骨，貴不可言。」永興中，與勒相失。後劉琨送勒母王及季龍于葛陂，時年十七矣。性殘忍，好馳獵，游蕩無度，尤善彈，數彈人，軍中以爲毒患。勒白王將殺之，王曰：「快牛爲犢子時，多能破車，汝當小忍之。」年十八，稍折節。身長七尺五寸，趫捷便弓馬，勇冠當時，將佐親戚莫不敬憚。勒深嘉之，拜征虜將軍。爲娉將軍郭榮妹爲妻。季龍寵惑優僮鄭櫻桃而殺郭氏，更納清河崔氏女，櫻桃又譖而殺之。所爲酷虐。軍中有勇幹策略與己侔者，輒方便害之，前後所殺甚衆。至於降城陷壘，不復斷別善惡，坑斬士女，尠有遺類。勒雖屢加責誘，而行意自若。然御衆嚴而不煩，莫敢犯者，指授攻討，所向無前，故勒寵之，信任彌隆，仗以專征之任。

勒之居襄國，署爲魏郡太守，鎮鄴三臺，後封繁陽侯。勒即大單于、趙王位，署爲單于元輔、都督禁衞諸軍事，遷侍中、開府，進封中山公。及勒僭號，授太尉、守尚書令，進封爲王，邑萬戶。季龍自以勳高一時，謂勒卽位之後，大單于必在己，而更以授其子弘。季龍深恨之，私謂其子邃曰：「主上自都襄國以來，端拱指授，而以吾躬當矢石。二十餘年，南擒劉岳，北走索頭，東平齊魯，西定秦雍，剋殄十有三州。成大趙之業者，我也。大單于之望實在于我，而授黃吻婢兒，每一憶此，令人不復能寢食。待主上晏駕之後，不足復留種也。」

咸康元年，季龍廢勒子弘，羣臣已下勸其稱尊號。季龍下書曰：「王室多難，海陽自棄，四海業重，故俛從推逼。朕聞道合乾坤者稱皇，德協人神者稱帝，皇帝之號非所敢聞，且可稱居攝趙天王，以副天人之望。」於是赦其境內，改年曰建武。以夔安爲侍中、太尉、守尚書令，郭殷爲司空，韓晞爲尚書左僕射，魏槩、馮莫、張崇、曹顯爲尚書，申鍾爲侍中，郎闓爲光祿大夫，〔一〕王波爲中書令，文武封拜各有差。立其子邃爲太子。季龍以讖文天子當從東北來，於是備法駕行自信都而還以應之。分慶陶之柳鄉立停駕縣。

季龍徐州從事朱縱殺刺史郭祥，以彭城歸順。季龍遣將王朗擊之，縱奔淮南。

季龍荒游廢政，多所營繕，使邃省可尚書奏事，選牧守，祀郊廟；惟征伐刑斷乃親覽之。

觀雀臺崩，殺典匠少府任汪。復使修之，倍於常度。

季龍自率衆南寇歷陽，臨江而旋，京師大震。遣其征虜石遇寇中廬，遂圍平北將軍桓宣于襄陽。輔國將軍毛寶、南中郎將王國、征西司馬王愆期等率荆州之衆救之，屯于章山。遇攻守二旬，軍中飢疫而還。

季龍以租入殷廣，轉輸勞煩，令中倉歲入百萬斛，餘皆儲之水次。

晉將軍淳于安攻其琅邪費縣，俘獲而歸。

石邃保母劉芝初以巫術進，既養邃，遂有深寵，通賄賂，豫言論，權傾朝廷，親貴多出其門，遂封芝爲宜城君。

季龍下書令刑贖之家得以錢代財帛，無錢聽以穀麥，皆隨時價輸水次倉。冀州八郡雨雹，大傷秋稼，下書深自咎責。遣御史所在發水次倉麥，以給秋種，尤甚之處差復一年。

季龍將遷于鄴，尚書請太常告廟，季龍曰：「古者將有大事，必告宗廟，而不列社稷。尚書可詳議以聞。」公卿乃請使太尉告社稷，從之。及入鄴宮，澍雨周洽，季龍大悅，赦殊死已下。尚方令解飛作司南車成，季龍以其構思精微，賜爵關內侯，賞賜甚厚。始制散騎常侍已上得乘軺軒，王公郊祀乘副車，駕四馬，龍旂八旒，朔望朝會卽乘軺軒。

時羌薄句大猶保險未賓，遣其子章武王斌帥精騎二萬，并秦、雍二州兵以討之。

季龍如長樂、衞國，有田疇不闢、桑業不修者，貶其守宰而還。

咸康二年，使牙門將張彌徙洛陽鍾虡、九龍、翁仲、銅駝、飛廉于鄴。鍾一沒于河，募浮沒三百人入河，繫以竹絙，牛百頭，鹿櫨引之乃出。造萬斛舟以渡之，以四輪纏輞車，轍廣四尺，深二尺，運至鄴。季龍大悅，赦二歲刑，賚百官穀帛，百姓爵一級。

下書曰：「三載考績，黜陟幽明，斯則先王之令典，政道之通塞。魏始建九品之制，三年一清定之，雖未盡弘美，亦縉紳之清律，人倫之明鏡。從爾以來，遵用無改。先帝創臨天下，黃紙再定。至於選舉，銓爲首格。自不清定，三載于茲。主者其更銓論，務揚清激濁，使九流咸允也。吏部選舉，可依晉氏九班選制，永爲揆法。選畢，經中書、門下宣示三省，然後行之。其著此詔書于令。銓衡不奉行者，御史彈坐以聞。」

索頭郁鞠率衆三萬降于季龍，署鞠等一十三人親通趙王，〔三〕皆封列侯，散其部衆于冀青等六州。

時衆役煩興，軍旅不息，加以久旱穀貴，金一斤直米二斗，〔三〕百姓嗷然無生賴矣。又納解飛之說，於鄴正南投石于河，以起飛橋，功費數千億萬，橋竟不成，役夫饑甚，乃止。使令長率丁壯隨山澤采橡捕魚以濟老弱，而復爲權豪所奪，人無所得焉。又料殷富之家，配饑人以食之，公卿已下出穀以助振給，姦吏因之侵割無已，雖有貸贍之名而無其實。

改直盪爲龍騰，冠以絳幘。

於襄國起太武殿，於鄴造東西宮，至是皆就。太武殿基高二丈八尺，以文石綷之，下穿伏室，置衞士五百人於其中。東西七十五步，南北六十五步。皆漆瓦、金鐺、銀楹、金柱、珠簾、玉壁，窮極伎巧。又起靈風臺九殿于顯陽殿後，選士庶之女以充之。後庭服綺縠、玩珍奇者萬餘人，內置女官十有八等，教宮人星占及馬步射。置女太史于靈臺，仰觀災祥，以考外太史之虛實。又置女鼓吹羽儀，雜伎工巧，皆與外侔。禁郡國不得私學星讖，敢有犯者誅。

左校令成公段造庭燎于崇杠之末，高十餘丈，上盤置燎，下盤置人，縆繳上下。季龍試而悅之。其太保夔安等文武五百九人勸季龍稱尊號，安等方入而庭燎油灌下盤，死者七人。季龍惡之，大怒，斬成公段于閶闔門。

於是依殷周之制，以咸康三年僭稱大趙天王，卽位于南郊，大赦殊死已下。追尊祖𣆀邪爲武皇帝，父寇覓爲太宗孝皇帝。立其鄭氏爲天王皇后，以子邃爲天王皇太子。親王皆貶封郡公，藩王爲縣侯，百官封署各有差。

太原徙人五百餘戶叛入黑羌。

武鄉長城徙人韓彊獲玄玉璽，方四寸七分，龜紐金文，詣鄴獻之。拜彊騎都尉，復其一門。夔安等又勸進曰：「臣等謹案大趙水德，玄龜者，水之精也；玉者，石之寶也；分之數以象七政，寸之紀以準四極。昊天成命，不可久違。輒下史官擇吉日，具禮儀，謹昧死上皇帝尊號。」季龍下書曰：「過相褒美，猥見推逼，覽增恧然，非所望也，其亟止茲議。今東作告始，自非京城內外，皆不得表慶。」中書令王波上玄璽頌以美之。季龍以石弘時造此璽，彊遇而獻之。

邃自總百揆之後，荒酒淫色，驕恣無道，或盤游于田，懸管而入，或夜出于宮臣家，淫其妻妾。妝飾宮人美淑者，斬首洗血，置於盤上，傳共視之。又內諸比丘尼有姿色者，與其交褻而殺之，合牛羊肉煑而食之，亦賜左右，欲以識其味也。河間公宣、樂安公韜有寵於季龍，邃疾之如仇。季龍荒耽內游，威刑失度，邃以事爲可呈呈之，季龍恚曰：「此小事，何足呈也。」時有所不聞，復怒曰：「何以不呈？」誚責杖捶，月至再三。邃甚恨，私謂常從無窮、長生、中庶子李顏等曰：「官家難稱，吾欲行冒頓之事，卿從我乎？」顏等伏不敢對。邃稱疾不省事，率宮臣文武五百餘騎宴于李顏別舍，謂顏等曰：「我欲至冀州殺石宣，有不從者斬！」行數里，騎皆逃散，李顏叩頭固諫，邃亦昏醉而歸。邃母鄭氏聞之，私遣中人責邃。邃怒，殺其使。季龍聞邃有疾，遣所親任女尚書察之。邃呼前與語，抽劍擊之。季龍大怒，收李顏等詰問，顏具言始末，誅顏等三十餘人。幽邃于東宮，既而赦之，引見太武東堂。邃朝而不謝，俄而便出。季龍遣使謂邃曰：「太子應入朝中宮，何以便去？」邃逕出不顧。季龍大怒，廢邃爲庶人。其夜，殺邃及妻張氏并男女二十六人，同埋於一棺之中。誅其宮臣支黨二百餘人。廢鄭氏爲東海太妃。立其子宣爲天王皇太子，宣母杜昭儀爲天王皇后。

安定人侯子光，〔四〕弱冠美姿儀，自稱佛太子，從大秦國來，當王小秦國。易姓名爲李子楊，游于鄠縣爰赤眉家，頗見其妖狀，事微有驗。赤眉信敬之，妻以二女，轉相扇惑。京兆樊經、竺龍、嚴謀、謝樂子等聚衆數千人於杜南山，子楊稱大黃帝，建元曰龍興。赤眉與經爲左右丞相，龍、謀爲左右大司馬，樂子爲大將軍。鎭西石廣擊斬之。子楊頸無血，十餘日而面色無異於生。

季龍將伐遼西鮮卑段遼，募有勇力者三萬人，皆拜龍騰中郎。遼遣從弟屈雲襲幽州，刺史李孟退奔易京。季龍以桃豹爲橫海將軍，王華爲渡遼將軍，統舟師十萬出漂渝津，支雄爲龍驤大將軍，姚弋仲爲冠軍將軍，統步騎十萬爲前鋒，以伐段遼。季龍衆次金臺，支雄長驅入薊，遼漁陽太守馬鮑、代相張牧、北平相陽裕、上谷相侯龕等四十餘城並率衆降于季龍。支雄攻安次，斬其部大夫那樓奇。遼懼，棄令支，奔于密雲山。遼左右長史劉羣、盧諶、司馬崔悅等封其府庫，遣使請降。季龍遣將軍郭太、麻秋等輕騎二萬追遼，及之，戰于密雲，獲其母妻，斬級三千。遼單馬竄險，遣子乞特眞送表及名馬，季龍納之。乃遷其戶二萬餘于雍、司、兗、豫四州之地，諸有才行者皆擢敍之。先是，北單于乙回爲鮮卑敦那所逐，既平遼西，遣其將李穆擊那破之，復立乙回而還。季龍入遼宮，論功封賞各有差。

初，慕容皝與段遼有隙，遣使稱藩于季龍，陳遼宜伐，請盡衆來會。及軍至令支，皝師不出，季龍將伐之。天竺佛圖澄進曰：「燕福德之國，未可加兵。」季龍作色曰：「以此攻城，何城不克？以此衆戰，誰能禦之？區區小豎，何所逃也！」太史令趙攬固諫曰：「燕地歲星所守，行師無功，必受其禍。」季龍怒，鞭之，黜爲肥如長。進師攻棘城，旬餘不克。皝遣子恪帥胡騎二千，晨出挑戰，諸門皆若有師出者，四面如雲，季龍大驚，棄甲而遁。於是召趙攬復爲太史令。季龍旋自令支，過易京，惡其固而毁之。還謁石勒墓，朝其羣臣於襄國建德前殿，復從征文武有差。至鄴，設飲至之禮，賜俘偏於丞郎。

季龍謀伐昌黎，遣渡遼曹伏將青州之衆渡海，戍蹋頓城，無水而還，因戍于海島，運穀三百萬斛以給之。又以船三百艘運穀三十萬斛詣高句麗，使典農中郎將王典率衆萬餘屯田于海濱。又令青州造船千艘。使石宣率步騎二萬擊朔方鮮卑斛摩頭破之，斬首四萬餘級。

冀州八郡大蝗，司隸請坐守宰，季龍曰：「此政之失和，朕之不德，而欲委咎守宰，豈禹湯罪己之義邪！司隸不進讜言，佐朕不逮，而歸咎無辜，所以重吾之責，可白衣領司隸。」

加其子司徒韜金鉦黃鉞，鑾輅九旒。

先是，使襄城公涉歸、上庸公日歸率衆戍長安，二歸告鎭西石廣私樹恩澤，潛謀不軌。季龍大怒，追廣至鄴，殺之。

段遼於密雲山遣使詐降，季龍信之，使征東麻秋百里郊迎，敕秋曰：「受降如待敵，將軍愼之。」遼又遣使降于慕容皝曰：「胡貪而無謀，吾今請降求迎，彼終不疑也。若伏重軍以要之，可以得志。」皝遣子恪伏兵於密雲。麻秋統衆三萬迎遼，爲恪所襲，死者十六七，秋步遁而歸。季龍聞之驚怒，方食吐餔，乃削秋官爵。

下書令諸郡國立五經博士。初，勒置大小學博士，至是復置國子博士、助教。季龍以吏部選舉斥外耆德，而勢門童幼多爲美官，免郎中魏奐爲庶人。以其太子宣爲大單于，建天子旌旗。

以夔安爲征討大都督，統五將步騎七萬寇荆揚北鄙。石閔敗王師于沔陰，將軍蔡懷死之。宣將朱保又敗王師于白石，將軍鄭豹、談玄、郝莊、隨相、蔡熊皆遇害。季龍將張賀度攻陷邾城，敗晉將毛寶于邾西，死者萬餘人。夔安進據胡亭，晉將軍黃沖、歷陽太守鄭進皆降之。安於是掠七萬戶而還。〔五〕

時豪戚侵恣，賄託公行，季龍患之，擢殿中御史李矩爲御史中丞，特親任之。自此百僚震懾，州郡肅然。季龍曰：「朕聞良臣如猛獸，高步通衢而豺狼避路，信矣哉！」鎮遠王擢表雍、秦二州望族，自東徙已來，遂在戍役之例，既衣冠華胄，宜蒙優免，從之。自是皇甫、胡、梁、韋、杜、牛、辛等十有七姓蠲其兵貫，一同舊族，隨才銓敍，思欲分還桑梓者聽之；其非此等，不得爲例。

以其撫軍李農爲使持節、監遼西北平諸軍事、征東將軍、營州牧，鎮令支。

于時大旱，白虹經天，季龍下書曰：「朕在位六載，不能上和乾象，下濟黎元，以致星虹之變。其令百僚各上封事，解西山之禁，蒲葦魚鹽除歲供之外，皆無所固。公侯卿牧不得規占山澤，奪百姓之利。」又下書曰：「前以豐國、澠池二治初建，徙刑徒配之，權救時務。而主者循爲恒法，致起怨聲。自今罪犯流徙，皆當申奏，不得輒配也。京獄見囚，非手殺人，一皆原遣。」其日澍雨。

季龍將討慕容皝，令司、冀、青、徐、幽、幷、雍兼復之家五丁取三，四丁取二，合鄴城舊軍滿五十萬，具船萬艘，自河通海，運穀豆千一百萬斛于安樂城，〔六〕以備征軍之調。徙遼西、北平、漁陽萬戶于兗、豫、雍、洛四州之地。

季龍僭位之後，有所調用，皆選司擬官，經令僕而後奏行。不得其人，案以爲令僕之負，尚書及郎不坐。至是，吏部尚書劉眞以爲失銓考之體而言之，季龍責怒主者，加眞光祿大夫，金章紫綬。

季龍如宛陽，大閱於曜武場。

慕容皝襲幽冀，略三萬餘家而去。幽州刺史石光坐懦弱徵還。

賜徵士辛謐几杖衣服，穀五百斛，敕平原爲起甲第。

先是，李壽將李宏自晉奔于季龍，〔七〕壽致書請之，題曰趙王石君。季龍不悅，付外議之，多有異同。中書監王波議曰：「今李宏以死自誓，若得反魂蜀漢，當鳩率宗族，混同王化。若遣而果也，則不煩一旅之師而坐定梁益，就有進退，豈在逃命一夫。壽既號並日月，跨僭一方，今若制詔，或敢酬反，則取誚戎裔。宜書答之，并贈以楛矢，使壽知我遐荒必臻也。」於是遣宏，備物以酬之。

以石韜爲太尉，與太子宣迭日省可尚書奏事。自幽州東至白狼，大興屯田。

張駿憚季龍之盛，遣其別駕馬詵朝之。季龍初大悅，及覽其表，辭頗蹇傲，季龍大怒，將斬詵。侍中石璞進曰：〔八〕「爲陛下之患者，丹楊也。區區河右，焉能爲有無！今斬馬詵，必征張駿，則南討之師勢分爲二，建鄴君臣延其數年之命矣。勝之不爲武，弗克爲四夷所笑，不如因而厚之。彼若改圖謝罪，率其臣職者，則我又何求！迷而不悟，討之未後也。」季龍乃止。

李宏既至蜀漢，李壽欲誇其境內，下令云：「羯使來庭，獻其楛矢。」季龍聞之怒甚，黜王波以白衣守中書監。

季龍志在窮兵，以其國內少馬，乃禁畜私馬，匿者腰斬，收百姓馬四萬餘匹以入于公。兼盛興宮室於鄴，起臺觀四十餘所，營長安、洛陽二宮，作者四十餘萬人。又敕河南四州具南師之備，并、朔、秦、雍嚴西討之資，青、冀、幽州三五發卒，諸州造甲者五十萬人。兼公侯牧宰競興私利，百姓失業，十室而七。船夫十七萬人爲水所沒、猛獸所害，三分而一。貝丘人李弘因衆心之怨，自言姓名應讖，遂連結姦黨，署置百僚。事發，誅之，連坐者數千家。

季龍畋獵無度，晨出夜歸，又多微行，躬察作役之所。侍中韋謏諫曰：「臣聞千金之子坐不垂堂，萬乘之主行不履危。陛下雖天生神武，雄據四海，乾坤冥贊，萬無所慮。然白龍魚服，有豫且之禍；海若潛游，羅葛陂之酷，深願陛下清宮蹕路，思二神爲元鑒，不可忽天下之重，輕行斤斧之間。一旦有狂夫之變，龍騰之勇不暇施也，智士之計豈及設哉！又自古聖王之營建宮室，未始不於三農之隙，所以不奪農時也。今或盛功于耘藝之辰，或煩役于收穫之月，頓斃屬途，怨聲塞路，誠非聖君仁后所忍爲也。昔漢明賢君也，鍾離一言而德陽役止。臣誠識慚昔士，言無可採，陛下道越前王，所宜哀覽。」季龍省而善之，賜以穀帛，而興繕滋繁，游察自若。

右僕射張離領五兵尚書，專總兵要，而欲求媚于石宣，因說之曰：「今諸公侯吏兵過限，宜漸削弱，以盛儲威。」宣素疾石韜之寵，甚說其言，乃使離奏奪諸公府吏，秦、燕、義陽、樂平四公聽置吏一百九十七人，帳下兵二百人，自此以下，三分置一，餘兵五萬，悉配東宮。於是諸公咸怨，爲大釁之漸矣。

遣征北張舉自雁門討索頭郁鞠，克之。

制：「征士五人車一乘，〔九〕牛二頭，米各十五斛，絹十匹，調不辦者以斬論。」將以圖江表。於是百姓窮窘，鬻子以充軍制，猶不能赴，自經于道路死者相望，而求發無已。會青州言濟南平陵城北石獸，一夜中忽移在城東南善石溝，上有狼狐千餘迹隨之，迹皆成路。季龍大悅曰：「獸者，朕也。自平陵城北而東南者，天意將使朕平蕩江南之徵也。天命不可違，其敕諸州兵明年悉集。朕當親董六軍，以副成路之祥。」羣臣皆賀，上皇德頌者一百七人。時祆怪尤多，石然于泰山，八日而滅。東海有大石自立，旁有血流。鄴西山石間血流出，長十餘步，廣二尺餘。太武殿畫古賢悉變爲胡，旬餘，頭悉縮入肩中。季龍大惡之，佛圖澄對之流涕。

寧遠劉寧攻武都狄道，陷之。使石宣討鮮卑斛穀提，大破之，斬首三萬級。

中謁者令申扁有寵於季龍，而宣亦昵之。扁聰辯明斷，專綜機密之任。季龍既不省奏案，宣荒酒內游，石韜沈湎好獵，生殺除拜皆扁所決。於是權傾內外，刺史二千石多出其門，九卿已下望塵而拜，唯侍中鄭系、王謨、常侍盧諶、崔約等十餘人與之抗禮。

季龍又取州郡吏馬一萬四千餘匹，以配曜武闕將，馬主皆復一年。

鎮北宇文歸執送段遼之子蘭降于季龍，〔一〇〕獻駿馬萬匹。

季龍以平西張伏都爲使持節、都督征討諸軍事，帥步騎三萬擊涼州。既濟河，與張駿將謝艾大戰于河西，伏都敗績。〔一一〕

季龍雖昏虐無道，而頗慕經學，遣國子博士詣洛陽寫石經，校中經于祕書。國子祭酒聶熊注穀梁春秋，列于學官。

燕公石斌淫酒荒獵，常懸管而入。征北張賀度以邊防宜警，每裁諫之。斌怒，辱賀度。季龍聞之大怒，杖斌一百，遣主書禮儀持節監之。斌行意自若，儀持法呵禁，斌怒殺之。欲殺賀度，賀度嚴衞馳白之，季龍遣尚書張離持節帥騎追斌，鞭之三百，免官歸第，誅其親任十餘人。

建元初，季龍饗羣臣于太武前殿，有白雁百餘集于馬道南。季龍命射之，無所獲。既將討三方，諸州兵至者百餘萬。太史令趙攬私於季龍曰：「白雁集殿庭，宮室將空，不宜行也。」季龍納之，臨宣武觀大閱而解嚴。

以燕公斌爲使持節、侍中、大司馬、錄尚書事。置左右戎昭、曜武將軍，位在左右衞上。置鎮衞將軍，在車騎將軍上。東宮置左右統將軍，位在四率上。置上、中光祿大夫，在左右光祿上。

時石宣淫虐日甚，而莫敢以告。領軍王朗言之於季龍曰：「今隆冬雪寒，而皇太子使人斫伐宮材，引於漳水，功役數萬，士衆吁嗟。陛下宜因游觀而罷之也。」季龍如其言。既而宣知朗所爲，怒欲殺之而無因。會熒惑守房，趙攬承宣旨言於季龍曰：「昴者，趙之分也，熒惑所在，其主惡之。房爲天子，此殃不小。宜貴臣姓王者當之。」季龍曰：「誰可當者？」攬久而對曰：「無復貴於王領軍也。」季龍既惜朗，且猜之，曰：「更言其次。」攬曰：「其次唯中書監王波耳。」季龍乃下書追波前議遣李宏及荅楛矢之愆，腰斬之，及其四子投于漳水，以厭熒惑之變。尋愍波之無罪，追贈司空，封其孫爲侯。

平北尹農攻慕容皝凡城，不克而還。黜農爲庶人。

時白虹出自太社，經鳳陽門，東南連天，十餘刻乃滅。季龍下書曰：「蓋古明王之理天下也，政以均平爲首，化以仁惠爲本，故能允協人和，緝熙神物。朕以眇薄，君臨萬邦，夕惕乾乾，思遵古烈，是以每下書蠲除徭賦，休息黎元，庶俯懷百姓，仰稟三光。而中年已來變眚彌顯，天文錯亂，時氣不應，斯由人怨於下，譴感皇天。雖朕之不明，亦羣后不能翼奬之所致也。昔楚相修政，洪災旋弭；鄭卿厲道，氛祲自消，皆股肱之良，用康羣變。而羣公卿士各懷道迷邦，拱默成敗，豈所望於台輔百司哉！其各上封事，極言無隱。」於是閉鳳陽門，唯元日乃開。立二時于靈昌津，祠天及五郊。

李壽以建寧、上庸、漢固、巴徼、梓潼五郡降于季龍。

先是，季龍起河橋於靈昌津，采石爲中濟，石無大小，下輒隨流，用功五百餘萬而不成。季龍遣使致祭，沈璧于河。俄而所沈璧流于渚上，地震，水波騰上，津所殿觀莫不傾壞，壓死者百餘人。季龍恚甚，斬工匠而止作焉。

命石宣、石韜，生殺拜除皆迭日省決，不復啓也。司徒申鍾諫曰：「慶賞刑威，后皇攸執，名器至重，不可以假人，皆以防姦杜漸，以示軌儀。太子國之儲貳，朝夕視膳而不及政也。庶人邃往以聞政致敗，殷鑒不遠，宜革而弗遵。且二政分權，鮮不及禍。周有子頹之釁，鄭有叔段之難，此皆由寵之不道，所以亂國害親，惟陛下覽之。」季龍不從。太子詹事孫珍問侍中崔約曰：「吾患目疾，何方療之？」約素狎珍，戲之曰：「溺中則愈。」珍曰：「目何可溺？」約曰：「卿目晼晼，正耐溺中。」珍恨之，以白宣。宣諸子中最胡狀，目深，聞之大怒，誅約父子。珍有寵于宣，頗預朝政，自誅約之後，公卿已下憚之側目。

季龍子義陽公鑒時鎮關中，役煩賦重，失關右之和。其友李松勸鑒，文武有長髮者，拔爲冠纓，餘以給宮人。長史取髮白之，季龍大怒，以其右僕射張離爲征西左長史、龍驤將軍、雍州刺史以察之，信然，徵鑒還鄴，收松下廷尉，以石苞代鎮長安。發雍、洛、秦、并州十六萬人城長安未央宮。

季龍性既好獵，其後體重，不能跨鞍，乃造獵車千乘，轅長三丈，高一丈八尺，置高一丈七尺，格獸車四十乘，立三級行樓二層于其上，剋期將校獵。自靈昌津南至滎陽，東極陽都，使御史監察，其中禽獸有犯者罪至大辟。御史因之擅作威福，百姓有美女好牛馬者，求之不得，便誣以犯獸論，死者百餘家，海岱、河濟間人無寧志矣。

又發諸州二十六萬人修洛陽宮。發百姓牛二萬餘頭配朔州牧官。

增置女官二十四等，東宮十有二等，諸公侯七十餘國皆爲置女官九等。先是，大發百姓女二十已下十三已上三萬餘人，爲三等之第以分配之。郡縣要媚其旨，務於美淑，奪人婦者九千餘人。百姓妻有美色，豪勢因而脅之，率多自殺。石宣及諸公又私令采發者，亦垂一萬。總會鄴宮。季龍臨軒簡第諸女，大悅，封使者十二人皆爲列侯。自初發至鄴，諸殺其夫及奪而遣之縊死者三千餘人。荆、楚、揚、徐間流叛略盡，宰守坐不能綏懷，下獄誅者五十餘人。金紫光祿大夫逯明因侍切諫，季龍大怒，遣龍騰拉而殺之。自是朝臣杜口，相招爲祿仕而已。季龍常以女騎一千爲鹵簿，皆著紫綸巾、熟錦袴、金銀鏤帶、五文織成韡，游于戲馬觀。觀上安詔書五色紙，在木鳳之口，鹿盧迴轉，狀若飛翔焉。

遣涼州刺史麻秋等伐張重華。

尚書朱軌與中黄門嚴生不協，會大雨霖，道路陷滯不通，生因而譖軌不修道，又訕謗朝政，季龍遂殺之。於是立私論之條，偶語之律，聽吏告其君，奴告其主，威刑日濫，公卿已下，朝會以目，吉凶之問，自此而絕。軌之囚也，冠軍苻洪諫曰：「臣聞聖主之馭天下也，土階三尺，茅茨不翦，食不累味，刑措而不用。亡君之馭海內也，傾宮瓊榭，象箸玉杯，截脛剖心，脯賢刳孕，故其亡也忽焉。今襄國、鄴宮足康帝宇，長安、洛陽何爲者哉？盤于游田，耽於女德，三代之亡恒必由此。而忽爲獵車千乘，養獸萬里，奪人妻女，十萬盈宮。尚書朱軌，納言大臣，以道路不修，將加酷法，此自陛下政之失和，陰陽災沴，暴降霖雨七旬，霽方二日，縱有鬼兵百萬，尚未及修之，而況人乎！刑政如此，其如史筆何！其如四海何！特願止作徒，休宮女，赦朱軌，允衆望。」季龍省之不悅，憚其强，但寢而不納，弗之罪也。乃停二京作役焉。

校勘記

〔一〕郎闓　各本「闓」作「闓」，今據石季龍載記下、通鑑九五、九八、通志一八七改。

〔二〕署鞫等一十三人親通趙王　通鑑九五無「通」字，九八又云石祗以姚弋仲爲親趙王。疑「通」字衍。

〔三〕金一斤直米二斗　御覽三五引三十國春秋、八一〇引後趙錄「斗」並作「升」。

〔四〕侯子光　御覽三七九引後趙錄「侯子光」作「劉光」。

〔五〕歷陽太守鄭進皆降之安於是掠七萬戶而還　周校：「歷陽」，成帝紀作「義陽」，「降之」作「死之」爲是。「七萬戶」作「七千餘家」。按：歷陽屬揚州，在今安徽和縣，遠不相及，晉義陽治仁順城在今河南信陽西，見水經淮水注。作「義陽」是。「七萬戶」當是據石趙誇大之辭，此類數字歧異，皆由兩方戰報不同，今不悉舉。

〔六〕運穀豆千一百萬斛于安樂城　通鑑九六「安樂」作「樂安」，胡注以爲卽水經濡水注之樂安亭（今河北樂亭北）。安樂屬幽州漁陽郡，亦見水經沽河注，在今北京市順義北，與上「自河通海」不合，疑作「樂安」是。

〔七〕李宏　成紀、李壽載記、通鑑九六「宏」並作「閎」。下同。

〔八〕石璞　石崇傳「璞」作「樸」。石季龍載記下同。

〔九〕征士五人車一乘　通鑑九七「車」上有「出」字。

〔一〇〕段遼之子蘭　通鑑九七「子」作「弟」。慕容皝載記亦稱「遼弟蘭」，北史段就六眷傳作「鬱蘭」，亦云遼弟。疑作「弟」是。但本書段匹磾傳作遼子，與此同。

〔二〕季龍以平西張伏都至伏都敗績　此事與石季龍載記下所云永和三年孫伏都爲征西將軍，與麻秋率步騎三萬攻涼事略同，一事重出，又訛「孫」爲「張」。據張重華載記，事在重華時，穆紀在永和二年，此條記於「建元初」之前，張駿未死，並不合，則繫於載記下者爲是。

晉書卷一百七

載記第七

石季龍下 子世 遵 鑒 冉閔

永和三年，季龍親耕藉田于其桑梓苑，其妻杜氏祠先蠶于近郊，遂如襄國謁勒墓。以中書監石寧爲征西將軍，率并、司州兵二萬餘人爲麻秋等後繼。張重華將宋秦等率戶二萬來降。河湟間氏羌十餘萬落與張璩相首尾，麻秋憚之，不進。重華金城太守張沖又以郡降石寧。麻秋尋次曲柳，劉寧、王擢進攻晉興武街。〔一〕重華將楊康等與寧戰于沙阜，寧敗績，乃引還金城。王擢克武街，執重華護軍曹權、胡宣，徙七千餘戶于雍州。季龍又以孫伏都爲征西將軍，與麻秋率步騎三萬長驅濟河，且城長最。重華大懼，遣將謝艾逆擊，敗之，秋退歸金城。

勒及季龍並貪而無禮，既王有十州之地，金帛珠玉及外國珍奇異貨不可勝紀，而猶以爲不足，曩代帝王及先賢陵墓靡不發掘，而取其寶貨焉。邯鄲城西石子堈上有趙簡子墓，至是季龍令發之，初得炭深丈餘，次得木板厚一尺，積板厚八尺，乃及泉，其水清冷非常，作絞車以牛皮囊汲之，月餘而水不盡，不可發而止。又使掘秦始皇冢，取銅柱鑄以爲器。

時沙門吳進言于季龍曰：「胡運將衰，晉當復興，宜苦役晉人以厭其氣。」季龍于是使尚書張羣發近郡男女十六萬，車十萬乘，運土築華林苑及長牆于鄴北，廣長數十里。趙攬、申鍾、石璞等上疏陳天文錯亂，蒼生凋弊，及因引見，又面諫，辭旨甚切。季龍大怒曰：「牆朝成夕沒，吾無恨矣。」乃促張羣以燭夜作。起三觀、四門，三門通漳水，皆爲鐵扉。暴風大雨，死者數萬人。揚州送黃鵠雛五，頸長一丈，聲聞十餘里，泛之于玄武池。郡國前後送蒼麟十六，白鹿七，季龍命司虞張曷柱調之，以駕芝蓋，列于充庭之乘。鑿北城，引水于華林園。城崩，壓死者百餘人。

命石宣祈于山川，因而游獵，乘大輅，羽葆、華蓋，建天子旌旗，十有六軍，戎卒十八萬，出自金明門。季龍從其後宮升陵霄觀望之，笑曰：「我家父子如是，自非天崩地陷，當復何愁，但抱子弄孫日爲樂耳！」宣既馳逐無厭，所在陳列行宮，四面各以百里爲度，驅圍禽獸，皆暮集其所。文武跪立，圍守重行，烽炬星羅，光燭如晝，命勁騎百餘馳射其中。宣與嬖姬顯德美人乘輦觀之，嬉娛忘反，獸殫乃止。其有禽獸奔逸，當之者坐，有爵者奪馬步驅一日，無爵者鞭之一百。峻制嚴刑，文武戰慄，士卒饑凍而死者萬有餘人。宣弓馬衣食皆號爲御，有亂其間者，以冒禁罪罪之。所過三州十五郡，資儲靡有孑遺。季龍復命石韜亦如之，出自并州，游于秦晉。宣素惡韜寵，是行也，嫉之彌甚。宦者趙生得幸于宣而無寵于韜，微勸宣除之，於是相圖之計起矣。

麻秋又襲張重華將張瑁於河陝，敗之，斬首三千餘級。枹罕護軍李逵率衆七千降于季龍。自河已南，氐羌皆降。

石韜起堂于太尉府，號曰宣光殿，梁長九丈。宣視而大怒，斬匠，截梁而去。韜怒，增之十丈。宣聞之，恚甚，謂所幸楊柸、〔三〕牟成曰：「韜凶豎勃逆，敢違我如是！汝能殺之者，吾入西宮，當盡以韜之國邑分封汝等。韜既死，主上必親臨喪，因行大事，蔑不濟矣。」柸等許諾。時東南有黃黑雲，大如數畝，稍分爲三，狀若匹布，東西經天，色黑而青。酉時貫日，日沒後分爲七道，每相去數十丈，間有白雲如魚鱗，子時乃滅。韜素解天文，見而惡之，顧謂左右曰：「此變不小，當有刺客起于京師，不知誰定當之？」是夜，韜讌其僚屬于東明觀，樂奏，酒酣，愀然長歎曰：「人居世無常，別易會難。各付一杯，開意爲吾飲，令必醉。知後會復何期而不飲乎！」因泫然流涕，左右莫不歔欷，因宿于佛精舍。宣使楊柸、牟皮、牟成、趙生等緣獮猴梯而入，殺韜，置其刀箭而去。旦，宣奏之。季龍哀驚氣絕，久之方蘇。將出臨之，其司空李農諫曰：「害秦公者恐在蕭牆之內，慮生非常，不可以出。」季龍乃止。嚴兵發哀于太武殿。宣乘素車，從千人，臨韜喪，不哭，直言呵呵，使舉衾看尸，大笑而去。收大將軍記室參軍鄭靖、尹武等，將委之以罪。

季龍疑宣之害韜也，謀召之，懼其不入，乃僞言其母哀過危惙。宣不虞己之見疑也，入朝中宮，因而止之。建興人史科告稱：「韜死夜，宿東宮長上楊柸家，柸夜與五人從外來，相與語曰：『大事已定，但願大家老壽，吾等何患不富貴。』語訖便入。科寢闇中，柸不見也。科尋出逃匿。俄而柸與二人出求科不得，柸曰：『宿客聞人向語，當殺之斷口舌。今而得去，作大事矣。』科踰牆獲免。」季龍馳使收之，獲楊柸、牟皮、趙生等。柸、皮尋皆亡去，執趙生而詰之，生具首服。季龍悲怒彌甚，幽宣於席庫，以鐵環穿其頷而鎖之，作數斗木槽，和羹飯，以猪狗法食之。取害韜刀箭舐其血，哀號震動宮殿。積柴鄴北，樹標於其上，標末置鹿盧，穿之以繩，倚梯柴積，送宣於標所，使韜所親宦者郝稚、劉霸拔其髮，抽其舌，牽之登梯，上於柴積。郝稚以繩貫其頷，鹿盧絞上，劉霸斷其手足，斫眼潰腹，如韜之傷。四面縱火，煙炎際天。季龍從昭儀已下數千登中臺以觀之。火滅，取灰分置諸門交道中。殺其妻子九人。宣小子年數歲，季龍甚愛之，抱之而泣。兒曰：「非兒罪。」季龍欲赦之，其大臣不聽，遂於抱中取而戮之，兒猶挽季龍衣而大叫，時人莫不爲之流涕，季龍因此發病。又誅其四率已下三百人，宦者五十人，皆車裂節解，棄之漳水。洿其東宮，養豬牛。東宮衞士十餘萬人皆謫戍涼州。先是，散騎常侍趙攬言於季龍曰：「中宮將有變，宜防之。」及宣之殺韜也，季龍疑其知而不告，亦誅之。廢宣母杜氏爲庶人。貴嬪柳氏，尚書耆之女也，以才色特幸，坐其二兄有寵于宣，亦殺之。季龍追其姿色，復納耆少女于華林園。

季龍議立太子，其太尉張舉進曰：「燕公斌、彭城公遵並有武藝文德，陛下神齒已衰，四海未一，請擇二公而樹之。」初，戎昭張豺之破上邽也，獲劉曜幼女，年十二，有殊色，季龍得而嬖之，生子世，封齊公。至是，豺以季龍年長多疾，規立世爲嗣，劉當爲太后，己得輔政，說季龍曰：「陛下再立儲宮，皆出自倡賤，是以禍亂相尋。今宜擇母貴子孝者立之。」季龍曰：「卿且勿言，吾知太子處矣。」又議于東堂，季龍曰：「吾欲以純灰三斛洗吾腹，腹穢惡，故生凶子，兒年二十餘便欲殺公。今世方十歲，比其二十，吾已老矣。」於是與張舉、李農定議，敕公卿上書請立世。大司農曹莫不署名，季龍使張豺問其故。莫頓首曰：「天下業重，不宜立少，是以不敢署也。」季龍曰：「莫，忠臣也，然未達朕意。張舉、李農知吾心矣，其令諭之。」遂立世爲皇太子，劉氏爲皇后。季龍召太常條攸、光祿勳杜嘏謂之曰：「煩卿傅太子，實希改轍，吾之相託，卿宜明之。」署攸太傅，嘏爲少傅。

季龍時疾瘳，以永和五年僭卽皇帝位于南郊，大赦境內，建元曰太寧。百官增位一等，諸子進爵郡王。以尙書張良爲右僕射。

故東宮謫卒高力等萬餘人當戍涼州，行達雍城，旣不在赦例，又敕雍州刺史張茂送之，茂皆奪其馬，令步推鹿車，致糧戍所。高力督定陽梁犢等因衆心之怨，謀起兵東還，陰令胡人頡獨鹿微告戍者，戍者皆踊抃大呼。梁犢乃自稱晉征東大將軍，率衆攻陷下辯，逼張茂爲大都督、大司馬，載以軺車。安西劉寧自安定擊之，大敗而還。秦雍間城戍無不摧陷，斬二千石長史，長驅而東。高力等皆多力善射，一當十餘人，雖無兵甲，所在掠百姓大斧，施一丈柯，攻戰若神，所向崩潰，戍卒皆隨之，比至長安，衆已十萬。其樂平王石苞時鎭長安，盡銳距之，一戰而敗。犢遂東出潼關，進如洛川。季龍以李農爲大都督，行大將軍事，統衞軍張賀度、征西張良、征虜石閔等，率步騎十萬討之。戰于新安，農師不利。又戰于洛陽，農師又敗，乃退壁成皐。犢東掠滎陽、陳留諸郡，季龍大懼，以燕王石斌爲大都督中外諸軍事，率精騎一萬，統姚弋仲、苻洪等擊犢于滎陽東，大敗之，斬犢首而還，討其餘黨，盡滅之。

俄而晉將軍王龕拔其沛郡。始平人馬勖起兵於洛氏葛谷，自稱將軍。石苞攻滅之，誅三千餘家。

時熒惑犯積尸，又犯昴、月，及熒惑北犯河鼓。未幾，季龍疾甚，以石遵爲大將軍，鎭關右，石斌爲丞相、錄尙書事，張豺爲鎭衞大將軍、領軍將軍、吏部尙書，並受遺輔政。劉氏懼斌之輔政也害世，與張豺謀誅之。斌時在襄國，乃遣使詐斌曰：「主上患已漸損，王須獵者，可小停也。」斌性好酒耽獵，遂游畋縱飲。劉氏矯命稱斌無忠孝之心，免斌官，以王歸第，使張豺弟雄率龍騰五百人守之。石遵自幽州至鄴，敕朝堂受拜，配禁兵三萬遣之，遵慟泣而去。是日季龍疾小瘳，問曰：「遵至未？」左右答言久已去矣。季龍曰：「恨不見之。」季龍臨於西閤，龍騰將軍、中郎二百餘人列拜于前。季龍曰：「何所求也？」皆言聖躬不和，宜令燕王入宿衞，典兵馬，或言乞爲皇太子。季龍不知斌之廢也，責曰：「燕王不在內邪？呼來！」左右言王酒病，不能入。季龍曰：「促持輦迎之，當付其璽綬。」亦竟無行者。尋惛眩而入。張豺使弟雄等矯季龍命殺斌，劉氏又矯命以豺爲太保、都督中外諸軍、錄尚書事，加千兵百騎，一依霍光輔漢故事。侍中徐統歎曰：「禍將作矣，吾無爲豫之。」乃仰藥而死。俄而季龍亦死。季龍始以咸康元年僭立，至此太和六年，〔三〕凡在位十五歲。

於是世卽僞位，尊劉氏爲皇太后，臨朝，進張豺爲丞相。豺請石遵、石鑒爲左右丞相，以慰其心，劉氏從之。豺與張舉謀誅李農，而舉與農素善，以豺謀告之。農懼，率騎百餘奔廣宗，率乞活數萬家保于上白。劉氏使張舉等統宿衞精卒圍之。豺以張離爲鎭軍大將軍、監中外諸軍事、司隸校尉，爲己之副。鄴中羣盜大起，迭相劫掠。

石遵聞季龍之死，屯于河內。姚弋仲、苻洪、石閔、劉寧及武衞王鸞、寧西王午、石榮、王鐵、立義將軍段勤等既平秦洛，班師而歸，遇遵于李城，說遵曰：「殿下長而且賢，先帝亦有意于殿下矣。但以末年惛惑，爲張豺所誤。今上白相持未下，京師宿衞空虛，若聲張豺之罪，鼓行而討之，孰不倒戈開門而迎殿下者邪！」遵從之。洛州刺史劉國等亦率洛陽之衆至于李城。遵檄至鄴，張豺大懼，馳召上白之軍。遵次于蕩陰，戎卒九萬，石閔爲前鋒。豺將出距之，耆舊羯士皆曰：「天子兒來奔喪，吾當出迎之，不能爲張豺城戍也。」踰城而出，豺斬之不能止。張離率龍騰二千斬關迎遵。劉氏懼，引張豺入，對之悲哭曰：「先帝梓宮未殯，而禍難繁興。今皇嗣沖幼，託之于將軍，將軍何以匡濟邪？加遵重官，可以弭不？」豺惶怖失守，無復籌計，但言唯唯。劉氏令以遵爲丞相、領大司馬、大都督中外諸軍、錄尚書事，加黃鉞、九錫，增封十郡，委以阿衡之任。遵至安陽亭，張豺懼而出迎，遵命執之。於是貫甲曜兵，入自鳳陽門，升于太武前殿，擗踴盡哀，退如東閤。斬張豺于平樂市，夷其三族。假劉氏令曰：「嗣子幼沖，先帝私恩所授，皇業至重，非所克堪。其以遵嗣位。」遵僞讓至于再三，羣臣敦勸，乃受之，僭卽尊位于太武前殿，大赦殊死已下，罷上白圍。封世爲譙王，邑萬戶，待以不臣之禮，廢劉氏爲太妃，尋皆殺之。世凡立三十三日。

于是李農歸請罪，遵復其位，待之如初。尊其母鄭氏爲皇太后，其妻張氏爲皇后，以石斌子衍爲皇太子，石鑒爲侍中，石沖爲太保，石苞爲大司馬，石琨爲大將軍，石閔爲中外諸軍事、輔國大將軍、錄尚書事，輔政。暴風拔樹，震雷，雨雹大如盂升。太武、暉華殿災，諸門觀閣蕩然，其乘輿服御燒者太半，光燄照天，金石皆盡，火月餘乃滅。雨血周遍鄴城。

石沖時鎮于薊，聞遵殺世而自立，乃謂其僚佐曰：「世受先帝之命，遵輒廢殺，罪逆莫大，其敕內外戒嚴，孤將親討之。」於是留寧北沭堅戍幽州，帥衆五萬，自薊討遵，傳檄燕趙，所在雲集，比及常山，衆十餘萬。次于苑鄉，遇遵赦書，謂左右曰：「吾弟一也，死者不可復追，何爲復相殘乎！吾將歸矣。」其將陳暹進曰：「彭城篡弒自尊，爲罪大矣。王雖北旆，臣將南轅，平京師，擒彭城，然後奉迎大駕。」沖從之。遵馳遣王擢以書喻沖，沖弗聽。遵假石閔黃鉞、金鉦，與李農等率精卒十萬討之。戰于平棘，沖師大敗，獲沖于元氏，賜死，坑其士卒三萬餘人。

始葬季龍，號其墓爲顯原陵，僞諡武皇帝，廟號太祖。

遵揚州刺史王浹以淮南歸順。晉西中郎將陳逵進據壽春。征北將軍褚裒率師伐遵，次于下邳，遵以李農爲南討大都督，率騎二萬來距。裒不能進，退屯廣陵。陳逵聞之，懼，遂焚壽春積聚，毁城而還。

石苞時鎮長安，謀帥關中之衆攻鄴，左長史石光、司馬曹曜等固諫。苞怒，誅光等百餘人。苞性貪而無謀，雍州豪右知其無成，並遣使告晉梁州刺史司馬勳。勳於是率衆赴之，壁於懸鉤，去長安二百餘里，使治中劉煥攻京兆太守劉秀離，斬之。三輔豪右多殺其令長，擁三十餘壁，有衆五萬以應勳。苞輟攻鄴之謀，使麻秋、姚國等率騎距勳。遵遣車騎王朗率精騎二萬，外以討勳爲名，因劫苞，送之于鄴。勳又爲朗所距，釋懸鉤，拔宛城，殺遵南陽太守袁景而還。

初，遵之發李城也，謂石閔曰：「努力！事成，以爾爲儲貳。」既而立衍，閔甚失望，自以勳高一時，規專朝政，遵忌而不能任。閔既爲都督，總內外兵權，乃懷撫殿中將士及故東宮高力萬餘人，皆奏爲殿中員外將軍，爵關外侯，賜以宮女，樹己之恩。遵弗之猜也，而更題名善惡以挫抑之，衆咸怨矣。而又納中書令孟準、左衛將軍王鸞之計，頗疑憚於閔，稍奪兵權。閔益有恨色，準等咸勸誅之。遵召石鑒等入，議于其太后鄭氏之前，皆請誅之。鄭氏曰：「李城迴師，無棘奴豈有今日！小驕縱之，不可便殺也。」鑒出，遣宦者楊環馳以告閔，閔遂劫李農及右衛王基，密謀廢遵。使將軍蘇亥、周成率甲士三十執遵于如意觀。〔四〕遵時方與婦人彈棊，問成等曰：「反者誰也？」成曰：「義陽王鑒當立。」遵曰：「我尚如是，汝等立鑒，復能幾時！」乃殺之于琨華殿，誅鄭氏及其太子衍、上光祿張斐、中書令孟準、左衛王鸞等。遵凡在位一百八十三日。

鑒乃僭位，大赦殊死已下。以石閔爲大將軍，封武德王，李農爲大司馬，並錄尚書事；

郎闓爲司空，秦州刺史劉羣爲尚書左僕射，侍中盧諶爲中書監。

鑒使石苞及中書令李松、殿中將軍張才等夜誅閔、農於琨華殿，不克，禁中擾亂。鑒恐閔爲變，僞若不知者，夜斬松、才於西中華門，幷誅石苞。

時石祗在襄國，與姚弋仲、苻洪等通和，連兵檄誅閔、農。鑒遣石琨爲大都督，與張舉及侍中呼延盛率步騎七萬分討祗等。中領軍石成、侍中石啓、前河東太守石暉謀誅閔、農，閔、農殺之。

龍驤孫伏都、劉銖等結羯士三千伏于胡天，亦欲誅閔等。時鑒在中臺，伏都率三十餘人將升臺挾鑒以攻之。鑒見伏都毁閣道，臨問其故。伏都曰：「李農等反，已在東掖門，臣嚴率衞士，謹先啓知。」鑒曰：「卿是功臣，好爲官陳力。朕從臺觀卿，勿慮無報也。」於是伏都及銖率衆攻閔、農，不克，屯於鳳陽門。閔、農率衆數千毁金明門而入。鑒懼閔之誅己也，馳招閔、農，開門內之，謂曰：「孫伏都反，卿宜速討之。」閔、農攻斬伏都等，自鳳陽至琨華，横尸相枕，流血成渠。宣令內外六夷敢稱兵杖者斬之。胡人或斬關，或踰城而出者，不可勝數。使尚書王簡、少府王鬱帥衆數千，守鑒于御龍觀，懸食給之。令城內曰：「與官同心者住，不同心者各任所之。」敕城門不復相禁。於是趙人百里內悉入城，胡羯去者填門。閔知胡之不爲己用也，班令內外趙人，斬一胡首送鳳陽門者，文官進位三等，武職悉拜牙門。一日之中，斬首數萬。閔躬率趙人誅諸胡羯，無貴賤男女少長皆斬之，死者二十餘萬，尸諸城外，悉爲野犬豺狼所食。屯據四方者，所在承閔書誅之，于時高鼻多鬚至有濫死者半。

太宰趙鹿、〔五〕太尉張舉、中軍張春、光祿石岳、撫軍石寧、武衞張季及諸公侯、卿、校、龍騰等萬餘人出奔襄國。石琨奔據冀州，撫軍張沈屯滏口，張賀度據石瀆，建義段勤據黎陽，寧南楊羣屯桑壁，劉國據陽城，段龕據陳留，姚弋仲據混橋，苻洪據枋頭，衆各數萬。王朗、麻秋自長安奔于洛陽。秋承閔書，誅朗部胡千餘。朗奔于襄國。麻秋率衆奔于苻洪。石琨及張舉、王朗率衆七萬伐鄴，石閔率騎千餘，距之城北。閔執兩刃矛，馳騎擊之，皆應鋒摧潰，斬級三千。琨等大敗，遂歸于冀州。

閔與李農率騎三萬討張賀度于石瀆，鑒密遣宦者齎書召張沈等，使承虛襲鄴。宦者以告閔、農，閔、農馳還，廢鑒殺之，誅季龍孫三十八人，盡殪石氏。鑒在位一百三日。

季龍小男混，永和八年將妻妾數人奔京師，敕收付廷尉，俄而斬之於建康市。季龍十三子，五人爲冉閔所殺，八人自相殘害，混至此又死。初，讖言滅石者陵，尋而石閔徙封蘭陵公，季龍惡之，改蘭陵爲武興郡，至是終爲閔所滅。始勒以成帝咸和三年僭立，二主四子，凡二十三年，以穆帝永和五年滅。〔六〕

閔字永曾，小字棘奴，季龍之養孫也。父瞻，字弘武，本姓冉，名良，魏郡內黃人也。其先漢黎陽騎都督，累世牙門。勒破陳午，獲瞻，時年十二，命季龍子之。驍猛多力，攻戰無前。歷位左積射將軍、西華侯。閔幼而果銳，季龍撫之如孫。及長，身長八尺，善謀策，勇力絕人。拜建節將軍，徙封脩成侯，歷位北中郎將、游擊將軍。季龍之敗於昌黎，閔軍獨全，由此功名大顯。及敗梁犢之後，威聲彌振，胡夏宿將莫不憚之。

永和六年，殺石鑒，其司徒申鍾、司空郎闓等四十八人上尊號于閔，閔固讓李農，農以死固請，於是僭即皇帝位于南郊，大赦，改元曰永興，國號大魏，復姓冉氏。追尊其祖隆元皇帝，考瞻烈祖高皇帝，尊母王氏爲皇太后，立妻董氏爲皇后，子智爲皇太子。以李農爲太宰、領太尉、錄尚書事，封齊王，農諸子皆封爲縣公。封其子胤、明、裕皆爲王。文武進位三等，封爵有差。遣使者持節赦諸屯結，皆不從。

石祗聞鑒死，僭稱尊號于襄國，諸六夷據州郡擁兵者皆應之。閔遣使臨江告晉曰：「胡逆亂中原，今已誅之。若能共討者，可遣軍來也。」朝廷不答。閔誅李農及其三子，并尚書令王謨、侍中王衍、中常侍嚴震、趙昇等。晉廬江太守袁眞攻其合肥，執南蠻校尉桑坦，遷其百姓而還。

石祗遣其相國石琨率衆十萬伐鄴，進據邯鄲。祗鎮南劉國自繁陽會琨。閔大敗琨于邯鄲，死者萬餘。劉國還屯繁陽。苻健自枋頭入關。張賀度、段勤與劉國、靳豚會于昌城，將攻鄴。閔遣尚書左僕射劉羣爲行臺都督，使其將王泰、崔通、周成等帥步騎十二萬次于黃城，閔躬統精卒八萬繼之，戰于蒼亭。賀度等大敗，死者二萬八千，追斬靳豚于陰安鄉，〔七〕盡俘其衆，振旅而歸。戎卒三十餘萬，旌旗鍾鼓緜亙百餘里，雖石氏之盛無以過之。閔至自蒼亭，行飲至之禮，清定九流，準才授任，儒學後門多蒙顯進，于時翕然，方之爲魏晉之初。

閔率步騎十萬攻石祗于襄國，署其子太原王胤爲大單于、驃騎大將軍，以降胡一千配爲麾下。光祿大夫韋謏啓諫甚切，閔覽之大怒，誅謏及其子孫。閔攻襄國百餘日，爲土山地道，築室反耕。祗大懼，去皇帝之號，稱趙王，遣使詣慕容儁、姚弋仲以乞師。會石琨自冀州援祗，弋仲復遣其子襄率騎三萬八千至自滆頭，儁遣將軍悅綰率甲卒三萬自龍城，三方勁卒合十餘萬。閔遣車騎胡睦距襄于長蘆，將軍孫威候琨于黃丘，皆爲敵所敗，士卒略盡，睦、威單騎而還。琨等軍且至，閔將出擊之，衞將軍王泰諫曰：「窮寇固迷，希望外援。今强救雲集，欲吾出戰，腹背擊我。宜固壘勿出，觀勢而動，以挫其謀。今陛下親戎，如失萬全，大事去矣。請慎無出，臣請率諸將爲陛下滅之。」閔將從之，道士法饒進曰：「太白經昴，當殺胡王，一戰百克，不可失也。」閔攘袂大言曰：「吾戰決矣，敢諫者斬！」於是盡衆出戰。姚襄、悅綰、石琨等三面攻之，祗衝其後，閔師大敗。閔潛于襄國行宮，與十餘騎奔鄴。降胡栗特康等執冉胤及左僕射劉琦等送于祗，盡殺之。司空石璞、尚書令徐機、車騎胡睦、侍中李琳、中書監盧諶、少府王鬱、尚書劉欽、劉休等及諸將士死者十餘萬人，於是人物殲矣。賊盜蜂起，司冀大饑，人相食。自季龍末年而閔盡散倉庫以樹私恩。〔八〕與羌胡相攻，無月不戰。青、雍、幽、荆州徙戶及諸氐、羌、胡、蠻數百餘萬，各還本土，道路交錯，互相殺掠，且饑疫死亡，其能達者十有二三。諸夏紛亂，無復農者。閔悔之，誅法饒父子，支解之，贈韋謏大司徒。

石祗使劉顯帥衆七萬攻鄴。時閔潛還，莫有知者，內外兇兇，皆謂閔已沒矣。射聲校尉張艾勸閔親郊，以安衆心，閔從之，訛言乃止。劉顯次于明光宮，去鄴二十三里。閔懼，召衞將軍王泰議之。泰恚其謀之不從，辭以瘡甚。閔親臨問之，固稱疾篤。閔怒，還宮，顧謂左右曰：「巴奴，乃公豈假汝爲命邪！要將先滅羣胡，却斬王泰。」於是盡衆而戰，大敗顯軍，追奔及于陽平，斬首三萬餘級。顯懼，密使請降，求殺祗爲效，閔振旅而歸。會有告王泰招集秦人，將奔關中，閔怒，誅泰，夷其三族。劉顯果殺祗及其太宰趙鹿等十餘人，傳首于鄴，送質請命。驃騎石寧奔于柏人。閔命焚祗首于通衢。

閔兗州刺史劉啓以鄄城歸順。〔九〕劉顯復率衆伐鄴，閔擊敗之。還，稱尊號于襄國。閔徐州刺史周成、兗州刺史魏統、豫州牧冉遇、〔一〇〕荆州刺史樂弘皆以城歸順。平南高崇、征虜呂護執洛州刺史鄭系，以三河歸順。〔一一〕慕容彪攻陷中山，殺閔寧北白同、幽州刺史劉準，降于慕容儁。時有雲黃赤色，起東北，長百餘丈，一白鳥從雲間西南去，占者惡之。

劉顯率衆伐常山，太守蘇亥告難于閔。閔留其大將軍蔣幹等輔其太子智守鄴，親率騎八千救之。顯所署大司馬、清河王寧以棗强降于閔，收其餘衆，擊顯，敗之，追奔及于襄國。顯大將曹伏駒開門爲應，遂入襄國，誅顯及其公卿已下百餘人，焚襄國宮室，遷其百姓于鄴。顯領軍范路率衆千餘，斬關奔于枋頭。

時慕容儁已克幽薊，略地至于冀州。閔帥騎距之，與慕容恪相遇於魏昌城。閔大將軍董閏、車騎張溫言於閔曰：「鮮卑乘勝氣勁，不可當也，請避之以溢其氣，然後濟師以擊之，可以捷也。」閔怒曰：「吾成師以出，將平幽州，斬慕容儁。今遇恪而避之，人將侮我矣。」乃與恪遇，十戰皆敗之。恪乃以鐵鎖連馬，簡善射鮮卑勇而無剛者五千，方陣而前。閔所乘赤馬曰朱龍，日行千里，左杖雙刃矛，右執鉤戟，順風擊之，斬鮮卑三百餘級。俄而燕騎大至，圍之數周。閔衆寡不敵，躍馬潰圍東走，行二十餘里，馬無故而死，爲恪所擒，及董閏、張溫等送之于薊。儁立閔而問之曰：「汝奴僕下才，何自妄稱天子？」閔曰：「天下大亂，爾曹夷狄，人面獸心，尙欲篡逆。我一時英雄，何爲不可作帝王邪！」儁怒，鞭之三百，送于龍城，告廆、皝廟。

遣慕容評率衆圍鄴。劉寧及弟崇帥胡騎三千奔于晉陽，蘇亥棄常山奔于新興。鄴中饑，人相食，季龍時宮人被食略盡。冉智尙幼，蔣幹遣侍中繆嵩、詹事劉猗奉表歸順，且乞師于晉。濮陽太守戴施自倉垣次于棘津，止猗，不聽進，責其傳國璽。猗使嵩還鄴復命，幹沈吟未決，施乃率壯士百餘人入鄴，助守三臺，譎之曰：「且出璽付我。今凶寇在外，道路不通，未敢送也。須得璽，當馳白天子耳。天子聞璽已在吾處，信卿至誠，必遣軍糧厚相救餉。」幹以爲然，乃出璽付之。施宣言使督護何融迎糧，陰令懷璽送于京師。長水校尉馬願、龍驤田香開門降評。施、融、蔣幹懸縋而下，〔一二〕奔于倉垣。評送閔妻董氏、太子智、太尉申鍾、司空條攸、中書監聶熊、司隸校尉籍羆、中書令李垣及諸王公卿士于薊。尙書令王簡、左僕射張乾、右僕射郎肅自殺。

儁送閔既至龍城，斬于遏陘山。山左右七里草木悉枯，蝗蟲大起，五月不雨，至于十二月。儁遣使者祀之，諡曰武悼天王，其日大雪。是歲永和八年也。〔一三〕

史臣曰：夫拯溺救焚，帝王之師也；窮凶騁暴，戎狄之舉也。蠢茲雜種，自古爲虞，限以塞垣，猶懼侵軼，況乃入居中壤，窺我王政，乘弛紊之機，覩危亡之隙，而莫不嘯羣鳴鏑，汩亂天常者乎！

石勒出自羌渠，見奇醜類。聞鞞上黨，季子鑒其非凡；倚嘯洛城，夷甫識其爲亂。及惠皇失統，宇內崩離，遂乃招聚蟻徒，乘間煽禍，虔劉我都邑，翦害我黎元。朝市淪胥，若沈航於鯨浪；王公顚仆，譬游魂於龍漠。豈天厭晉德而假茲妖孽者歟！觀其對敵臨危，運籌賈勇，奇謨間發，猛氣橫飛。遠嗤魏武，則風情慷慨；近答劉琨，則音詞倜儻。焚元超於苦縣，陳其亂政之僭；戮彭祖于襄國，數以無君之罪。於是跨躡燕趙，并吞韓魏，杖奇材而竊徽號，擁舊都而抗王室，褫氊裘，襲冠帶，釋介胄，開庠序，鄰敵懼威而獻款，絕域承風而納貢，則古之爲國，曷以加諸！雖曰凶殘，亦一時傑也。而託授非所，貽厥無謀，身隕嗣滅，業歸攜養，斯乃知人之闇焉。

季龍心昧德義，幼而輕險，假豹姿於羊質，騁梟心於狼性，始懷怨懟，終行篡奪。於是窮驕極侈，勞役繁興，畚鍤相尋，干戈不息，刑政嚴酷，動見誅夷，惵惵遺黎，求哀無地，戎狄殘獷，斯爲甚乎！既而父子猜嫌，兄弟讎隙，自相屠膾，取笑天下。墳土未燥，禍亂薦臻，釁起於張豺，族傾於冉閔，積惡致滅，有天道哉！夫從逆則凶，事符影響；爲咎必應，理若循環。世龍之殪晉人，既窮其酷；永曾之誅羯士，亦殲其類。無德不報，斯之謂乎！

贊曰：中朝不競，蠻狄爭衡。塵飛五嶽，霧晻三精。狡焉石氏，怙亂窮兵。流災肆慝，剽邑屠城。始自羣盜，終假鴻名。勿謂凶醜，亦曰時英。季龍篡奪，淫虐播聲。身喪國泯，其由禍盈。

校勘記

〔一〕晉興　各本「晉興」作「始興」。按：張重華傳、通鑑九七並作「晉興」。晉興乃涼州屬郡，張軌分西平置，見地理志上，「始」字譌，今據改。

〔二〕楊柸　各本「柸」作「杯」，宋本作「柸」。按：魏書石勒傳作「柯」。册府二二五、御覽一二〇並作「柸」，與宋本合，今從宋本。下同。

〔三〕至此太和六年　周校：按穆帝紀，季龍死在永和五年，咸康元年至永和五年正十五歲。若廢帝太和五年，則季龍死久矣。今按：「太和六年」自當作「永和五年」，然御覽一二〇引晉書亦作「太和六年」，知原書已誤。

〔四〕蘇亥周成率甲士三十執遵于如意觀　通鑑九八「蘇亥」作「蘇彥」，「三十」作「三千」，御覽一二〇引後趙錄亦作「蘇彥」，「三十」字殘。慕容儁載記亦作「蘇亥」。甲士三十似太少，疑作「三千」是。

〔五〕趙鹿　通鑑九八「鹿」作「麃」。下同。

〔六〕始勒以成帝咸和三年僭立二主四子凡二十三年以穆帝永和五年滅　校文：考勒自立於太興二年，非成帝咸和三年。載記勒、季龍在位皆十五年。冉閔滅石鑒又在季龍卒後一年，合計石氏二主四子，凡三十一年，不得云二十三年。季龍於永和五年死，六年閏月，冉閔立，石氏乃盡滅，亦不得滅於永和五年。此數語舛誤特甚。

〔七〕追斬斬豚于陰安鄉　陰安乃頓丘郡屬縣，見地理志上，「鄉」字不當有，通鑑九八無「鄉」字亦可證。

〔八〕自季龍末年而閔盡散倉庫以樹私恩　此兩語與上下文俱不相連屬，疑有脫文，今姑以此單獨爲句。

〔九〕閔兗州刺史劉啓以鄄城歸順　周校：穆帝紀「閔」作「石祗」。按：通鑑九九作趙兗州刺史劉啓，亦即以爲石祗之刺史。此時劉顯殺祗降冉閔，故啓降晉。疑「閔」當作「祗」。

〔一〇〕豫州牧冉遇　斠注：穆帝紀及謝尚傳皆作「張遇」，苻健載記亦作「豫州刺史張遇」。按：通鑑九九從載記文，但亦作「張遇」。疑「冉」字譌。

〔一一〕平南高崇至以三河歸順　穆帝紀載當時降晉諸人，稱「高昌屯野王」，當即此「高崇」。慕容儁載記稱：「石季龍將李歷、張平、高昌等並率其所部稱藩於儁，遣子入侍。既而投款建鄴，結援苻堅。」姚襄載記，稱襄南至滎陽後，「與高昌、李歷戰於麻田」。野王、滎陽並在所云「三河」地域內。此「高崇」疑當作「高昌」。

〔一二〕施融蔣幹懸縋而下　上文已云何融懷璽送京師，謝尙傳亦云「融齎璽馳還枋頭」，則融已不在城中，何得又與戴施、蔣幹縋城而下，記事前後矛盾。

〔一三〕是歲永和八年也　各本「永」作「太」，獨殿本作「永」。穆紀及通鑑九九冉閔死在永和八年，太和乃海西公年號，遠在其後，且止五年。今從殿本。

晉書卷一百八

載記第八

慕容廆 裴嶷 高瞻

慕容廆字弈洛瓌，昌黎棘城鮮卑人也。其先有熊氏之苗裔，世居北夷，邑于紫蒙之野，號曰東胡。其後與匈奴並盛，控弦之士二十餘萬，風俗官號與匈奴略同。秦漢之際爲匈奴所敗，分保鮮卑山，因以爲號。曾祖莫護跋，魏初率其諸部入居遼西，從宣帝伐公孫氏有功，拜率義王，始建國於棘城之北。時燕代多冠步搖冠，莫護跋見而好之，乃斂髮襲冠，諸部因呼之爲步搖，其後音訛，遂爲慕容焉。或云慕二儀之德，繼三光之容，遂以慕容爲氏。祖木延，左賢王。父涉歸，以全柳城之功，進拜鮮卑單于，遷邑於遼東北，於是漸慕諸夏之風矣。

廆幼而魁岸，美姿貌，身長八尺，雄傑有大度。安北將軍張華雅有知人之鑒，廆童冠時往謁之，〔一〕華甚嘆異，謂曰：「君至長必爲命世之器，匡難濟時者也。」因以所服簪幘遺廆，結殷勤而別。

涉歸死，其弟耐簒位，將謀殺廆，廆亡潛以避禍。後國人殺耐，迎廆立之。

初，涉歸有憾於宇文鮮卑，廆將修先君之怨，表請討之。武帝弗許。廆怒，入寇遼西，殺略甚衆。帝遣幽州諸軍討廆，戰于肥如，廆衆大敗。自後復掠昌黎，每歲不絕。又率衆東伐扶餘，扶餘王依慮自殺，廆夷其國城，驅萬餘人而歸。東夷校尉何龕遣督護賈沈將迎立依慮之子爲王，廆遣其將孫丁率騎邀之。沈力戰斬丁，遂復扶餘之國。

廆謀於其衆曰：「吾先公以來世奉中國，且華裔理殊，强弱固別，豈能與晉競乎？何爲不和以害吾百姓邪！」乃遣使來降。帝嘉之，拜爲鮮卑都督。廆致敬於東夷府，巾衣詣門，抗士大夫之禮。何龕嚴兵引見，廆乃改服戎衣而入。人問其故，廆曰：「主人不以禮，賓復何爲哉！」龕聞而慚之，彌加敬憚。時東胡宇文鮮卑段部以廆威德日廣，懼有呑幷之計，因爲寇掠，往來不絕。廆卑辭厚幣以撫之。

太康十年，廆又遷于徒河之青山。廆以大棘城卽帝顓頊之墟也，元康四年乃移居之。敎以農桑，法制同于上國。永寧中，燕垂大水，廆開倉振給，幽方獲濟。天子聞而嘉之，褒賜命服。

太安初，宇文莫圭遣弟屈雲寇邊城，雲別帥大素延攻掠諸部，廆親擊敗之。素延怒，率衆十萬圍棘城，衆咸懼，人無距志。廆曰：「素延雖犬羊蟻聚，然軍無法制，已在吾計中矣。諸君但爲力戰，無所憂也。」乃躬貫甲冑，馳出擊之，素延大敗，追奔百里，俘斬萬餘人。

永嘉初，廆自稱鮮卑大單于。遼東太守龐本以私憾殺東夷校尉李臻，附塞鮮卑素連、木津等託爲臻報讎，實欲因而爲亂，遂攻陷諸縣，殺掠士庶。太守袁謙頻戰失利，校尉封釋懼而請和。連歲寇掠，百姓失業，流亡歸附者日月相繼。廆子翰言於廆曰：「求諸侯莫如勤王，自古有爲之君靡不杖此以成事業者也。今連、津跋扈，王師覆敗，蒼生屠膾，豈甚此乎！豎子外以龐本爲名，內實幸而爲寇。封使君以誅本請和，而毒害滋深。遼東傾沒，垂已二周，中原兵亂，州師屢敗，勤王杖義，今其時也。單于宜明九伐之威，救倒懸之命，數連、津之罪，合義兵以誅之。上則興復遼邦，下則幷吞二部，忠義彰於本朝，私利歸于我國，此則吾鴻漸之始也，終可以得志於諸侯。」廆從之。是日，率騎討連、津，大敗斬之，二部悉降，徙之棘城，立遼東郡而歸。

懷帝蒙塵于平陽，王浚承制以廆爲散騎常侍、冠軍將軍、前鋒大都督、大單于，廆不受。建興中，愍帝遣使拜廆鎮軍將軍、昌黎遼東二國公。建武初，元帝承制拜廆假節、散騎常侍、都督遼左雜夷流人諸軍事、龍驤將軍、大單于、昌黎公，廆讓而不受。征虜將軍魯昌說廆曰：「今兩京傾沒，天子蒙塵，琅邪承制江東，實人命所係。明公雄據海朔，跨總一方，而諸部猶怙衆稱兵，未遵道化者，蓋以官非王命，又自以爲强。今宜通使琅邪，勸承大統，然後敷宣帝命，以伐有罪，誰敢不從！」廆善之，乃遣其長史王濟浮海勸進。及帝卽尊位，遣謁者陶遼重申前命，授廆將軍、單于，廆固辭公封。

時二京傾覆，幽冀淪陷，廆刑政修明，虛懷引納，流亡士庶多襁負歸之。廆乃立郡以統流人，冀州人爲冀陽郡，豫州人爲成周郡，青州人爲營丘郡，并州人爲唐國郡。於是推舉賢才，委以庶政，以河東裴嶷、代郡魯昌、北平陽耽爲謀主，北海逢羨、廣平游邃、北平西方虔、〔二〕渤海封抽、西河宋奭、河東裴開爲股肱，渤海封弈、平原宋該、安定皇甫岌、蘭陵繆愷以文章才儁任居樞要，會稽朱左車、太山胡毋翼、魯國孔纂以舊德淸重引爲賓友，平原劉讚儒學該通，引爲東庠祭酒，其世子皝率國冑束脩受業焉。廆覽政之暇，親臨聽之，於是路有頌聲，禮讓興矣。

時平州刺史、東夷校尉崔毖自以爲南州士望，意存懷集，而流亡者莫有赴之。毖意廆拘留，乃陰結高句麗及宇文、段國等，謀滅廆以分其地。太興初，三國伐廆，廆曰：「彼信崔毖虛說，邀一時之利，烏合而來耳。既無統一，莫相歸伏，吾今破之必矣。然彼軍初合，其鋒甚銳，幸我速戰。若逆擊之，落其計矣。靖以待之，必懷疑貳，迭相猜防。一則疑吾與毖譎而覆之，二則自疑三國之中與吾有韓魏之謀者，待其人情沮惑，然後取之必矣。」於是三國攻棘城，廆閉門不戰，遣使送牛酒以犒宇文，大言於衆曰：「崔毖昨有使至。」於是二國果疑宇文同於廆也，引兵而歸。宇文悉獨官曰：「二國雖歸，吾當獨兼其國，何用人爲！」盡衆逼城，連營三十里。廆簡銳士配皝，推鋒於前；翰領精騎爲奇兵，從旁出，直衝其營；廆方陣而進。悉獨官自恃其衆，不設備，見廆軍之至，方率兵距之。前鋒始交，翰已入其營，縱火焚之，其衆皆震擾，不知所爲，遂大敗，悉獨官僅以身免，盡俘其衆。於其營候獲皇帝玉璽三紐，遣長史裴嶷送于建鄴。崔毖懼廆之仇己也，使兄子燾僞賀廆。會三國使亦至請和，曰：「非我本意也，崔平州教我耳。」廆將燾示以攻圍之處，臨之以兵，曰：「汝叔父教三國滅我，何以詐來賀我乎？」燾懼，首服。廆乃遣燾歸說毖曰：「降者上策，走者下策也。」以兵隨之。毖與數十騎棄家室奔于高句麗，廆悉降其衆，徙燾及高瞻等于棘城，待以賓禮。明年，高句麗寇遼東，廆遣衆擊敗之。

裴嶷至自建鄴，帝遣使者拜廆監平州諸軍事、安北將軍、平州刺史，增邑二千戶。尋加使持節、都督幽州東夷諸軍事、〔三〕車騎將軍、平州牧，進封遼東郡公，邑一萬戶，常侍、單于並如故；丹書鐵券，承制海東，命備官司，置平州守宰。

段末波初統其國，而不修備，廆遣皝襲之，入令支，收其名馬寶物而還。

石勒遣使通和，廆距之，送其使於建鄴。勒怒，遣宇文乞得龜擊廆，廆遣皝距之。以裴嶷爲右部都督，率索頭爲右翼，命其少子仁自平郭趣柏林爲左翼，攻乞得龜，克之，悉虜其衆。乘勝拔其國城，收其資用億計，徙其人數萬戶以歸。

成帝卽位，加廆侍中，位特進。咸和五年，又加開府儀同三司，固辭不受。

廆嘗從容言曰：「獄者，人命之所懸也，不可以不愼。賢人君子，國家之基也，不可以不敬。稼穡者，國之本也，不可以不急。酒色便佞，亂德之甚也，不可以不戒。」乃著家令數千言以申其旨。

遣使與太尉陶侃牋曰：

明公使君轂下：振德曜威，撫寧方夏，勞心文武，士馬無恙，欽高仰止，注情彌久。王塗嶮遠，隔以燕越，每瞻江湄，延首遐外。

天降艱難，禍害屢臻，舊都不守，奄爲虜庭，使皇輿遷幸，假勢吳楚。大晉啓基，祚流萬世，天命未改，玄象著明，是以義烈之士深懷憤踴。猥以功薄，受國殊寵，上不能掃除羣羯，下不能身赴國難，仍縱賊臣，屢逼京輦。王敦唱禍於前，蘇峻肆毒於後，凶暴過於董卓，惡逆甚於傕汜，普天率土，誰不同忿！深怪文武之士，過荷朝榮，不能滅中原之寇，刷天下之恥。

君侯植根江陽，發曜荆衡，杖葉公之權，有包胥之志，而令白公、伍員殆得極其暴，竊爲丘明恥之。區區楚國子重之徒，猶恥君弱、羣臣不及先大夫，厲己戒衆，以服陳鄭；越之種蠡尚能弼佐句踐，取威黄池；況今吳土英賢比肩，而不輔翼聖主，陵江北伐。以義聲之直，討逆暴之羯，檄命舊邦之士，招懷存本之人，豈不若因風振落，頓坂走輪哉！且孫氏之初，以長沙之衆摧破董卓，志匡漢室。雖中遇寇害，雅志不遂，原其心誠，乃忽身命。及權據揚越，外杖周張，内馮顧陸，距魏赤壁，克取襄陽。自兹以降，世主相襲，咸能侵逼徐豫，令魏朝旰食。不知今之江表爲賢儁匿智，藏其勇略邪？將呂蒙、凌統高蹤曠世哉？況今凶羯虐暴，中州人士逼迫勢促，其顛沛之危，甚於累卵。假號之强，衆心所去，敵有釁矣，易可震蕩。王郎、袁術雖自詐僞，皆基淺根微，禍不旋踵，此皆君侯之所聞見者矣。

王司徒清虚寡欲，善於全己，昔曹參亦崇此道，著畫一之稱也。庾公居元舅之尊，處申伯之任，超然高蹈，明智之權。廆於寇難之際，受大晉累世之恩，自恨絕域，無益聖朝，徒係心萬里，望風懷憤。今海内之望，足爲楚漢輕重者，惟在君侯。若勠力盡心，悉五州之衆，據兖豫之郊，使向義之士倒戈釋甲，則羯寇必滅，國恥必除。廆在一方，敢不竭命。孤軍輕進，不足使勒畏首畏尾，則懷舊之士欲爲内應，無由自發故也。

故遠陳寫，言不宣盡。廆使者遭風沒海。其後廆更寫前箋，并齎其東夷校尉封抽、行遼東相韓矯等三十餘人疏上侃府曰：

自古有國有家，鮮不極盛而衰。自大晉龍興，克平岷會，神武之略，邁蹤前史。惠皇之末，后黨構難，禍結京畿，釁成公族，遂使羯寇乘虛，傾覆諸夏，舊都淪滅，山陵毀掘，人神悲悼，幽明發憤。昔獫狁之强，匈奴之盛，未有如今日羯寇之暴，跨躡華裔，盜稱尊號者也。

天祚有晉，挺授英傑。車騎將軍慕容廆自弱冠涖國，忠於王室，明允恭肅，志在立勳。屬海內分崩，皇輿遷幸，元皇中興，初唱大業，肅祖繼統，蕩平江外。廆雖限以山海，隔以羯寇，翹首引領，係心京師，常假寤寐，欲憂國忘身。貢篚相尋，連舟載路，戎不稅駕，動成義舉。今羯寇滔天，怙其醜類，樹基趙魏，跨略燕齊。廆雖率義衆，誅討大逆，然管仲相齊，猶曰寵不足以御下，況廆輔翼王室，有匡霸之功，而位卑爵輕，九命未加，非所以寵異藩翰，敦獎殊勳者也。

方今詔命隔絕，王路嶮遠，貢使往來，動彌年載。今燕之舊壤，北周沙漠，東盡樂浪，西曁代山，南極冀方，而悉爲虜庭，非復國家之域。將佐等以爲宜遠遵周室，近準漢初，進封廆爲燕王，行大將軍事，上以總統諸部，下以割損賊境。使冀州之人望風向化，廆得祇承詔命，率合諸國，奉辭夷逆，以成桓文之功，苟利社稷，專之可也。而廆固執謙光，守節彌高，每詔所加，讓動積年，非將佐等所能敦逼。今區區所陳，不欲苟相崇重，而愚情至心，實爲國計。

侃報抽等書，其略曰：「車騎將軍憂國忘身，貢篚載路，羯賊求和，執使送之，西討段國，北伐塞外，遠綏索頭，荒服以獻。惟北部未賓，屢遣征伐。又知東方官號，高下齊班，進無統攝之權，退無等差之降，欲進車騎爲燕王，一二具之。夫功成進爵，古之成制也。車騎雖未能爲官摧勳，然忠義竭誠。今騰牋上聽，可不、遲速，當任天臺也。」朝議未定。八年，廆卒，乃止。時年六十五，在位四十九年。帝遣使者策贈大將軍、開府儀同三司，謚曰襄。及儁僭號，僞謚武宣皇帝。

裴嶷字文冀，河東聞喜人也。父昶，司隸校尉。嶷清方有幹略，累遷至中書侍郎，轉給事黃門郎、滎陽太守。屬天下亂，嶷兄武先爲玄菟太守，嶷遂求爲昌黎太守。至郡，久之，武卒，嶷被徵，乃將武子開送喪俱南。既達遼西，道路梗塞，乃與開投廆。時諸流寓之士見廆草創，並懷去就。嶷首定名分，爲羣士啓行。廆甚悅，以嶷爲長史，委以軍國之謀。

及悉獨官寇逼城下，外內騷動，廆問策於裦，裦曰：「悉獨官雖擁大衆，軍無號令，衆無部陣，若簡精兵乘其無備，則成擒耳。」廆從之，遂陷寇營。廆威德於此甚振，將遣使獻捷於建鄴，妙簡行人，令裦將命。

初，朝廷以廆僻在荒遠，猶以邊裔之豪處之。裦既使至，盛言廆威略，又知四海英賢並爲其用，舉朝改觀焉。裦將還，帝試留裦以觀之，裦辭曰：「臣世荷朝恩，濯纓華省，因事遠寄，投迹荒遐。今遭開泰，得覩朝廷，復賜恩詔，卽留京輦，於臣之私，誠爲厚幸。顧以皇居播遷，山陵幽辱，慕容龍驤將軍越在遐表，乃心王室，慷慨之誠，義感天地，方掃平中壤，奉迎皇輿，故遣使臣，萬里表誠。今若留臣，必謂國家遺其僻陋，孤其丹心，使懷義懈怠。是以微臣區區忘身爲國，貪還反命耳。」帝曰：「卿言是也。」乃遣裦還。廆後謂羣僚曰：「裴長史名重中朝，而降屈于此，豈非天以授孤也。」出爲遼東相，轉樂浪太守。

高瞻字子前，渤海蓨人也。少而英爽有俊才，身長八尺二寸。光熙中，調補尚書郎。屬永嘉之亂，還鄉里，乃與父老議曰：「今皇綱不振，兵革雲擾，此郡沃壤，憑固河海，若兵荒歲儉，必爲寇庭，非謂圖安之所。王彭祖先在幽薊，據燕代之資，兵強國富，可以託也。諸君以爲何如？」衆咸善之。乃與叔父隱率數千家北徙幽州。既而以王浚政令無恒，乃依崔毖，隨毖如遼東。

毖之與三國謀伐廆也，瞻固諫以爲不可，毖不從。及毖奔敗，瞻隨衆降于廆。廆署爲將軍，瞻稱疾不起。廆敬其姿器，數臨候之，撫其心曰：「君之疾在此，不在餘也。今天子播越，四海分崩，蒼生紛擾，莫知所係，孤思與諸君匡復帝室，翦鯨豕于二京，迎天子於吳會，廓清八表，侔勳古烈，此孤之心也，孤之願也。君中州大族，冠冕之餘，宜痛心疾首，枕戈待旦，柰何以華夷之異，有懷介然。且大禹出于西羌，文王生于東夷，但問志略何如耳，豈以殊俗不可降心乎！」瞻仍辭疾篤，廆深不平之。瞻又與宋該有隙，該陰勸廆除之。瞻聞其言，彌不自安，遂以憂死。

校勘記

〔一〕廆童冠時往謁之　各本「童冠」作「童丱」，宋本及御覽四七八引燕書、通志一八八並作「童冠」。載記此段文字多同燕書。今從宋本。

〔二〕西方虔　元和姓纂「虔」作「武」。按：唐人避諱亦偶用形近之字。魏書四九崔秉、六三王肅弟秉，北史並改作「康」。魏書四七盧玄族人「叔虔」，北史作「叔彪」，北齊書四二又作「叔武」，與此「西方虔」同例，其人本皆名「虎」，「虔」「武」皆避唐諱改。

〔三〕都督幽州東夷諸軍事　周校：「幽州」，元帝紀作「幽、平二州」。按：官爲平州牧，所督州例必有平州。御覽一二一引前燕錄、通鑑九一皆作「都督幽、平二州東夷諸軍事」，此「幽」字下當脫「平二」二字。

晉書卷一百九

載記第九

慕容皝 慕容翰 陽裕

慕容皝字元眞，廆第三子也。龍顏版齒，身長七尺八寸。雄毅多權略，尚經學，善天文。廆爲遼東公，立爲世子。建武初，拜爲冠軍將軍、左賢王，封望平侯，率衆征討，累有功。太寧末，拜平北將軍，進封朝鮮公。廆卒，嗣位，以平北將軍行平州刺史，督攝部內。尋而宇文乞得龜爲其別部逸豆歸所逐，奔死於外，皝率騎討之，逸豆歸懼而請和，遂築榆陰、安晉二城而還。

初，皝庶兄建威翰驍武有雄才，素爲皝所忌，母弟征虜仁、廣武昭並有寵於廆，皝亦不平之。及廆卒，並懼不自容。至此，翰出奔段遼，仁勸昭舉兵廢皝。皝殺昭，遣使按檢仁之虛實，遇仁於險瀆。仁知事發，殺皝使，東歸平郭。皝遣其弟建武幼、司馬佟壽等討之。〔一〕

仁盡衆距戰，幼等大敗，皆沒於仁。襄平令王冰、將軍孫機以遼東叛于皝，東夷校尉封抽、護軍乙逸、遼東相韓矯、玄菟太守高詡等棄城奔還。仁於是盡有遼左之地，自稱車騎將軍、平州刺史、遼東公。宇文歸、段遼及鮮卑諸部並爲之援。

咸和九年，皝遣其司馬封弈攻鮮卑木堤于白狼，揚威淑虞攻烏丸悉羅侯於平堈，皆斬之。材官劉佩攻乙連，不克。段遼遂寇徒河，皝將張萌逆擊，敗之。遼弟蘭與翰寇柳城，都尉石琮擊敗之。旬餘，蘭、翰復圍柳城，皝遣寧遠慕容汗及封弈等救之。皝戒汗曰：「賊衆氣銳，難與爭鋒，宜顧萬全，愼勿輕進，必須兵集陣整，然後擊之。」汗性驍銳，遣千餘騎爲前鋒而進，封弈止之，汗不從，爲蘭所敗，死者太半。蘭復攻柳城，爲飛梯、地道，圍守二旬，石琮躬勒將士出擊，敗之，斬首千五百級，蘭乃遁歸。

是歲，成帝遣謁者徐孟、閭丘幸等持節拜皝鎭軍大將軍、平州刺史、大單于、遼東公，持節、都督、承制封拜，一如廆故事。

皝自征遼東，克襄平。仁所署居就令劉程以城降，新昌人張衡執縣宰以降。於是斬仁所置守宰，分徙遼東大姓於棘城，置和陽、武次、西樂三縣而歸。

咸康初，遣封弈襲宇文別部涉奕于，〔三〕大獲而還。涉奕于率騎追戰于渾水，又敗之。皝將乘海討仁，羣下咸諫，以海道危阻，宜從陸路。皝曰：「舊海水無凌，自仁反已來，凍合者三矣。昔漢光武因滹沱之冰以濟大業，天其或者欲吾乘此而克之乎！吾計決矣，有沮謀者斬！」乃率三軍從昌黎踐凌而進。仁不虞皝之至也，軍去平郭七里，候騎乃告，仁狼狽出戰，爲皝所擒，殺仁而還。

立藉田於朝陽門東，置官司以主之。

段遼遣其將李詠夜襲武興，遇雨，引還，都尉張萌追擊，擒詠。段蘭擁衆數萬屯于曲水亭，將攻柳城，宇文歸入寇安晉，爲蘭聲援。皝以步騎五萬擊之，師次柳城，蘭、歸皆遁。遣封弈率輕騎追擊，敗之，收其軍實，館穀二旬而還。謂諸將曰：「二虜恥無功而歸，必復重至，宜於柳城左右設伏以待之。」遣封弈率騎潛于馬兜山諸道。俄而遼騎果至，弈夾擊，大敗之，斬其將榮保。遣兼長史劉斌、郎中令陽景送徐孟等歸于京師。使其世子儁伐段遼諸城，封弈攻宇文別部，皆大捷而歸。

立納諫之木，以開讜言之路。

後徙昌黎郡，築好城於乙連東，使將軍蘭勃戍之，以逼乙連。又城曲水，以爲勃援。乙連饑甚，段遼輸之粟，蘭勃要擊獲之。遼遣將屈雲攻興國，與皝將慕容遵大戰於五官水上，雲敗，斬之，盡俘其衆。

封弈等以皝任重位輕，宜稱燕王，皝於是以咸康三年僭卽王位，赦其境內。以封弈爲國相，韓壽爲司馬，裴開、陽騖、王寓、李洪、杜羣、宋該、劉瞻、石琮、皇甫眞、陽協、宋晃、平熙、張泓等並爲列卿將帥。起文昌殿，乘金根車，駕六馬，出入稱警蹕。以其妻段氏爲王后，世子儁爲太子，皆如魏武、晉文輔政故事。

皝以段遼屢爲邊患，遣將軍宋回稱藩于石季龍，請師討遼。季龍於是總衆而至。皝率諸軍攻遼令支以北諸城，遼遣其將段蘭來距，大戰，敗之，斬級數千，掠五千餘戶而歸。季龍至徐無，遼奔密雲山。季龍進入令支，怒皝之不會師也，進軍擊之，至于棘城，戎卒數十萬，四面進攻，郡縣諸部叛應季龍者三十六城。相持旬餘，左右勸皝降。皝曰：「孤方取天下，何乃降人乎！」遣子恪等率騎二千，晨出擊之。季龍諸軍驚擾，棄甲而遁。恪乘勝追之，斬獲三萬餘級，築戍凡城而還。段遼遣使詐降於季龍，請兵應接。季龍遣其將麻秋率衆迎遼，恪伏精騎七千於密雲山，大敗之，獲其司馬陽裕、將軍鮮于亮，擁段遼及其部衆以歸。

帝又遣使進皝爲征北大將軍、幽州牧，領平州刺史，加散騎常侍，增邑萬戶，持節、都督、單于、公如故。

皝前軍帥慕容評敗季龍將石成等于遼西，斬其將呼延晃、張支，掠千餘戶以歸。段遼謀叛，皝誅之。

季龍又使石成入攻凡城，不克，進陷廣城。

原。

皝雖稱燕王，未有朝命，乃遣其長史劉祥獻捷京師，兼言權假之意，幷請大舉討平中原。

又聞庾亮薨，弟冰、翼繼爲將相，乃表曰：

臣究觀前代昏明之主，若能親賢並建，則功致升平；若親黨后族，必有傾辱之禍。是以周之申伯號稱賢舅，以其身藩于外，不握朝權。降及秦昭，足爲令主，委信二舅，幾至亂國。逮于漢武，推重田蚡，萬機之要，無不決之。及蚡死後，切齒追恨。成帝闇弱，不能自立，內惑艷妻，外恣五舅，卒令王莽坐取帝位。每覽斯事，孰不痛惋！設使舅氏賢若穰侯、王鳳，則但聞有二臣，不聞有二主。若其不才，則有竇憲、梁冀之禍。凡此成敗，亦既然矣。苟能易軌，可無覆墜。

陛下命世天挺，當隆晉道，而遭國多難，殷憂備嬰，追述往事，至今楚灼。迹其所由，實因故司空亮居元舅之尊，勢業之重，執政裁下，輕侮邊將，故令蘇峻、祖約不勝其忿，遂致敗國。至令太后發憤，一旦升遐。若社稷不靈，人神無助，豺狼之心當可極邪！前事不忘，後事之表，而中書監、左將軍冰等內執樞機，外擁上將，昆弟並列，人臣莫疇。陛下深敦渭陽，冰等自宜引領。臣常謂世主若欲崇顯舅氏，何不封以藩國，豐其祿賜，限其勢利，使上無偏優，下無私論。如此，榮辱何從而生！噂㗅何辭而起！往者惟亮一人，宿有名望，尙致世變，況今居之者素無聞焉！且人情易惑，難以戶告，縱令陛下無私於彼，天下之人誰謂不私乎！

臣與冰等名位殊班，出處懸邈，又國之戚昵，理應降悅，以適事會。臣獨矯抗此言者，上爲陛下，退爲冰計，疾苟容之臣，坐鑒得失。顛而不扶，焉用彼相！昔徐福陳霍氏之戒，宣帝不從，至令忠臣更爲逆族，良由察之不審，防之無漸。臣今所陳，可謂防漸矣。但恐陛下不明臣之忠，不用臣之計，事過之日，更處焦爛之後耳。昔王章、劉向每上封事，未嘗不指斥王氏，故令二子或死或刑。谷永、張禹依違不對，故容身苟免，取譏於世。臣被髮殊俗，位爲上將，夙夜惟憂，罔知所報，惟當外殄寇讎，內盡忠規，陳力輸誠，以答國恩。臣若不言，誰當言者！

又與冰書曰：

君以椒房之親，舅氏之昵，總據樞機，出內王命，兼擁列將州司之位，昆弟網羅，顯布畿甸。自秦漢以來，隆赫之極，豈有若此者乎！以吾觀之，若功就事舉，必享申伯之名；如或不立，將不免梁竇之迹矣。

每覩史傳，未嘗不寵恣母族，使執權亂朝，先有殊世之榮，尋有負乘之累，所謂愛之適足以爲害。吾常忿歷代之主，不盡防萌終寵之術，何不業以一土之封，令藩國相承，如周之齊陳？如此則永保南面之尊，復何黜辱之憂乎！竇武、何進好善虛己，賢士歸心，雖爲閹豎所危，天下嗟痛，猶有能履以不驕，圖國亡身故也。

方今四海有倒懸之急，中夏逋僭逆之寇，家有漉血之怨，人有復讎之憾，寧得安枕逍遙，雅談卒歲邪！吾雖寡德，過蒙先帝列將之授，以數郡之人，尚欲幷呑强虜，是以自頃迄今，交鋒接刃，一時務農，三時用武，而猶師徒不頓，倉有餘粟，敵人日畏，我境日廣，況乃王者之威，堂堂之勢，豈可同年而語哉！

冰見表及書甚懼，以其絕遠，非所能制，遂與何充等奏聽皝稱燕王。

其年皝伐高句麗，王釗乞盟而還。明年，釗遣其世子朝於皝。

初，段遼之敗也，建威翰奔于宇文歸，自以威名夙振，終不保全，乃陽狂恣酒，被髮歌呼。歸信而不禁，故得周遊自任，至於山川形便，攻戰要路，莫不練之。皝遣商人王車陰使察翰，翰見車無言，撫膺而已。車還以白，皝曰：「翰欲來也。」乃遣車遺翰弓矢，翰乃竊歸駿馬，攜其二子而還。

皝將圖石氏，從容謂諸將曰：「石季龍自以安樂諸城守防嚴重，〔三〕城之南北必不設備，今若詭路出其不意，冀之北土盡可破也。」於是率騎二萬出蠮螉塞，長驅至于薊城，進渡武遂津，入于高陽，所過焚燒積聚，掠徙幽冀三萬餘戶。

使陽裕、唐柱等築龍城，構宮廟，改柳城爲龍城縣。於是成帝使兼大鴻臚郭希持節拜皝侍中、大都督河北諸軍事、大將軍、燕王，其餘官皆如故。封諸功臣百餘人。

咸康七年，皝遷都龍城。率勁卒四萬，入自南陝，以伐宇文、高句麗，又使翰及子垂爲前鋒，遣長史王寓等勒衆萬五千，從北置而進。高句麗王釗謂皝軍之從北路也，乃遣其弟武統精銳五萬距北置，躬率弱卒以防南陝。翰與釗戰于木底，大敗之，乘勝遂入丸都，釗單馬而遁。皝掘釗父利墓，載其尸幷其母妻珍寶，掠男女五萬餘口，焚其宮室，毁丸都而歸。明年，釗遣使稱臣於皝，貢其方物，乃歸其父尸。

宇文歸遣其國相莫淺渾伐皝，諸將請戰，皝不許。渾以皝爲憚之，荒酒縱獵，不復設備。皝曰：「渾奢怠已甚，今則可一戰矣。」遣翰率騎擊之，渾大敗，僅以身免，盡俘其衆。

皝躬巡郡縣，勸課農桑，起龍城宮闕。

尋又率騎二萬親伐宇文歸，以翰及垂爲前鋒。歸使其騎將涉奕于盡衆距翰，皝馳遣謂翰曰：「奕于雄悍，宜小避之，待虜勢驕，然後取也。」翰曰：「歸之精銳，盡在於此，今若克之，則歸可不勞兵而滅。奕于徒有虛名，其實易與耳，不宜縱敵挫吾兵氣。」於是前戰，斬奕于，盡俘其衆，歸遠遁漠北。皝開地千餘里，徙其部人五萬餘落於昌黎，改涉奕于城爲威德城。行飲至之禮，論功行賞各有差。

以牧牛給貧家，田于苑中，〔四〕公收其八，二分入私。有牛而無地者，亦田苑中，公收其七，三分入私。皝記室參軍封裕諫曰：

臣聞聖王之宰國也，薄賦而藏於百姓，分之以三等之田，十一而稅之；寒者衣之，飢者食之，使家給人足。雖水旱而不爲災者，何也？高選農官，務盡勸課，人治周田百畝，亦不假牛力；力田者受旌顯之賞，惰農者有不齒之罰。又量事置官，量官置人，使官必稱須，人不虛位，度歲入多少，裁而祿之。供百僚之外，藏之太倉，三年之耕，餘一年之粟。以斯而積，公用於何不足？水旱其如百姓何！雖務農之令屢發，二千石令長莫有志勤在公、銳盡地利者。故漢祖知其如此，以墾田不實，徵殺二千石以十數，是以明章之際，號次升平。

自永嘉喪亂，百姓流亡，中原蕭條，千里無煙，飢寒流隕，相繼溝壑。先王以神武聖略，保全一方，威以殄姦，德以懷遠，故九州之人，塞表殊類，襁負萬里，若赤子之歸慈父，流人之多舊土十倍有餘，人殷地狹，故無田者十有四焉。殿下以英聖之資，克廣先業，南摧強趙，東滅句麗，開境三千，戶增十萬，繼武闡廣之功，有高西伯。宜省罷諸苑，以業流人。人至而無資產者，賜之以牧牛。人既殿下之人，牛豈失乎！善藏者藏於百姓，若斯而已矣。邇者深副樂土之望，中國之人皆將壺餐奉迎，石季龍誰與居乎！且魏晉雖道消之世，猶削百姓不至於七八，持官牛田者官得六分，百姓得四分，私牛而官田者與官中分，百姓安之，人皆悅樂。臣猶曰非明王之道，而況增乎！且水旱之厄，堯湯所不免，王者宜濬治溝澮，循鄭白、西門、史起溉灌之法，旱則決溝爲雨，水則入於溝瀆，上無雲漢之憂，下無昏墊之患。句麗、百濟及宇文、段部之人，皆兵勢所徙，非如中國慕義而至，咸有思歸之心。今戶垂十萬，狹湊都城，恐方將爲國家深害，宜分其兄弟宗屬，徙于西境諸城，撫之以恩，檢之以法，使不得散在居人，知國之虛實。

今中原未平，資畜宜廣，官司猥多，游食不少，一夫不耕，歲受其飢。必取於耕者而食之，一人食一人之力，游食數萬，損亦如之，安可以家給人足，治致升平！殿下降覽古今之事多矣，政之巨患莫甚於斯。其有經略出世，才稱時求者，自可隨須置之列位。非此已往，其耕而食，蠶而衣，亦天之道也。

殿下聖性寬明，思言若渴，故人盡芻蕘，有犯無隱。前者參軍王憲、大夫劉明並竭忠獻款，以貢至言，雖頗有逆鱗，意在無責。主者奏以妖言犯上，致之於法，殿下慈弘苞納，恕其大辟，猶削黜禁錮，不齒於朝。其言是也，殿下固宜納之；如其非也，宜亮其狂狷。罪諫臣而求直言，亦猶北行詣越，豈有得邪！右長史宋該等阿媚苟容，輕劾諫士，已無骨鯁，嫉人有之，掩蔽耳目，不忠之甚。

四業者國之所資，教學者有國盛事。習戰務農，尤其本也。百工商賈，猶其末耳。宜量軍國所須，置其員數，已外歸之於農，教之戰法，學者三年無成，亦宜還之於農，不可徒充大員，以塞聰儁之路。

臣之所言當也，願時速施行；非也，登加罪戮，使天下知朝廷從善如流，罰惡不淹。王憲、劉明，忠臣也，願宥忤鱗之愆，收其藥石之效。

皝乃令曰：「覽封記室之諫，孤實懼焉。君以黎元爲國，黎元以穀爲命。然則農者，國之本也，而二千石令長不遵孟春之令，惰農弗勸，宜以尤不修闢者措之刑法，肅厲屬城。主者明詳推檢，具狀以聞。苑囿悉可罷之，以給百姓無田業者。貧者全無資產，不能自存，各賜牧牛一頭。若私有餘力，樂取官牛墾官田者，其依魏晉舊法。溝洫溉灌，有益官私，主者量造，務盡水陸之勢。中州未平，兵難不息，勳誠既多，官僚不可以減也。待克平凶醜，徐更議之。百工商賈數，四佐與列將速定大員，餘者還農。學生不任訓教者，亦除員錄。夫人臣關言於人主，至難也，妖妄不經之事皆應蕩然不問，擇其善者而從之。王憲、劉明雖其罪應禁黜，亦猶孤之無大量也。可悉復本官，仍居諫司。封生蹇蹇，深得王臣之體。詩不云乎：『無言不酬。』其賜錢五萬，明宣內外，有欲陳孤過者，不拘貴賤，勿有所諱。」

時有黑龍白龍各一，見于龍山，皝親率羣僚觀之，去龍二百餘步，祭以太牢。二龍交首嬉翔，解角而去。皝大悅，還宮，赦其境內，號新宮曰和龍，立龍翔佛寺于山上。

賜其大臣子弟爲官學生者號高門生，立東庠于舊宮，以行鄉射之禮，每月臨觀，考試優劣。皝雅好文籍，勤於講授，學徒甚盛，至千餘人。親造太上章以代急就，又著典誡十五篇，以教胄子。

慕容恪攻高句麗南蘇，克之，置戍而還。三年，〔五〕遣其世子儁與恪率騎萬七千東襲夫餘，克之，虜其王及部衆五萬餘口以還。

皝親臨東庠考試學生，其經通秀異者，擢充近侍。以久旱，丐百姓田租。罷成周、冀陽、營丘等郡。以勃海人爲興集縣，河間人爲寧集縣，廣平、魏郡人爲興平縣，東萊、北海人爲育黎縣，吳人爲吳縣，悉隸燕國。

皝嘗畋于西鄙，將濟河，見一父老，服朱衣，乘白馬，舉手麾皝曰：「此非獵所，王其還也。」祕之不言，遂濟河，連日大獲。後見白兎，馳射之，馬倒被傷，乃說所見。輦而還宮，引儁屬以後事。以永和四年死，在位十五年，時年五十二。儁僭號，追諡文明皇帝。

慕容翰字元邕，廆之庶長子也。性雄豪，多權略，猨臂工射，膂力過人。廆甚奇之，委以折衝之任。行師征伐，所在有功，威聲大振，爲遠近所憚。作鎮遼東，高句麗不敢爲寇。

善撫接，愛儒學，自士大夫至于卒伍，莫不樂而從之。

及奔段遼，深爲遼所敬愛。柳城之敗，段蘭欲乘勝深入，翰慮成本國之害，詭說於蘭，蘭遂不進。後石季龍征遼，皝親將三軍略令支以北，遼議欲追之，翰知皝躬自總戎，戰必克勝，乃謂遼曰：「今石氏向至，方對大敵，不宜復以小小爲事。燕王自來，士馬精銳。兵者凶器，戰有危慮，若其失利，何以南禦乎！」蘭怒曰：「吾前聽卿誑說，致成今患，不復入卿計中矣。」乃率衆追皝，蘭果大敗。翰雖處仇國，因事立忠，皆此類也。

及遼奔走，翰又北投宇文歸。既而逃，歸乃遣勁騎百餘追之。翰遙謂追者曰：「吾既思戀而歸，理無反面。吾之弓矢，汝曹足知，無爲相逼，自取死也。吾處汝國久，恨不殺汝。汝可百步豎刀，吾射中者，汝便宜反；不中者，可來前也。」歸騎解刀豎之，翰一發便中刀鐶，追騎乃散。

既至，皝甚加恩禮。建元二年，從皝討宇文歸，臨陣爲流矢所中，臥病積時。後疾漸愈，於其家中騎馬自試，或有人告翰私習騎，疑爲非常。皝素忌之，遂賜死焉。翰臨死謂使者曰：「翰懷疑外奔，罪不容誅，不能以骸骨委賊庭，故歸罪有司。天慈曲愍，不肆之市朝，今日之死，翰之生也。但逆胡跨據神州，中原未靖，翰常剋心自誓，志吞醜虜，上成先王遺旨，下謝山海之責。不圖此心不遂，沒有餘恨，命也奈何！」仰藥而死。

陽裕字士倫，右北平無終人也。少孤，兄弟皆早亡，單煢獨立，雖宗族無能識者，惟叔父耽幼而奇之，曰：「此兒非惟吾門之標秀，乃佐時之良器也。」刺史和演辟爲主簿。王浚領州，轉治中從事，忌而不能任。

石勒既克薊城，問棗嵩曰：「幽州人士，誰最可者？」嵩曰：「燕國劉翰，德素長者。北平陽裕，幹事之才。」勒曰：「若如君言，王公何以不任？」嵩曰：「王公由不能任，所以爲明公擒也。」勒方任之，裕乃微服潛遁。

時鮮卑單于段眷爲晉驃騎大將軍、遼西公，雅好人物，虛心延裕。裕謂友人成泮曰：「仲尼喜佛肸之召，以匏瓜自喻，伊尹亦稱何事非君，何使非民，聖賢尙如此，況吾曹乎！眷今召我，豈徒然哉！」泮曰：「今華夏分崩，九州幅裂，軌迹所及，易水而已。欲偃蹇考槃，以待大通者，俟河之清也。人壽幾何？古人以爲白駒之歎。少游有云，郡掾足以蔭後，況國相乎！卿追蹤伊孔，抑亦知機其神也。」裕乃應之。拜郎中令、中軍將軍，處上卿位。歷事段氏五主，甚見尊重。

段遼與皝相攻，裕諫曰：「臣聞親仁善鄰，國之寶也。慕容與國世爲婚姻，且皝令德之主，不宜連兵構怨，凋殘百姓。臣恐禍害之興，將由於此。願兩追前失，通款如初，使國家有太山之安，蒼生蒙息肩之惠。」遼不從。出爲燕郡太守。石季龍克令支，裕以郡降，拜北平太守，徵爲尙書左丞。

段遼之請迎於季龍也，裕以左丞領征東麻秋司馬。〔六〕秋敗，裕爲軍人所執，將詣皝。皝素聞裕名，卽命釋其囚，拜郎中令，遷大將軍左司馬。東破高句麗，北滅宇文歸，皆豫其謀，皝甚器重之。及遷都和龍，裕雅有巧思，皝所制城池宮閣，皆裕之規模。裕雖仕皝日近，寵秩在舊人之右，性謙恭淸儉，剛簡慈篤，雖歷居朝端，若布衣之士。士大夫流亡羈絕者，莫不經營收葬，存恤孤遺，士無賢不肖皆傾身待之，是以所在推仰。

初，范陽盧諶每稱之曰：「吾及晉之淸平，歷觀朝士多矣，忠淸簡毅，篤信義烈，如陽士倫者，實亦未幾。」及死，皝甚悼之，時年六十二。

校勘記

〔一〕司馬佟壽　「佟壽」，各本作「佟燾」，唯宋本作「佟壽」。通鑑九五亦作「佟壽」，今從宋本。

〔二〕涉奕于　通鑑九七「涉奕于」作「涉夜干」。「奕」「夜」譯音之異，「于」「干」二字常相混，不知孰是。下不再出校。

〔三〕安樂　通鑑九六作「樂安」，是。參卷一〇六校記。

〔四〕田于苑中　各本「苑」作「宛」，宋本作「菀」，即「苑」。下文有「省罷諸苑」、「苑囿悉可罷之」語，各本皆同。通典四亦作「苑中」。今從宋本。

〔五〕三年　周校：三年上脫年號，按之當爲永和也。今按：永和元年十二月皝始不用晉年號，自稱十二年（見通鑑九七）。御覽一二一引前燕錄自咸和九年後即用皝之紀年，晉封皝爲燕王及遷都龍城在八年（晉咸康七年），龍見立寺在十二年（晉永和元年），皝於東庠考試學生在十四年（永和三年）。則此「三年」當是「十三年」，脫「十」字。通鑑九七在永和二年可證。

〔六〕裕以左丞領征東麻秋司馬　各本「丞」下有「相」字，宋本無。通志一八八同宋本。上文云「徵爲尙書左丞」，「相」字衍，今從宋本。

晉書卷一百十

載記第十

慕容儁 韓恒 李產 產子績

慕容儁字宣英，皝之第二子也。初，廆常言：「吾積福累仁，子孫當有中原。」既而生儁，廆曰：「此兒骨相不恒，吾家得之矣。」及長，身長八尺二寸，姿貌魁偉，博觀圖書，有文武幹略。皝爲燕王，拜儁假節、安北將軍、東夷校尉、左賢王、燕王世子。

皝死，永和五年，僭卽燕王位，依春秋列國故事稱元年，〔一〕赦于境內。是時石季龍死，趙魏大亂，儁將圖兼幷之計，以慕容恪爲輔國將軍，慕容評爲輔弼將軍，陽鶩爲輔義將軍，慕容垂爲前鋒都督、建鋒將軍，簡精卒二十餘萬以待期。是歲，穆帝使謁者陳沈拜儁爲使持節、侍中、大都督、都督河北諸軍事、幽冀幷平四州牧、大將軍、大單于、燕王，承制封拜一如廆、皝故事。

明年，儁率三軍南伐，出自盧龍，次于無終。石季龍幽州刺史王午棄城走，留其將王他守薊。儁攻陷其城，斬他，因而都之。徙廣寧、上谷人于徐無，代郡人于凡城而還。

及冉閔殺石祗，僭稱大號，遣其使人常煒聘於儁。〔三〕儁引之觀下，使其記室封裕詰之曰：「冉閔養息常才，負恩篡逆，有何祥應而僭稱大號？」煒曰：「天之所興，其致不同，狼烏紀于三王，麟龍表于漢魏。寡君應天馭曆，能無祥乎！且用兵殺伐，哲王盛典，湯武親行誅放，而仲尼美之。魏武養於宦官，莫知所出，衆不盈旅，遂能終成大功。暴胡酷亂，蒼生屠膾，寡君奮劍而誅除之，黎元獲濟，可謂功格皇天，勳侔高祖。恭承乾命，有何不可？」裕曰：「石祗去歲使張舉請救，云璽在襄國，其言信不？又聞閔鑄金爲己象，壞而不成，奈何言有天命？」煒曰：「誅胡之日，在鄴者略無所遺，璽何從而向襄國，此求救之辭耳。天之神璽，實在寡君。且妖孽之徒，欲假奇眩衆，或改作萬端，以神其事。寡君今已握乾符，類上帝，四海懸諸掌，大業集於身，何所求慮而取信此乎！鑄形之事，所未聞也。」儁既銳信舉言，又欣于閔鑄形之不成也，必欲審之，乃積薪置火於其側，命裕等以意喻之。煒神色自若，抗言曰：「結髮已來，尚不欺庸人，況千乘乎！巧詐虛言以救死者，使臣所不爲也。直道受戮，死自分耳。益薪速火，君之大惠。」左右勸儁殺之，儁曰：「古者兵交，使在其間，此亦人臣常事。」遂赦之。

遣慕容恪略地中山，慕容評攻王午于魯口。恪次唐城，冉閔將白同、中山太守侯龕固守不下。恪留其將慕容彪攻之，進討常山。評次南安，王午遣其將鄭生距評。評逆擊，斬之，侯龕踰城出降。恪進克中山，斬白同。儁軍令嚴明，諸將無所犯。閔章武太守賈堅率郡兵邀評戰于高城，擒堅於陣，斬首三千餘級。

是歲丁零翟鼠及冉閔將劉準等率其所部降于儁，封鼠歸義王，拜準左司馬。時鮮卑段勤初附於儁，其後復叛。儁遣慕容恪及相國封弈討冉閔于安喜，慕容垂討段勤于繹幕，儁如中山，爲二軍聲勢。閔懼，奔于常山，恪追及於泒水。閔威名素振，衆咸憚之。恪謂諸將曰：「閔師老卒疲，實爲難用；加其勇而無謀，一夫之敵耳。雖有甲兵，不足擊也。吾今分軍爲三部，掎角以待之。閔性輕銳，又知吾軍勢非其敵，必出萬死衝吾中軍。吾今貫甲厚陣以俟其至，諸君但厲卒，從旁須其戰合，夾而擊之，蔑不克也。」及戰，敗之，斬首七千餘級，擒閔，送之，斬於龍城。恪屯軍呼沲。閔將蘇亥遣其將金光率騎數千襲恪，恪逆擊，斬之，亥大懼，奔于幷州。恪進據常山，段勤懼而請降，遂進攻鄴。閔將蔣幹閉城距守。儁又遣慕容評等率騎一萬會攻鄴。是時鶡巢于儁正陽殿之西椒，生三雛，項上有豎毛；凡城獻異鳥，五色成章。儁謂羣僚曰：「是何祥也？」咸稱：「鶡者，燕鳥也。首有毛冠者，言大燕龍興，冠通天章甫之象也。巢正陽西椒者，言至尊臨軒朝萬國之徵也。三子者，數應三統之驗也。神鳥五色，言聖朝將繼五行之籙以御四海者也。」儁覽之大悅。既而蔣幹率銳卒五千出城挑戰，慕容評等擊敗之，斬首四千餘級，幹單騎還鄴。於是羣臣勸儁稱尊號，儁答曰：「吾本幽漠射獵之鄉，被髮左衽之俗，曆數之籙寧有分邪！卿等苟相褒舉，以覬非望，實匪寡德所宜聞也。」慕容恪、封弈討王午于魯口，降之。尋而慕容評攻克鄴城，送冉閔妻子僚屬及其文物于中山。

先是，蔣幹以傳國璽送于建鄴，儁欲神其事業，言曆運在己，乃詐云閔妻得之以獻，賜號曰「奉璽君」，因以永和八年僭卽皇帝位，大赦境內，建元曰元璽，署置百官。以封弈爲太尉，慕容恪爲侍中，陽騖爲尙書令，皇甫眞爲尙書左僕射，張希爲尙書右僕射，宋活爲中書監，韓恒爲中書令，其餘封授各有差。追尊廆爲高祖武宣皇帝，皝爲太祖文明皇帝。時朝廷遣使詣儁，儁謂使者曰：「汝還白汝天子，我承人乏，爲中國所推，已爲帝矣。」初，石季龍使人探策于華山，得玉版，文曰：「歲在申酉，不絕如綫。歲在壬子，眞人乃見。」及此，燕人咸以爲儁之應也。改司州爲中州，置司隸校尉官。羣下言：「大燕受命，上承光紀黑精之君，運曆傳屬，代金行之后，宜行夏之時，服周之冕，旗幟尙黑，牲牡尙玄。」儁從之。其從行文武、諸藩使人及登號之日者，悉增位三級。沤河之師，守鄴之軍，下及戰士，賜各有差。臨陣戰亡者，將士加贈二等，士卒復其子孫。殿中舊人皆隨才擢敍。立其妻可足渾氏爲皇后，世子曄爲皇太子。

晉寧朔將軍榮胡以彭城、魯郡叛降于儁。

常山人李犢聚衆數千，反于普壁壘，儁遣慕容恪率衆討降之。

初，冉閔既敗，王午自號安國王。午既死，呂護復襲其號，保于魯口。恪進討走之，遣前軍悦綰追及于野王，悉降其衆。

姚襄以梁國降于儁。以慕容評爲都督秦、雍、益、梁、江、揚、荆、徐、兗、豫十州河南諸軍事，權鎮于洛水；慕容彊爲前鋒都督、都督荆徐二州緣淮諸軍事，進據河南。

儁自和龍至薊城，幽冀之人以爲東遷，互相驚擾，所在屯結。其下請討之，儁曰：「羣小以朕東巡，故相惑耳。今朕既至，尋當自定。然不虞之備亦不可不爲。」於是令內外戒嚴。

苻生河內太守王會、黎陽太守韓高以郡歸儁。晉蘭陵太守孫黑、濟北太守高柱、建興太守高瓮各以郡叛歸于儁。初，儁車騎大將軍、范陽公劉寧屯據蓟城，降于苻氏，至此，率戶二千詣薊歸罪，拜後將軍。高句麗王釗遣使謝恩，貢其方物。儁以釗爲營州諸軍事、征東大將軍、營州刺史，封樂浪公，王如故。

儁給事黄門侍郎申胤上言曰：

夫名尊禮重，先王之制。冠冕之式，代或不同。漢以蕭曹之功，有殊羣辟，故劍履上殿，入朝不趨。世無其功，則禮宜闕也。至於東宮，體此爲儀，魏晉因循，制不納舃。今皇儲過謙，準同百僚，禮卑逼下，有違朝式。太子有統天之重，而與諸王齊冠遠游，非所以辨章貴賤也。

祭饗朝慶，宜正服袞衣九文，冠冕九旒。

又仲冬長至，太陰數終，黃鍾產氣，緜微於下，此月閉關息旅，后不省方。禮記曰：「是月也，事欲靜，君子齋戒去聲色。」唯周官有天子之南郊從八能之說。或以有事至靈，非朝饗之節，故有樂作之理。王者慎微，禮從其重。前來二至闕鼓，不宜有設，今之鏗鏘，蓋以常儀。二至之禮，事殊餘節，猥動金聲，驚越神氣，施之宜養，實爲未盡。

又朝服雖是古禮，絳構始於秦漢，迄于今代，遂相仍準。朔望正旦，乃具袞舃。禮，諸侯旅見天子，不得終事者三，雨沾服失容，其在一焉。今或朝日天雨，未有定儀。禮貴適時，不在過恭。近以地溼不得納舃，而以袞襆改履。案言稱朝服，所以服之而朝，一體之間，上下二制，或廢或存，實乖禮意。大燕受命，侔蹤虞夏，諸所施行，宜損益定之，以爲皇代永制。

儁曰：「其劍舃不趨，事下太常參議。太子服袞冕，冠九旒，超級逼上，未可行也。冠服何容一施一廢，皆可詳定。」

初，段蘭之子龕因冉閔之亂，擁衆東屯廣固，自號齊王，稱藩于建鄴，遣書抗中表之儀，非儁正位。儁遣慕容恪、慕容塵討之。恪既濟河。龕弟羆驍勇有智計，言於龕曰：「慕容恪善用兵，加其衆旅既盛，恐不可抗也。若頓兵城下，雖復請降，懼終不聽。王但固守，羆請率精銳距之。若其戰捷，王可馳來追擊，使虜匹馬無反。如其敗也，遽出請降，不失千戶侯也。」龕弗從。羆固請行，龕怒斬之，率衆三萬來距恪。恪遇龕於濟水之南，與戰，大敗之，遂斬其弟欽，盡俘其衆。恪進圍廣固，諸將勸恪宜急攻之，恪曰：「軍勢有宜緩以克敵，有宜急而取之。若彼我勢均，且有强援，慮腹背之患者，須急攻之，以速大利。如其我强彼弱，外無寇援，力足制之者，當羈縻守之，以待其斃。兵法十圍五攻，此之謂也。龕恩結賊黨，衆未離心，濟南之戰，非不銳也，但其用之無術，以致敗耳。今憑固天險，上下同心，攻守勢倍，軍之常法。若其促攻，不過數旬，克之必矣，但恐傷吾士衆。自有事已來，卒不獲寧，吾每思之，不覺忘寢，亦何宜輕殘人命乎！當持久以取耳。」諸將皆曰：「非所及也。」乃築室反耕，嚴固圍壘。龕所署徐州刺史王騰、索頭單于薛雲降于恪。段龕之被圍也，遣使詣建鄴請救。穆帝遣北中郎將荀羨赴之，憚虜强遷延不敢進。攻破陽都，斬王騰以歸。恪遂克廣固，以龕爲伏順將軍，徙鮮卑胡羯三千餘戶于薊，留慕容塵鎮廣固，恪振旅而歸。

儁太子曄死，僞謚獻懷。升平元年，復立次子暐爲皇太子，赦其境內，改元曰光壽。

遣其撫軍慕容垂、中軍慕容虔與護軍平熙等率步騎八萬討丁零敕勒于塞北，大破之，俘斬十餘萬級，獲馬十三萬匹，牛羊億餘萬。

初，廆有駿馬曰赭白，有奇相逸力。石季龍之伐棘城也，皝將出避難，欲乘之，馬悲鳴蹀齧，人莫能近。皝曰：「此馬見異先朝，孤常仗之濟難，今不欲者，蓋先君之意乎！」乃止。季龍尋退，皝益奇之。至是，四十九歲矣，而駿逸不虧，儁比之於鮑氏驄，命鑄銅以圖其象，親爲銘贊，鐫勒其旁，置之薊城東掖門。是歲，象成而馬死。

匈奴單于賀賴頭率部落三萬五千降于儁，拜寧西將軍、雲中郡公，處之于代郡平舒城。晉太山太守諸葛攸伐其東郡。儁遣慕容恪距戰，王師敗績。北中郎將謝萬先據梁宋，〔三〕懼而遁歸。恪進兵入寇河南，汝、潁、譙、沛皆陷，置守宰而還。

儁自薊城遷于鄴，赦其境內，繕修宮殿，復銅雀臺。

廷尉監常煒上言：「大燕雖革命創制，至於朝廷銓謨，亦多因循魏晉，唯祖父不殯葬者，獨不聽官身清朝，斯誠王教之首，不刊之式。然禮貴適時，世或損益，是以高祖制三章之法，而秦人安之。自頃中州喪亂，連兵積年，或遇傾城之敗，覆軍之禍，坑師沈卒，往往而然，孤孫煢子，十室而九。兼三方岳峙，父子異邦，存亡吉凶，杳成天外。或便假一時，或依嬴博之制，孝子糜身無補，順孫心喪靡及，雖招魂虛葬以敍罔極之情，又禮無招葬之文，令不此載。若斯之流，抱琳琅而無申，懷英才而不齒，誠可痛也。恐非明揚側陋，務盡時珍之道。吳起、二陳之疇，終將無所展其才幹。漢祖何由免於平城之圍？郅支之首何以懸於漢闕？謹案戊辰詔書，蕩清瑕穢，與天下更始，以明惟新之慶。五六年間，尋相違伐，於則天之體，臣竊未安。」儁曰：「煒宿德碩儒，練明刑法，覽其所陳，良足採也。今六合未寧，喪亂未已，又正當搜奇拔異之秋，未可才行兼舉，且除此條，聽大同更議。」

使昌黎、遼東二郡營起廆廟，范陽、燕郡構皝廟，以其護軍平熙領將作大匠，監造二廟焉。

苻堅平州刺史劉特率戶五千降于儁。

河間李黑聚衆千餘，攻略州郡，殺棗彊令衞顏，儁長樂太守傅顏討斬之。

常山大樹自拔，根下得璧七十、珪七十三，光色精奇，有異常玉。儁以為嶽神之命，遣其尚書郎段勤以太牢祀之。

初，冉閔之僭號也，石季龍將李歷、張平、高昌等並率其所部稱藩於儁，遣子入侍。既而投款建鄴，結援苻堅，並受爵位，羈縻自固，雖貢使不絕，而誠節未盡。呂護之走野王也，遣弟奉表謝罪於儁，拜寧南將軍、河內太守。又上黨馮鴦自稱太守，附于張平，平屢言之，儁以平故，赦其罪，以為京兆太守。護、鴦亦陰通京師。張平跨有新興、雁門、西河、太原、上黨、上郡之地，壘壁三百餘，胡晉十餘萬戶，遂拜置征、鎮，爲鼎峙之勢。儁遣其司徒慕容評討平，領軍慕輿根討鷰，司空陽騖討昌，撫軍慕容臧攻歷。幷州壘壁降者百餘所，以尚書右僕射悅綰爲安西將軍、領護匈奴中郎將、幷州刺史以撫之。平所署征西諸葛驤、鎮北蘇象、寧東喬庶、鎮南石賢等率壘壁百三十八降于儁，儁大悅，皆復其官爵。既而平率衆三千奔于平陽，鷰奔于野王，歷走滎陽，昌奔邵陵，悉降其衆。

儁于是復圖入寇，兼欲經略關西，乃令州郡校閱見丁，精覆隱漏，率戶留一丁，餘悉發之，欲使步卒滿一百五十萬，期明年大集，將進臨洛陽，爲三方節度。武邑劉貴上書極諫，陳百姓凋弊，召兵非法，恐人不堪命，有土崩之禍，幷陳時政不便于時者十有三事。儁覽而悅之，付公卿博議，事多納用，乃改爲三五占兵，寬戎備一周，悉令明年季冬赴集鄴都。是歲，晉將荀羨攻山茌，拔之，斬儁太山太守賈堅。〔四〕儁青州刺史慕容塵遣司馬悅明救之，羨師敗績，復陷山茌。

儁立小學于顯賢里以教胄子。封其子泓爲濟北王，沖爲中山王。讌羣臣於蒲池，酒酣，賦詩，因談經史，語及周太子晉，潸然流涕，顧謂羣臣曰：「昔魏武追痛倉舒，孫權悼登無已，孤常謂二主緣愛稱奇，無大雅之體。自曄亡以來，孤鬢髮中白，始知二主有以而然。卿等言曄定何如也？孤今悼之，得無貽怪將來乎？」其司徒左長史李績對曰：「獻懷之在東宮，臣爲中庶子，既忝近侍，聖質志業，臣實不敢不知。臣聞道備無愆，其唯聖人乎。先太子大德有八，未見闕也。」儁曰：「卿言亦以過矣，然試言之。」績曰：「至孝自天，性與道合，此其一也。聰敏慧悟，機思若流，此其二也。沈毅好斷，理詣無幽，此其三也。疾諛亮物，雅悅直言，此其四也。好學愛賢，不恥下問，此其五也。英姿邁古，藝業超時，此其六也。虛襟恭讓，尊師重道，此其七也。輕財好施，勤恤民隱，此其八也。」儁泣曰：「卿雖褒譽，然此兒若在，吾死無憂也。吾既不能追蹤唐虞，官天下以禪有德，近模三王，以世傳授。景茂幼沖，器藝未舉，卿以爲何如？」績曰：「皇太子天資岐嶷，聖敬日躋，而八德闃然，二闕未補，雅好遊田，娛心絲竹，所以爲損耳。」儁顧謂暐曰：「伯陽之言，藥石之惠，汝宜戢之。」因問高年疾苦、孤寡不能自存者，賜穀帛有差。

儁夜夢石季龍齧其臂，寤而惡之，命發其墓，剖棺出尸，蹋而罵之曰：「死胡安敢夢生天子！」遣其御史中尉陽約數其殘酷之罪，鞭之，棄于漳水。

諸葛攸又率水陸三萬討儁，入自石門，屯于河渚。攸部將匡超進據碻磝，蕭館屯于新柵，又遣督護徐冏率水軍三千泛舟上下，爲東西聲勢。儁遣慕容評、傅顏等統步騎五萬，戰于東阿，王師敗績。

塞北七國賀蘭、涉勒等皆降。

俄而儁寢疾，謂慕容恪曰：「吾所疾惙然，當恐不濟。修短命也，復何所恨！但二寇未除，景茂沖幼，慮其未堪多難。吾欲遠追宋宣，以社稷屬汝。」恪曰：「太子雖幼，天縱聰聖，必能勝殘刑措，不可以亂正統也。」儁怒曰：「兄弟之間豈虛飾也！」恪曰：「陛下若以臣堪荷天下之任者，寧不能輔少主乎！」儁曰：「若汝行周公之事，吾復何憂！李績清方忠亮，堪任大事，汝善遇之。」

是時兵集鄴城，盜賊互起，每夜攻劫，晨昏斷行。於是寬常賦，設奇禁，賊盜有相告者賜奉車都尉，捕誅賊首木穀和等百餘人，乃止。

升平四年，儁死，時年四十二，在位十一年。〔五〕僞謚景昭皇帝，廟號烈祖，墓號龍陵。儁雅好文籍，自初即位至末年，講論不倦，覽政之暇，唯與侍臣錯綜義理，凡所著述四十餘篇。性嚴重，慎威儀，未曾以慢服臨朝，雖閑居宴處亦無懈怠之色云。

韓恒字景山，灌津人也。父默，以學行顯名。恒少能屬文，師事同郡張載，載奇之，曰：「王佐才也。」身長八尺一寸，博覽經籍，無所不通。

永嘉之亂，避地遼東。廆既逐崔毖，復徙昌黎，召見，嘉之，拜參軍事。咸和中，宋該等建議以廆立功一隅，勤誠王室，位卑任重，不足以鎮華夷，宜表請大將軍、燕王之號。廆納之，命羣僚博議，咸以爲宜如該議。恒駁曰：「自羣胡乘間，人嬰荼毒，諸夏蕭條，無復綱紀。明公忠武篤誠，憂勤社稷，抗節孤危之中，建功萬里之外，終古勤王之義，未之有也。夫立功者患信義不著，不患名位不高，故桓文有寧復一匡之功，亦不先求禮命以令諸侯。宜繕甲兵，候機會，除羣凶，靖四海，功成之後，九錫自至。且要君以求寵爵者，非爲臣之義也。」廆不平之，出爲新昌令。

皝爲鎭軍，復參軍事。遷營丘太守，政化大行。儁爲大將軍，徵拜諮議參軍，加揚烈將軍。

儁僭位，將定五行次，衆論紛紜。恒時疾在龍城，儁召恒以決之。恒未至而羣臣議以燕宜承晉爲水德。既而恒至，言於儁曰：「趙有中原，非唯人事，天所命也。天實與之，而人奪之，臣竊謂不可。且大燕王迹始自於震，於易，震爲青龍。受命之初，有龍見於都邑城，龍爲木德，幽契之符也。」儁初雖難改，後終從恒議。儁祕書監淸河聶熊聞恒言，乃歎曰：「不有君子，國何以興，其韓令君之謂乎！」後與李產俱傅東宮，從太子曄入朝，儁顧謂左右曰：「此二傅一代偉人，未易繼也。」其見重如此。

李產字子喬，范陽人也。少剛厲，有志格。永嘉之亂，同郡祖逖擁衆部於南土，力能自固，產遂往依之。逖素好從橫，弟約有大志，產微知其旨，乃率子弟十數人間行還鄉里，仕於石氏，爲本郡太守。

及慕容儁南征，前鋒達郡界，鄉人皆勸產降，產曰：「夫受人之祿，當同其安危，今若舍此節以圖存，義士將謂我何！」衆潰，始詣軍請降。儁嘲之曰：「卿受石氏寵任，衣錦本鄉，何故不能立功於時，而反委質乎！烈士處身於世，固當如是邪？」產泣曰：「誠知天命有歸，非微臣所抗。然犬馬爲主，豈忘自效，但以孤窮勢蹙，致力無術，僶俛歸死，實非誠款。」儁嘉其慷慨，顧謂左右曰：「此眞長者也。」乃擢用之，歷位尚書。性剛正，好直言，每至進見，未嘗不論朝政之得失，同輩咸憚焉，儁亦敬其儒雅。前後固辭年老，不堪理劇。轉拜太子太保。謂子績曰：「以吾之才而致於此，始者之願亦已過矣，不可復以西夕之年取笑於來今也。」固辭而歸，死於家。子績。〔六〕

績字伯陽，少以風節知名，淸辯有辭理。弱冠爲郡功曹。時石季龍親征段遼，師次范陽，百姓饑儉，軍供有闕。季龍大怒，太守惶怖避匿。績進曰：「郡帶北裔，與寇接壤，疆埸之間，人懷危慮。聞輿駕親戎，將除殘賊，雖嬰兒白首，咸思效命，非唯爲國，亦自求寧，雖身膏草野，猶甘爲之，敢有私吝而闕軍實！但比年災儉，家有菜色，困弊力屈，無所取濟，逋廢之罪，情在可矜。」季龍見績年少有壯節，嘉而恕之，於是太守獲免。

刺史王午辟爲主簿。儁之南征也，隨午奔魯口。鄧恒謂午曰：「績鄉里在北，父已降燕，今雖在此，終不爲用，方爲人患。」午曰：「績於喪亂之中捐家立義，情節之重，有侔古烈，若懷嫌害之，必駭衆望。」恒乃止。午恐績終爲恒所害，乃資遣之。及到，儁責其背親後至，績答曰：「臣聞豫讓報智伯仇，稱于前史。既官身所在，何事非君！陛下方弘唐虞之化，臣實未謂歸順之晚也。」儁曰：「此亦事主之一節耳。」累遷太子中庶子。

及暐立，慕容恪欲以績爲尚書右僕射，暐憾績往言，不許。恪屢請，乃謂恪曰：「萬機之事委之叔父，伯陽一人，暐請獨裁。」績遂憂死。

校勘記

〔一〕 儁死永和五年僭卽燕王位依春秋列國故事稱元年　儁死儁嗣位在永和四年，改稱元年則在五年。御覽一二一引前燕錄作：「儁薨，儁卽燕王位，赦其境內。元年春正月，儁依春秋列國故事稱元年」，甚明。載記改「元年春正月」爲「永和五年」，而誤移於「卽燕王位」之前，遂似儁死卽位亦在五年。

〔二〕 冉閔殺石祗至常煒聘於儁　通鑑九九常煒使儁在永和七年三月，時閔方攻祗於襄國，祗死在五月。疑「殺」當作「攻」，或「石祗」爲「石鑒」之誤。

〔三〕北中郎將謝萬先據梁宋　校文：謝萬時爲西中郎將，北中郎將則郗曇也。傳脫郗名而以其官加之萬，疏矣。又考帝紀，萬喪師事在升平三年七月，荀羨山茌之敗則在二年十二月，今先列萬事而羨敗遠次於下文，序事先後倒置。

〔四〕斬儁太山太守賈堅　通鑑一〇〇云堅被擒，憤惋而卒，疑「斬」當作「擒」。

〔五〕在位十一年　校文：儁立於永和四年，至升平四年凡十三年，此云「十一年」，「一」當爲「三」之譌。按：此自永和五年改元起算，亦當是「十二年」，「一」字必譌。

〔六〕子績　斠注：李秀碑作「產子續」，此「績」字爲「續」之譌。按：册府二二五又譌作「緒」。李績已見上文，下有附傳，不具出校。

晉書卷一百十一

載記第十一

慕容暐 慕容恪 陽騖 皇甫眞

慕容暐字景茂，儁第三子也。初封中山王，尋立爲太子。及儁死，羣臣欲立慕容恪，恪辭曰：「國有儲君，非吾節也。」於是立暐。

升平四年，僭卽皇帝位，大赦境內，改元曰建熙，立其母可足渾氏爲皇太后。以慕容恪爲太宰、錄尚書，行周公事；慕容評爲太傅，副贊朝政；慕輿根爲太師；慕容垂爲河南大都督、征南將軍、兗州牧、荆州刺史，領護南蠻校尉，鎭梁國；孫希爲安西將軍、幷州刺史；傅顏爲護軍將軍；其餘封授各有差。

暐既庸弱，國事皆委之於恪。慕輿根自恃勳舊，驕傲有無上之心，忌恪之總朝權，將伺隙爲亂，乃言於恪曰：「今主上幼沖，母后干政，殿下宜慮楊駿、諸葛元遜之變，思有以自全。

且定天下者，殿下之功也，兄亡弟及，先王之成制，過山陵之後，可廢主上爲一國王，殿下踐尊位，以建大燕無窮之慶。」恪曰：「公醉乎？何言之勃也！昔曹臧、吳札並於家難之際，猶曰爲君非吾節，況今儲君嗣統，四海無虞，宰輔受遺，奈何便有私議！公忘先帝之言乎？」根大懼，陳謝而退。恪以告慕容垂，垂勸恪誅之。恪曰：「今新遭大凶，二虜伺隙，山陵未建，而宰輔自相誅滅，恐乖遠近之望，且可容忍之。」根與左衞慕輿干潛謀誅恪及評，因而篡位。入白可足渾氏及暐曰：「太宰、太傅將謀爲亂，臣請率禁兵誅之，以安社稷。」可足渾氏將從之，暐曰：「二公國之親穆，先帝所託，終應無此，未必非太師將爲亂也。」於是使其侍中皇甫眞、護軍傅顏收根等，於禁中斬之，大赦境內。遣傅顏率騎二萬觀兵河南，臨淮而還，軍威甚盛。

初，儁所署寧南將軍呂護據野王，陰通京師，穆帝以護爲前將軍、冀州刺史。儁死，謀引王師襲鄴，事覺，暐使慕容恪等率衆五萬討之。傅顏言於恪曰：「護窮寇假合，王師旣臨，則上下喪氣，曾不敢闚兵中路，展其螗蜋之心。此則士卒懾魂，敗亡之驗也。殿下前以廣固天險，守易攻難，故爲長久之策。今賊形便不與往同，宜急攻之，以省千金之費。」恪曰：「護老賊，經變多矣。觀其爲備之道，未易卒平。今圈之窮城，樵採路絕，內無蓄積，外無强援，不過十旬，其斃必矣，何必遽殘士卒之命而趣一時之利哉！吾嚴濬圍壘，休養將卒，以重官美貨間而離之。事淹勢窮，其釁易動；我則未勞，而寇已斃。此爲兵不血刃，坐以制勝也。」遂列長圍守之。護遣其將張興率勁卒七千出戰，傅顏擊斬之。自三月至八月而野王潰，護南奔于晉，悉降其衆。尋復叛歸于暐，暐待之如初。因遣傅顏與護率衆據河陰。顏北襲敕勒，大獲而還。護攻洛陽，中流矢而死。將軍段崇收軍北渡，屯于野王。

暐遣其寧東慕容忠攻陷滎陽，又遣鎮南慕容塵寇長平。〔一〕時晉冠軍將軍陳祐戍洛陽，遣使請救，帝遣桓溫援之。

興寧初，暐復使慕容評寇許昌、懸瓠、陳城，〔二〕並陷之，遂略汝南諸郡，徙萬餘戶于幽冀。暐豫州刺史孫興上疏，請步卒五千先圖洛陽。暐納之，遣其太宰司馬悅希軍于盟津，孫興分戍成皋，以爲之聲援。尋而陳祐率衆奔陸渾，河南諸壘悉陷于希。慕容恪攻陷金墉，害揚威將軍沈勁。以其左中郎將慕容筑爲假節、征虜將軍、洛州刺史，鎮金墉，慕容垂爲都督荆揚洛徐兗豫雍益梁秦等十州諸軍事、征南大將軍、荆州牧，配兵一萬，鎮魯陽。

時暐境內多水旱，慕容恪、慕容評並稽首歸政，請遜位還第，曰：「臣以朽闇，器非經國，過荷先帝拔擢之恩，又蒙陛下殊常之遇，猥以輕才，竊位宰錄，不能上諧陰陽，下釐庶政，致使水旱愆和，彝倫失序，轅弱任重，夕惕唯憂。臣聞王者則天建國，辨方正位，司必量才，官惟德舉。台傅之重，參理三光，苟非其人，則靈曜爲虧。尸祿貽殃，負乘招悔，由來常道，未之或差。以姬旦之勳聖，猶近則二公不悅，遠則管蔡流言，況臣等寵緣戚來，榮非才授，而可久點天官，塵蔽賢路！是以中年拜表，披陳丹款。聖恩齒舊，未忍遐棄，奄冉偷榮，愆責彌厚。自待罪鼎司，歲餘辰紀，忝冒宰衡，七載于茲。雖乃心經略，而思不周務，至令二方干紀，跋扈未庭，同文之詠，有慚盛漢，深乖先帝託付之規，甚違陛下垂拱之義。臣雖不敏，竊聞君子之言，敢忘虞丘避賢之美，輒循兩疏知止之分，謹送太宰、大司馬、太傅、司徒章綬，惟垂昭許。」暐曰：「朕以不天，早傾乾覆，先帝所託，唯在二公。二公懿親碩德，勳高魯衞，翼贊王室，輔導朕躬，宣慈惠和，坐而待旦，虔誠夕惕，美亦至矣。故能外掃羣凶，內清九土，四海晏如，政和時洽。雖宗廟社稷之靈，抑亦公之力也。今關右有未賓之氐，江吳有遺燼之虜，方賴謀猷，混寧六合，豈宜虛己謙沖，以違委任之重！王其割二疏獨善之小，以成公旦復衰之大。」恪、評等固請致政，暐曰：「夫建德者必以終善爲名，佐命者則以功成爲效。公與先帝開構洪基，膺天明命，將廓夷羣醜，紹復隆周之迹。災眚橫流，乾光墜曜。朕以眇躬，猥荷大業，不能上成先帝遺志，致使二虜遊魂，所以功未成也，豈宜沖退。且古之王者，不以天下爲榮，憂四海若荷擔，然後仁讓之風行，則比屋而可封。今道化未純，鯨鯢未殄，宗社之重，非唯朕身，公所憂也。當思所以寧濟兆庶，靖難敦風，垂美將來，侔蹤周漢，不宜崇飾常節，以違至公。」遂斷其讓表，恪、評等乃止。

暐鍾律郎郭欽奏議以暐承石季龍水爲木德，暐從之。

太和元年，〔三〕暐遣撫軍慕容厲攻晉太山太守諸葛攸。攸奔于淮南，厲悉陷兗州諸郡，置守宰而還。

慕容恪有疾，深慮暐政不在己，慕容評性多猜忌，大司馬之位不能允授人望，乃召暐兄樂安王臧謂之曰：「今勁秦跋扈，强吳未賓，二寇並懷進取，但患事之無由耳。夫安危在得人，國興在賢輔，若能推才任忠，和同宗盟，則四海不足圖，二虜豈能爲難哉！吾以常才，受先帝顧託之重，每欲掃平關隴，蕩一甌吳，庶嗣成先帝遺志，謝憂責于當年。而疾固彌留，恐此志不遂，所以沒有餘恨也。吳王天資英傑，經略超時，司馬職統兵權，不可以失人，吾終之後，必以授之。若以親疏次第，不以授汝，當以授沖。汝等雖才識明敏，然未堪多難，國家安危，實在于此，不可昧利忘憂，以致大悔也。」又以告評。月餘而死，其國中皆痛惜之。

先是，晉南陽督護趙弘以宛降于暐，暐遣其南中郎將趙盤自魯陽戍宛。至此，晉右將軍桓豁攻宛，拔之，趙盤退奔魯陽。豁遣輕騎追盤，及於雉城，大戰敗之，執盤，戍宛而歸。

苻堅將苻廋據陝，〔四〕降于暐。時有圖書云：「燕馬當飲渭水。」堅恐暐乘釁入關，大懼，乃盡精銳以備華陰。暐羣下議欲遣兵救廋，因圖關右。慕容評素無經略，又受苻堅間貨，沮議曰：「秦雖有難，未易可圖。朝廷雖明，豈如先帝，吾等經略，又非太宰之匹，終不能平秦也。但可閉關息旅，保寧疆埸足矣。」暐魏尹慕容德上疏曰：「先帝應天順時，受命革代，方以文德懷遠，以一六合。神功未就，奄忽升遐。昔周文既沒，武王嗣興，伏惟陛下則天比德，揆聖齊功，方闡崇乾基，纂成先志。逆氐僭據關隴，號同王者，惡積禍盈，自相疑戮，釁起蕭牆，勢分四國，投誠請援，旬日相尋，豈非凶運將終，數歸有道。兼弱攻昧，取亂侮亡，機之上也。今秦土四分，可謂弱矣。時來運集，天贊我也。天與不取，反受其殃。吳越之鑒，我之師也。宜應天人之會，建牧野之旗。命皇甫眞引并冀之衆，徑趣蒲坂；臣垂引許洛之兵，馳解讙圍；太傅總京都武旅，爲二軍後繼。飛檄三輔，仁聲先路，獲城即侯，微功必賞，此則鬱概待時之雄，抱志未申之傑，必嶽峙灞上，雲屯隴下。天羅既張，內外勢合，區區僭豎，不走則降，大同之舉，今其時也。願陛下獨斷聖慮，無訪仁人。」暐覽表大悅，將從之。評固執不許，乃止。苻謏知評、暐之無遠略，恐救師弗至，乃牋於慕容垂、皇甫眞曰：「苻堅、王猛皆人傑也，謀爲燕患，爲日久矣。今若乘機不赴，恐燕之君臣將有甬東之悔。」垂得書，私於眞曰：「方爲人患者必在於秦，主上富於春秋，未能留心政事，觀太傅度略，豈能抗苻堅、王猛乎？」眞曰：「然，繞朝有云，謀之不從可如何！」

暐僕射悅綰言於暐曰：「太宰政尚寬和，百姓多有隱附。傳曰，唯有德者可以寬臨衆，其次莫如猛。今諸軍營戶，三分共貫，風教陵弊，威綱不舉，宜悉罷軍封，以實天府之饒，肅明法令，以清四海。」暐納之。綰既定制，朝野震驚，出戶二十餘萬。慕容評大不平，尋賊綰，殺之。

晉大司馬桓溫、江州刺史桓沖、豫州刺史袁眞率衆五萬伐暐，前兗州刺史孫元起兵應之。溫部將檀玄攻胡陸，執暐寧東慕容忠。暐遣其將慕容厲與溫戰于黃墟，厲師大敗，單馬奔還。高平太守徐翻以郡歸順。溫前鋒朱序又破暐將傅顏于林渚，溫軍大振，次于枋頭。暐懼，謀奔和龍。慕容垂曰：「不然。臣請擊之，若戰不捷，走未晚也。」乃以垂爲使持節、南討大都督，慕容德爲征南將軍，率衆五萬距溫，使其散騎侍郎樂嵩乞師於苻堅。堅遣將軍苟池率衆二萬，出自洛陽，師于潁川，外爲赴援，內實觀隙，有兼幷之志矣。慕容德屯于石門，絕溫糧漕。豫州刺史李邽〔五〕率州兵五千斷溫餽運。溫頻戰不利，糧運復絕，及聞堅師之至，乃焚舟棄甲而退。德率勁騎四千，先溫至襄邑東，伏於澗中，與垂前後夾擊，王師大敗，死者三萬餘人。苟池聞溫班師，邀擊於譙，溫衆又敗，死者萬計。

垂既有大功，威德彌振，慕容評素不平之。垂又言其將孫蓋等摧鋒陷銳，宜論功超授，評寢而不錄。垂數以爲言，頗與評廷爭。可足渾氏素惡垂，毀其戰功，遂與評謀殺垂。垂懼，奔于苻堅。

先是，暐使其黄門侍郎梁琛聘于堅。琛還，言於評曰：「秦揚兵講武，運粟陝東，以琛觀之，無久和之理。兼吴王西奔，必有覬覦之計，深宜備之。」評曰：「不然。秦豈可受吾叛臣而不懷和好哉！」琛曰：「鄰國相幷，有自來矣。況今並稱大號，理無俱存。苻堅機明好斷，納善如流。王猛有王佐之才，鋭於進取。觀其君臣相得，自謂千載一時。桓溫不足爲慮，終爲人患者，其唯王猛乎。」暐、評不以爲虞。皇甫眞又陳其事曰：「苻堅雖聘使相尋，託輔車爲諭，然抗均鄰敵，勢同戰國，明其甘於取利，無慕善之心，終不能守信存和，以崇久要也。頃來行人累續，兼師出洛川，夷險要害，具之耳目。觀虛實以措姦圖，聽風塵而伺國隙者，寇之常也。又吴王外奔，爲之謀主，伍員之禍，不可不慮。洛陽、幷州、壺關諸城，並宜增兵益守，以防未兆。」暐召評而謀之。評曰：「秦國小力弱，杖我爲援，且苻堅庶幾善道，終不納叛臣之言。不宜輕自擾懼，以動寇心也。」暐從之。

俄而堅遣其將王猛率衆伐暐，攻慕容筑于金墉。暐遣慕容臧率衆救之。臧次滎陽，猛部將梁成、洛州刺史鄧羌與臧戰于石門，臧師敗績，死者萬餘，遂相持于石門。筑以救兵不至，以金墉降于猛。梁成又敗慕容臧，斬首三千餘級，獲其將軍楊璩，臧遂城新樂而還。

桓溫之敗也，歸罪于豫州刺史袁眞。眞怒，以壽陽降暐，暐遣其大鴻臚溫統署眞爲使持節、散騎常侍、都督淮南諸軍事、征南大將軍、領護南蠻校尉、揚州刺史，封宣城公，未至而貞、統俱卒。貞黨朱輔立貞子瑾爲建威將軍、豫州刺史，以固壽陽。時外則王師及苻堅交侵，兵革不息；內則暐母亂政，評等貪冒，政以賄成，官非才舉，羣下切齒焉。其尚書左丞申紹上疏曰：

臣聞漢宣有言：「與朕共治天下者，其唯良二千石乎！」是以特重此選，必妙盡英才，莫不拔自貢士，歷資內外，用能仁感猛獸，惠致羣祥。今者守宰或擢自匹夫兵將之間，或因寵戚，藉緣時會，非但無聞於州閭，亦不經于朝廷。又無考績，黜陟幽明。貪惰爲惡，無刑戮之懼；淸勤奉法，無爵賞之勸。百姓窮弊，侵賕無已，兵士逋逃，乃相招爲賊盜。風頹化替，莫相糾攝。且吏多則政煩，由來常患。今之見戶，不過漢之一大郡，而備置百官，加之新立軍號，兼重有過往時。虛假名位，廢棄農業，公私驅擾，人無聊生。宜幷官省職，務勸農桑。秦吳二虜僭僞一時，尙能任道捐情，肅諧僞部，況大燕累聖重光，君臨四海，而可美政或虧，取陵姦寇哉！鄰之有善，衆之所望，我之不修，彼之願也。

秦吳狡猾，地居形勝，非唯守境而已，乃有吞噬之心。中州豐實，戶兼二寇，弓馬之勁，秦晉所憚，雲騎風馳，國之常也，而比赴敵後機，兵不速濟者何也？皆由賦法靡恒，役之非道。郡縣守宰每於差調之際，無不舍越殷强，首先貧弱，行留俱窘，資贍無所，人懷嗟怨，遂致奔亡，進闕供國之饒，退離蠶農之要。兵豈在多，貴於用命。宜嚴制軍科，務先饒復，習兵教戰，使偏伍有常，從戎之外，足營私業，父兄有陟岵之觀，子弟懷孔爾之顧，雖赴水火，何所不從！

節儉約費，先王格謨；去華敦朴，哲后恒憲。故周公戒成王以啬財爲本，漢文以阜幃變俗，孝景宮人弗過千餘，魏武寵賜不盈十萬，薄葬不墳，儉以率下，所以割肌膚之惠，全百姓之力。謹案後宮四千有餘，僮侍厮養通兼十倍，日費之重，價盈萬金，綺縠羅紈，歲增常調，戎器弗營，奢玩是務。今帑藏虛竭，軍士無襜褕之賚，宰相侯王迭以侈麗相尙，風靡之化，積習成俗，臥薪之諭，未足甚焉。宜罷浮華非要之役，峻明婚姻喪葬之條，禁絕奢靡浮煩之事，出傾宮之女，均商農之賦。公卿以下以四海爲家，信賞必罰，綱維肅舉者，溫猛之首可懸之白旗，秦吳二主可以禮之歸命，豈唯不復侵寇而已哉！陛下若不遠追漢宗弋綈之模，近崇先帝補衣之美，臣恐頹風弊俗亦革變靡途，中興之歌無以軫之絃詠。

又拓宇兼幷，不在一城之地；控制戎夷者，懷之以德。今魯陽、上郡重山之外，雲陰之北，四百有餘，而未可以羈服塞表，爲平寇之基，徒孤危託落，令善附內駭。宜攝就幷豫，以臨二河，通接漕轂，擬之丘後；重晉陽之戍，增南藩之兵，戰守之備，衒以千金之餌，蓄力待時，可一舉而滅。如其虔劉送死，俟入境而斷之，可令匹馬不反。非唯絕二賊闚闞，乃是戡殄之要，惟陛下覽焉。

暐不納。

苻堅又使王猛、楊安率衆伐暐，猛攻壺關，安攻晉陽。暐使慕容評等率中外精卒四十餘萬距之。猛、安進師潞川。州郡盜賊大起，鄴中多怪異，暐憂懼不知所爲，乃召其使而問曰：「秦衆何如？今大師旣出，猛等能戰不？」或對曰：「秦國小兵弱，豈王師之敵，景略常才，又非太傅之匹，不足憂也。」黃門侍郎梁琛、中書侍郎樂嵩進曰：「不然。兵書之義，計敵能鬭，當以算取之。若冀敵不鬭，非萬全之道也。慶鄭有云：『秦衆雖少，戰士倍我。』衆之多少，非可問也。且秦行師千里，固戰是求，何不戰之有乎！」暐不悅。

猛與評等相持。評以猛懸軍遠入，利在速戰，議以持久制之。猛乃遣其將郭慶率騎五千，夜從閒道起火高山，燒評輜重，火見鄴中。評性貪鄙，鄣固山泉，賣樵鬻水，積錢絹如丘陵，三軍莫有鬭志。暐遣其侍中蘭伊讓評曰：「王，高祖之子也，宜以宗廟社稷爲憂，奈何不務撫養勳勞，專以聚斂爲心乎！府藏之珍貨，朕豈與王愛之！若寇軍冒進，王持錢帛安所置也！皮之不存，毛將安傅！錢帛可散之三軍，以平寇凱旋爲先也。」評懼而與猛戰于潞川，評師大敗，死者五萬餘人，評等單騎遁還。猛遂長驅至鄴，堅復率衆十萬會猛攻暐。

先是，慕容桓以衆萬餘屯于沙亭，爲評等後繼。聞評敗，引屯內黃。堅遣將鄧羌攻信都，桓率鮮卑五千退保和龍。散騎侍郎徐蔚等率扶餘、高句麗及上黨質子五百餘人，夜開城門以納堅軍。暐與評等數十騎奔于昌黎。堅遣郭慶追及暐于高陽，堅將巨武執暐，〔六〕將縛之，暐曰：「汝何小人而縛天子！」武曰：「我梁山巨武，受詔縛賊，何謂天子邪！」遂送暐于堅。堅詰其奔狀，暐曰：「狐死首丘，欲歸死于先人墳墓耳！」堅哀而釋之，令還宮率文武出降。郭慶遂追評、桓于和龍。桓殺其鎭東慕容亮而幷其衆，攻其遼東太守韓稠于平川。郭慶遣將軍朱嶷擊桓，執而送之。

堅徙暐及其王公已下幷鮮卑四萬餘戶于長安，封暐新興侯，署爲尚書。堅征壽春，以暐爲平南將軍、別部都督。淮南之敗，隨堅還長安。旣而慕容垂攻苻丕于鄴，慕容沖起兵關中，暐謀殺堅以應之，事發，爲堅所誅，時年三十五。及德僭稱尊號，僞謚幽皇帝。

始廆以武帝太康六年稱公，至暐四世。暐在位一十一年，〔七〕以海西公太和五年滅，通廆、皝凡八十五年。〔八〕

慕容恪字玄恭，皝之第四子也。幼而謹厚，沈深有大度。母高氏無寵，皝未之奇也。年十五，身長八尺七寸，容貌魁傑，雄毅嚴重，每所言及，輒經綸世務，皝始異焉，乃授之以兵。

數從皝征伐，臨機多奇策。使鎮遼東，甚有威惠，高句麗憚之，不敢爲寇。皝使恪與儁俱伐夫餘，儁居中指授而已，恪身當矢石，推鋒而進，所嚮輒潰。

皝將終，謂儁曰：「今中原未一，方建大事，恪智勇俱濟，汝其委之。」及儁嗣位，彌加親任。累戰有大功，封太原王，拜侍中、假節、大都督、錄尚書。儁寢疾，引恪與慕容評屬以後事。及暐之世，總攝朝權。初，建鄴聞儁死，曰：「中原可圖矣。」桓溫曰：「慕容恪尚存，所憂方爲大耳。」

慕輿根之就誅也，內外危懼。恪容止如常，神色自若，出入往還，一人步從。或有諫之者，恪曰：「人情懷懼，且當自安以靖之。吾復不安，則衆何瞻仰哉！」於是人心稍定。恪虛襟待物，諮詢善道，量才處任，使人不踰位。朝廷謹肅，進止有常度，雖執權政，每事必諮之於評。罷朝歸第，則盡心色養，手不釋卷。其百僚有過，未嘗顯之，自是庶僚化德，稀有犯者。

恪之圍洛陽也，秦中大震，苻堅親將以備潼關，軍迴乃定。恪爲將不尙威嚴，專以恩信御物，務於大略，不以小令勞衆。軍士有犯法，密縱舍之，捕斬賊首以令軍。營內不整似可犯，而防禦甚嚴，終無喪敗。

臨終，暐親臨問以後事，恪曰：「臣聞報恩莫大薦士，板築猶可，而況國之懿藩！吳王文武兼才，管蕭之亞，陛下若任之以政，國其少安。不然，臣恐二寇必有闚闟之計。」言終而死。

陽騖字士秋，右北平無終人也。父耽，仕廆，官至東夷校尉。騖少清素好學，器識沈遠。起家爲平州別駕，屢獻安時强國之術，事多納用，廆甚奇之。皝即王位，遷左長史。東西征伐，參謀幃幄。皝臨終謂儁曰：「陽士秋忠幹貞固，可託付大事，汝善待之。」儁之將圖中原也，騖制勝之功亞于慕容恪。暐既嗣僞位，申以師傅之禮，親遇日隆。及爲太尉，慨然而歎曰：「昔常林、徐邈先代名臣，猶以鼎足任重而終辭三事。以吾虛薄，何德以堪之！」固求罷職，言甚懇至，暐優答不許。

騖清貞謙謹，老而彌篤，既以宿望舊齒，自慕容恪已下莫不畢拜。性儉約，常乘弊車瘠馬，及死，無斂財。

皇甫眞字楚季，安定朝那人也。弱冠，以高才，廆拜爲遼東國侍郎。皝嗣位，遷平州別駕。時內難連年，百姓勞瘁，眞議欲寬減歲賦，休息力役。不合旨，免官。後以破麻秋之功，拜奉車都尉，守遼東、營丘二郡太守，皆有善政。及儁僭位，入爲典書令。後從慕容評攻拔鄴都，珍貨充溢，眞一無所取，唯存恤人物，收圖籍而已。儁臨終，與慕容恪等俱受顧託。

慕輿根將謀爲亂，眞陰察知之，乃言於恪，請除之。恪未忍顯其事。俄而根謀發伏誅，恪謝眞曰：「不從君言，幾成禍敗。」呂護之叛，恪謀於朝曰：「遠人不服，修文德以來之。今護宜以恩詔降乎，不宜以兵戈取也？」眞曰：「護九年之間三背王命，揆其姦心，凶勃未已。明公方飲馬江湘，勒銘劍閣，況護蕞爾近畿而不梟戮，宜以兵算取之，不可復以文檄喻也。」恪從之。以眞爲冠軍將軍、別部都督。師還，拜鎭西將軍、幷州刺史，領護匈奴中郎將。徵還，拜侍中、光祿大夫，累遷太尉、侍中。

苻堅密謀兼幷，欲覩釁隙，乃遣其西戎主簿郭辯潛結匈奴左賢王曹轂，〔九〕令轂遣使詣鄴，辯因從之。眞兄典仕苻堅爲散騎常侍，從子奮、覆並顯關西。辯既至鄴，歷造公卿，言于眞曰：「辯家爲秦所誅，故寄命曹王，貴兄常侍及奮、覆兄弟並相知在素。」眞怒曰：「臣無境外之交，斯言何以及我！君似姦人，得無因緣假託乎！」乃白暐請窮詰之，暐、評不許。辯還謂堅曰：「燕朝無綱紀，實可圖之。鑒機識變，唯皇甫眞耳。」堅曰：「以六州之地，豈無智識士一人哉！眞亦秦人，而燕用之，固知關西多君子矣。」

眞性淸儉寡慾，不營產業，飲酒至石餘不亂，雅好屬文，凡著詩賦四十餘篇。

王猛入鄴，眞望馬首拜之。明日更見，語乃卿猛。猛曰：「昨拜今卿，何恭慢之相違也？」眞答曰：「卿昨爲賊，朝是國士，吾拜賊而卿國士，何所怪也？」猛大嘉之，謂權翼曰：「皇甫眞故大器也。」從堅入關，爲奉車都尉，數歲而死。

史臣曰：觀夫北陰衍氣，醜虜彙生，隔閡諸華，聲敎莫之漸，雄據殊壤，貪悍成其俗，先叛後服，蓋常性也。自當塗紊紀，典午握符，推亡之功，掩岷吳而可錄，御遠之策，懷戎狄而猶漏。慕容廆英姿偉量，是曰邊豪，釁迹姦圖，實惟亂首。何者？無名而舉，表深譏於魯冊；象龔致罰，昭大訓於姚典。況乎放命挻禍，距戰發其狼心；剽邑屠城，略地騁其螢賊。既而二帝遘平陽之酷，按兵窺運；五鑼啓金陵之祚，率禮稱藩。勤王之誠，當君危而未立；匡主之節，俟國泰而將徇。適所謂相時而動，豈素蓄之款哉！然其制敵多權，臨下以惠，勸農桑，敦地利，任賢士，該時傑，故能恢一方之業，創累葉之基焉。

元眞體貌不恒，暗符天表，沈毅自處，頗懷奇略。于時羣雄角立，爭奪在辰，顯宗主祭于沖年，庾亮竊政于元舅，朝綱不振，天步孔艱，遂得據已成之資，乘土崩之會。揚兵南騖，則烏丸卷甲；建旆東征，則宇文摧陣。乃負險自固，恃勝而驕，端拱稱王，不待朝命。昔鄭武職居三事，爵不改伯；齊桓績宣九合，位止爲侯。瞻曩烈而功微，徵前經而禮縟，谿壑難滿，此之謂乎？

宣英文武兼優，加之以機斷，因石氏之釁，首圖中原，燕士協其籌，冀馬爲其用，一戰而平巨寇，再舉而拔堅城，氣讋傍鄰，威加邊服。便謂深功被物，天數在躬，遽竊鴻名，偷安寶籙。猶將席卷京洛，肆其蟻聚之徒；宰割黎元，縱其鯨吞之勢。使江左疲於奔命，職此之由。非夫天厭素靈而啓異類，不然者，其鋒何以若斯！

景茂庸材，不親厥務，賢輔攸賴，逆臣挫謀，於是陷金墉而款河南，包銅城而臨漠北，西秦勁卒頓函關而不進，東夏遺黎企鄴宮而授首。當此之時也，凶威轉熾。及玄恭即世，虐嫗亂朝。垂以勳德不容，評以黷貨干政，志士絕忠貞之路，讒人襲交亂之風。輕鄰反速其咎，禦敵罕修其備，以攜離之衆，抗敢死之師。鋒鏑未交，白溝淪境；衝輣暫擬，紫陌成墟。是知由余出而戎亡，子常升而郢覆，終於身死異域，智不自全，吉凶惟人，良所謂也。

贊曰：青山徙構，玄塞分疆。蠢茲雜種，奕世彌昌。角端掩月，步搖翻霜。乘危蝟起，怙險鴟張。假竊神器，憑陵帝鄉。守不以德，終致餘殃。

校勘記

〔一〕暐遣其寧東慕容忠至寇長平　哀紀、通鑑一〇一事在興寧元年。此記下文：「興寧初，暐復使慕容評寇許昌」，事在興寧二年。下「興寧初」三字應在此句上方合。

〔二〕陳城　哀紀、通鑑一〇一「城」作「郡」，是。

〔三〕太和元年　前記境內多水旱及恪請歸政。據御覽一一一引前燕錄稱建熙七年五月，暐下書稱「亢陽三時」云云，建熙七年乃晉太和元年。又慕容恪請歸政，通鑑一〇一亦在太和元年。則此「太和元年」四字應在上文「暐境內皆水旱」句之前方合。

〔四〕苻堅將苻謏　周校：「謏」，苻堅載記作「庾」。按：魏書苻堅傳亦作「庾」。然本書苻生載記仍作「謏」。通鑑一〇一作「廋」，胡注「疏鳩反」。本書音義作「謏」，「蘇鳥反」。「謏」「廋」音近。「廋」「庾」不知孰是。

〔五〕李邦　通鑑一〇二作「李邽」。

〔六〕巨武　校文：御覽一二一引前燕錄作「巨虎」，此避唐諱而改。

〔七〕暐在位一十一年　各本「一十一」作「二十一」。校文：暐於升平四年嗣位，至太和五年計十一年，此云「二十一年」，「二」字當衍。御覽一二一引晉書作「暐在位十一年」，本無「二」字。按：校文說是，張元濟校勘記謂所見另一宋本作「一十一」，故知「二」字非衍，乃「一」之訛。今改正。

〔八〕始廆以武帝太康六年稱公至暐四世至通廆皝凡八十五年　自太康六年至太和五年凡八十六年。廆載記亦未言廆於是年稱公，但云「建興中愍帝遣使拜廆鎮軍將軍、昌黎、遼東二國公」，魏書庾傳同。自建興元年至太和五年亦止五十八年。且庾載記稱建武初，元帝封庾爲昌黎公，庾讓而不受，似建興之封亦未受。其受遼東公之封實在太興四年，下至太和五年更止五十年。不知何以致誤。

〔九〕左賢王曹轂　周校：苻堅載記作「右賢王」。按：海西公紀同苻堅載記，疑作「右」是。

晉書卷一百十二

載記第十二

苻洪

苻洪字廣世，略陽臨渭氐人也。其先蓋有扈之苗裔，世爲西戎酋長。始其家池中蒲生，長五丈，五節如竹形，時咸謂之蒲家，因以爲氏焉。父懷歸，部落小帥。先是，隴右大雨，百姓苦之，謠曰：「雨若不止，洪水必起。」故因名曰洪。好施，多權略，驍武善騎射。

屬永嘉之亂，乃散千金，召英傑之士訪安危變通之術。宗人蒲光、蒲突遂推洪爲盟主。劉曜僭號長安，光等逼洪歸曜，拜率義侯。曜敗，洪西保隴山。石季龍將攻上邽，洪又請降。季龍大悅，拜冠軍將軍，委以西方之事。季龍滅石生，洪說季龍宜徙關中豪傑及羌戎內實京師。季龍從之，以洪爲龍驤將軍、流人都督，處于枋頭。累有戰功，封西平郡公，其部下賜爵關內侯者二千餘人，以洪爲關內領侯將。冉閔言於季龍曰：「苻洪雄果，其諸子並非常才，宜密除之。」季龍待之愈厚。及石遵卽位，閔又以爲言，遵乃去洪都督，餘如前。洪怨之，乃遣使降晉。後石鑒殺遵，所在兵起，洪有衆十餘萬。

永和六年，帝以洪爲征北大將軍、都督河北諸軍事、冀州刺史、廣川郡公。時有說洪稱尊號者，洪亦以讖文有「艸付應王」，又其孫堅背有「艸付」字，遂改姓苻氏，自稱大將軍、大單于、三秦王。洪謂博士胡文曰：「孤率衆十萬，居形勝之地，冉閔、慕容儁可指辰而殄，姚襄父子克之在吾數中，孤取天下，有易於漢祖。」初，季龍以麻秋鎮枹罕，冉閔之亂，秋歸鄴，洪使子雄擊而獲之，以秋爲軍師將軍。秋說洪西都長安，洪深然之。既而秋因宴鴆洪，將幷其衆，世子健收而斬之。洪將死，謂健曰：「所以未入關者，言中州可指時而定。今見困豎子，中原非汝兄弟所能辦。關中形勝，吾亡後便可鼓行而西。」言終而死，年六十六。健僭位，僞謚惠武帝。

苻健

苻健字建業，洪第三子也。初，母姜氏夢大羆而孕之，〔一〕及長，勇果便弓馬，好施，善事人，甚爲石季龍父子所親愛。季龍雖外禮苻氏，心實忌之，乃陰殺其諸兄，而不害健也。及洪死，健嗣位，去秦王之號，稱晉爵，遣使告喪于京師，且聽王命。

時京兆杜洪竊據長安，自稱晉征北將軍、雍州刺史，戎夏多歸之。健密圖關中，懼洪知之，乃僞受石祗官，繕宮室於枋頭，課所部種麥，示無西意，有知而不種者，健殺之以徇。既而自稱晉征西大將軍、都督關中諸軍事、雍州刺史，盡衆西行，起浮橋於盟津以濟。遣其弟雄率步騎五千入潼關，兄子菁自軹關入河東。健執菁手曰：「事若不捷，汝死河北，我死河南，不及黃泉，〔三〕無相見也。」既濟，焚橋，自統大衆繼雄而進。杜洪遣其將張先要健於潼關，健逆擊破之。健雖戰勝，猶修牋于洪，并送名馬珍寶，請至長安上尊號。洪曰：「幣重言甘，誘我也。」乃盡召關中之衆來距。健筮之，遇泰之臨，健曰：「小往大來，吉亨。昔往東而小，今還西而大，吉孰大焉！」是時衆星夾河西流，占者以爲百姓還西之象。健遂進軍，次赤水，遣雄略地渭北，又敗張先於陰槃，擒之，諸城盡陷，菁所至無不降者，三輔略定。健引兵至長安，洪奔司竹。健入而都之，遣使獻捷京師，并修好於桓溫。

健軍師將軍賈玄碩等表健爲侍中、大都督關中諸軍事、大單于、秦王，健怒曰：「我官位輕重，非若等所知。」既而潛使諷玄碩等使上尊號。永和七年，僭稱天王、大單于，赦境內死罪，建元皇始，繕宗廟社稷，置百官于長安。立妻强氏爲天王皇后，子萇爲天王皇太子，弟雄爲丞相、都督中外諸軍事、車騎大將軍、領雍州刺史，自餘封授各有差。

初，杜洪之奔也，招晉梁州刺史司馬勳。至是，勳率步騎三萬入秦川，健敗之於五丈原。

八年，健僭卽皇帝位于太極前殿，諸公進爲王，以大單于授其子萇。杜洪屯宜秋，爲其將張琚所殺，琚自立爲秦王，置百官。健率步騎二萬攻琚，斬其首。健至自宜秋，遣雄、菁率衆掠關東，并援石季龍豫州刺史張遇於許昌，與晉鎭西將軍謝尚戰于潁水之上，王師敗績。雄乘勝逐北，至于壘門，殺傷太半，遂虜遇及其衆歸于長安，拜遇司空、豫州刺史，鎭許昌。雄攻王擢於隴上，擢奔涼州，雄屯隴東。張重華拜擢征東大將軍，使與其將張弘、宋脩連兵伐雄。雄與菁率衆擊敗之，獲弘、脩送長安。

初，張遇自許昌來降，健納遇後母韓氏爲昭儀，每於衆中謂遇曰：「卿，吾子也。」遇慚恨，引關中諸將欲以雍州歸順，乃與健中黃門劉晃謀夜襲健，事覺，遇害。於是孔特起池陽，〔三〕劉珍、夏侯顯起鄠，喬景起雍，〔四〕胡陽赤起司竹，呼延毒起霸城，衆數萬人，並遣使詣征西桓溫、中軍殷浩請救。

雄遣菁掠上洛郡，於豐陽縣立荆州，以引南金奇貨、弓竿漆蠟，通關市，來遠商，於是國用充足，而異賄盈積矣。

十年，溫率衆四萬趨長安，遣別將從均口入淅川，〔五〕攻上洛，執健荆州刺史郭敬，而遣司馬勳掠西鄙。健遣其子萇率雄、菁等衆五萬，距溫于堯柳城愁思堆。溫轉戰而前，次于霸上，萇等退營城南。健以羸兵六千固守長安小城，遣精鋭三萬爲游軍以距溫。三輔郡縣多降于溫。健别使雄領騎七千，與桓沖戰于白鹿原，王師敗績，又破司馬勳于子午谷。初，健聞溫之來也，收麥清野以待之，故溫衆大飢。至是，徙關中三千餘戶而歸。及至潼關，又爲萇等所敗，司馬勳奔還漢中。

其年，西虜乞沒軍邪遣子入侍，健于是置來賓館于平朔門以懷遠人。起靈臺於杜門。與百姓約法三章，薄賦卑宮，垂心政事，優禮耆老，修尚儒學，而關右稱來蘇焉。

新平有長人見，語百姓張靖曰：「苻氏應天受命，今當太平，外面者歸中而安泰。」問姓名，弗荅，俄而不見。新平令以聞，健以爲妖，下靖獄。會大雨霖，河渭溢，蒲津監寇登得一屐於河，長七尺三寸，人跡稱之，指長尺餘，文深一寸。健歎曰：「覆載之中何所不有，張靖所見定不虛也。」赦之。蝗蟲大起，自華澤至隴山，食百草無遺。牛馬相噉毛，猛獸及狼食人，行路斷絕。健自蠲百姓租稅，減膳徹懸，素服避正殿。

初，桓溫之入關也，其太子萇與溫戰，爲流矢所中死。至是，立其子生爲太子。健寢疾，菁勒兵入東宮，將殺苻生自立。時生侍健疾，菁以健爲死，迴攻東掖門。健聞變，升端門陳兵，衆皆舍杖逃散，執菁殺之。數日，健死，時年三十九，在位四年。〔六〕僞謚明皇帝，廟號世宗，後改曰高祖。

苻生 苻雄 王墮

生字長生，健第三子也。幼而無賴，祖洪甚惡之。生無一目，爲兒童時，洪戲之，問侍者曰：「吾聞瞎兒一淚，信乎？」侍者曰：「然。」生怒，引佩刀自刺出血，曰：「此亦一淚也。」洪大驚，鞭之。生曰：「性耐刀槊，不堪鞭捶。」洪曰：「汝爲爾不已，吾將以汝爲奴。」生曰：「可不如石勒也。」洪懼，跣而掩其口，謂健曰：「此兒狂勃，宜早除之，不然，長大必破人家。」健將殺之，雄止之曰：「兒長成自當修改，何至便可如此！」健乃止。及長，力舉千鈞，雄勇好殺，手格猛獸，走及奔馬，擊刺騎射，冠絕一時。桓溫之來伐也，生單馬入陣，搴旗斬將者前後十數。

萇既死，健以讖言三羊五眼應符，故立爲太子。健卒，僭卽皇帝位，大赦境內，改年壽光，時永和十二年也。〔七〕尊其母强氏爲皇太后，立妻梁氏爲皇后。以呂婆樓爲侍中、左大將軍，苻安領太尉，苻柳爲征東大將軍、并州牧，鎭蒲坂，苻謏爲鎭東大將軍、豫州牧，鎭陝城，自餘封授有差。

初，生將强懷與桓溫戰沒，其子延未及封而健死。會生出游，懷妻樊氏於道上書，論懷忠烈，請封其子。生怒，射而殺之。僞中書監胡文、中書令王魚言於生曰：「比頻有客星孛于大角，熒惑入于東井。大角爲帝坐，東井秦之分野，於占，不出三年，國有大喪，大臣戮死。願陛下遠追周文，修德以禳之，惠和羣臣，以成康哉之美。」生曰：「皇后與朕對臨天下，亦足以塞大喪之變。毛太傅、梁車騎、梁僕射受遺輔政，可謂大臣也。」於是殺其妻梁氏及太傅毛貴，車騎、尙書令梁楞，左僕射梁安。未幾，又誅侍中、丞相雷弱兒及其九子、二十七孫。諸羌悉叛。弱兒，南安羌酋也，剛鯁好直言，見生嬖臣趙韶、董榮亂政，每大言於朝，故榮等譖而誅之。

生雖在諒闇，游飮自若，荒耽淫虐，殺戮無道，常彎弓露刃以見朝臣，錘鉗鋸鑿備置左右。又納董榮之言，誅其司空王墮以應日蝕之災。饗羣臣于太極前殿，飮酣樂奏，生親歌以和之。命其尙書令辛牢典勸，既而怒曰：「何不强酒？猶有坐者！」引弓射牢而殺之。於是百僚大懼，無不引滿昏醉，汙服失冠，蓬頭僵仆，生以爲樂。

生聞張祚見殺，玄靚幼沖，命其征東苻柳參軍閻負、梁殊使涼州，以書喻之。負、殊至姑臧，玄靚年幼，不見殊等。其涼州牧張瓘謂負、殊曰：「孤之本朝，世執忠節，遠宗大晉，臣無境外之交，君等何爲而至？」負、殊曰：「晉王以鄰藩義好，有自來矣。雖擁阻山河，然風通道會，不欲使羊、陸二公獨美於前。主上以欽明紹統，八表宅心，光被四海，格于天地。晉王思與張王齊曜大明，交玉帛之好，兼與君公同金蘭之契，是以不遠而來，有何怪乎！」瓘曰：「羊、陸一時之事，亦非純臣之義也。本朝六世重光，固忠不貳，若與苻征東交玉帛之好者，便是上違先公純誠雅志，下乖河右遵奉之情。」負、殊曰：「昔微子去殷，項伯歸漢，雖背君違親，前史美其先覺。亡晉之餘，遠逃江會，天命去之，淪絕已久，〔八〕故尊先王翻然改圖，北面二趙，蓋神算無方，鑒機而作。君公若欲稱制河西，衆旅非秦之敵，如欲宗歸遺晉，深乖先君雅旨，孰若遠蹤竇融附漢之規，近述先王歸趙之事，垂祚無窮，永享遐祉乎？」璀曰：「中州無信，好食誓言。往與石氏通好，旋見寇襲。中國之風，誠在昔日，不足復論通和之事也。」負、殊曰：「三王異政，五帝殊風，趙多姦詐，秦以義信，豈可同年而語哉！張先、楊初皆擅兵一方，不供王貢，先帝命將擒之，宥其難恕之罪，加以爵封之榮。今上道合二儀，慈弘山海，信符陰陽，御物無際，不可以二趙相況也。」璀曰：「秦若兵强化盛，自可先取江南，天下自然盡爲秦有，何辱征東之命！」負、殊曰：「先帝以大聖神武，開構鴻基，强燕納款，八州順軌。主上欽明，道必隆世，慨徽號擁于河西，正朔未加吳會，以吳必須兵，涼可以義，故遣行人先申大好。如君公不能蹈機而發者，正可緩江南數年之命，迴師西旆，恐涼州弗可保也。」璀曰：「我跨據三州，帶甲十萬，西包崑域，東阻大河，伐人有餘，而況自固！秦何能爲患！」負、殊曰：「貴州險塞，孰若崤函？五郡之衆，何如秦雍？張琚、杜洪因趙之成資，據天阻之固，策三秦之銳，藉陸海之饒，勁士風集，驍騎如雲，自謂天下可平，關中可固，先帝神矛一指，望旗冰解，人詠來蘇，不覺易主。燕雖武視關東，猶以地勢之義，逆順之理，北面稱藩，貢不踰月。致肅愼楛矢，通九夷之珍；單于屈膝，名王內附。控弦之士百有餘萬，鼓行而濟西河者，君公何以抗之？盍追遵先王臣趙故事，世享大美，爲秦之西藩。」璀曰：「然秦之德義加於天下，江南何以不賓？」負、殊曰：「文身之俗，負阻江山，道洿先叛，化盛後賓，自古而然，豈但今也！故詩曰：『蠢爾蠻荆，大邦爲仇。』言其不可以德義懷也。」璀曰：「秦據漢舊都，地兼將相，文武輔臣，領袖一時者誰也？」負、殊曰：「皇室懿藩，忠若公旦者，則大司馬、武都王安，征東大將軍、晉王柳；文武兼才，神器秀拔，入可允釐百工，出能折衝萬里者，衞大將軍、廣平王黃眉，後將軍、淸河王法，龍驤將軍、東海王堅之兄弟；其耆年碩德，德侔尙父者，則太師、錄尙書事、廣甯公魚遵；其淸素剛嚴，骨鯁貞亮，則左光祿大夫强平，金紫光祿程肱、牛夷；博聞强識，探賾索幽，則中書監胡文，中書令王魚，黃門侍郎李柔；雄毅厚重，權智無方，則左衞將軍李威，右衞將軍苻雅；才識明達，令行禁止，則特進、領御史中丞梁平老，特進、光祿大夫强汪，侍中、尙書呂婆樓；文史富贍，鬱爲文宗，則尙書右僕射董榮，祕書監王颺，著作郎梁讜；驍勇多權略，攻必取，戰必勝，關張之流，萬人之敵者，則前將軍、新興王飛，建節將軍鄧羌，立忠將軍彭越，安遠將軍范俱難，〔九〕建武將軍徐盛；常伯納言，卿校牧守，則人皆文武，莫非才賢；其餘懷經世之才，蘊佐時之略，守南山之操，遂而不奪者，王猛、朱彤之倫，相望於巖谷。濟濟多士，焉可罄言！姚襄、張平一時之傑，各擁衆數萬，狼顧偏方，皆委忠獻款，請爲臣妾。小不事大，春秋所誅，惟君公圖之。」璀笑曰：「此事決之主上，非身所了。」負、殊曰：「涼王雖天縱英睿，然尚幼沖，君公居伊霍之任，安危所繫，見機之義，實在君公。」璀新輔政，河西所在兵起，懼秦師之至，乃言於玄靚，遣使稱藩，生因其所稱而授之。

慕容儁遣將慕輿長卿等率衆七千入自軹關，攻幽州刺史張哲于裴氏堡。〔一〇〕晉將軍劉度等率衆四千，攻青州刺史袁朗于盧氏。〔一一〕生遣其前將軍苻飛距晉，建節鄧羌距燕。飛未至而度退。羌及長卿戰于堡南，大敗之，獲長卿及甲首二千七百餘級。

姚襄率衆萬餘，攻其平陽太守苻產于匈奴堡，苻柳救之，爲襄所敗，引還蒲坂。襄遂攻堡，克之，殺苻產，盡坑其衆，遣使從生假道，將還隴西。生將許之，苻堅諫曰：「姚襄，人傑也，今還隴西，必爲深害，不如誘以厚利，伺隙而擊之。」生乃止。遣使拜襄官爵，襄不受，斬其使者，焚所送章策，寇掠河東。生怒，命其大將軍張平討之。襄乃卑辭厚幣與平結爲兄弟，平更與襄通和。

生發三輔人營渭橋，金紫光祿大夫程肱以妨農害時，上疏極諫。生怒，殺之。

長安大風，發屋拔樹，行人顛頓，宮中奔擾，或稱賊至，宮門晝閉，五日乃止。生推告賊者，殺之，剢而出其心。左光祿大夫强平諫曰：「元正盛旦，日有蝕之，正陽神朔，昏風大起，兼水旱不時，獸災未息，此皆由陛下不勉强於政事，乖和氣所致也。願陛下務養元元，平章百姓，棄纖介之嫌，含山嶽之過，致敬宗社，愛禮公卿，去秋霜之威，垂三春之澤，則姦回寢止，妖祲自消，乾靈祗祐皇家，永保無窮之美矣。」生怒，以爲妖言，鑿其頂而殺之。平之囚也，僞衞將軍苻黃眉、前將軍苻飛、建節鄧羌侍讌禁中，叩頭固諫，以太后爲言。平卽生母强氏之弟也。生旣弗許，强氏憂恨而死。

生下書曰：「朕受皇天之命，承祖宗之業，君臨萬邦，子育百姓，嗣統已來，有何不善，而謗讟之音扇滿天下！殺不過千，而謂刑虐。行者比肩，未足爲稀。方當峻刑極罰，復如朕何！」時猛獸及狼大暴，晝則斷道，夜則發屋，惟害人而不食六畜。自生立一年，獸殺七百餘人，百姓苦之，皆聚而邑居。爲害滋甚，遂廢農桑，內外兇懼。羣臣奏請禳灾，生曰：「野獸飢則食人，飽當自止，終不能累年爲患也。天豈不子愛羣生，而年年降罰，正以百姓犯罪不已，將助朕專殺而施刑敎故耳。但勿犯罪，何爲怨天而尤人哉！」

生如阿房，遇兄與妹俱行者，逼令爲非禮，不從，生怒殺之。又讌羣臣于咸陽故城，有後至者，皆斬之。嘗使太醫令程延合安胎藥，問人參好惡幷藥分多少，延曰：「雖小小不具，自可堪用。」生以爲譏其目，鑿延目出，然後斬之。

有司奏：「太白犯東井。東井，秦之分也 太白罰星，必有暴兵起于京師。」生曰：「星入井者，必將渴耳，何所怪乎！」

姚襄遣姚蘭、王欽盧等招動鄜城、定陽、北地、芹川諸羌胡，皆應之，有衆二萬七千，進據黄落。生遣苻黄眉、苻堅、鄧羌率步騎萬五千討之。襄深溝高壘，固守不戰。鄧羌說黄眉曰：「傷弓之鳥，落於虛發。襄頻爲桓溫、張平所敗，銳氣喪矣。今謀固壘不戰，是窮寇也。襄性剛很，易以剛動，若長驅鼓行，直壓其壘，襄必忿而出師，可一戰擒也。」黄眉從之，遣羌率騎三千軍於壘門。襄怒，盡銳出戰。羌僞不勝，引騎而退，襄追之于三原，羌迴騎距襄。俄而黄眉與堅至，大戰，斬之，盡俘其衆，黄眉等振旅而歸。黄眉雖有大功，生不加旌賞，每於衆中辱之。黄眉怒，謀殺生自立，事發，伏誅，其王公親戚多有死者。

初，生夢大魚食蒲，又長安謠曰：「東海大魚化爲龍，男便爲王女爲公。問在何所洛門東。」東海，苻堅封也，時爲龍驤將軍，第在洛門之東。生不知是堅，以謠夢之故，誅其侍中、太師、錄尚書事魚遵及其七子、十孫。時又謠曰：「百里望空城，鬱鬱何青青。瞎兒不知法，仰不見天星。」於是悉壞諸空城以禳之。金紫光祿大夫牛夷懼不免禍，請出鎮上洛。生曰：「卿忠肅篤敬，宜左右朕躬，豈有外鎮之理。」改授中軍。夷懼，歸而自殺。

初，生少凶暴嗜酒，健臨死，恐其不能保全家業，誡之曰：「酋帥、大臣若不從汝命，可漸除之。」及卽僞位，殘虐滋甚，耽湎於酒，無復晝夜。羣臣朔望朝謁，罕有見者，或至暮方出，臨朝輒怒，惟行殺戮。動連月昏醉，文奏因之遂寢。納姦佞之言，賞罰失中。左右或言陛下聖明宰世，天下惟歌太平。生曰：「媚于我也。」引而斬之。或言陛下刑罰微過。曰：「汝謗我也。」亦斬之。所幸妻妾小有忤旨，便殺之，流其尸于渭水。又遣宮人與男子裸交於殿前。生剝牛羊驢馬，活爓雞豚鵝，三五十爲羣，放之殿中。或剝死囚面皮，令其歌舞，引羣臣觀之，以爲嬉樂。宗室、勳舊、親戚、忠良殺害略盡，王公在位者悉以疾告歸，人情危駭，道路以目。既自有目疾，其所諱者不足、不具、少、無、缺、傷、殘、毀、偏、隻之言皆不得道，左右忤旨而死者不可勝紀，至於截脛、刳胎、拉脅、鋸頸者動有千數。

太史令康權言于生曰：「昨夜三月並出，孛星入於太微，遂入于東井。兼自去月上旬沈陰不雨，迄至于今，將有下人謀上之禍，深願陛下修德以消之。」生怒，以爲妖言，撲而殺之。生夜對侍婢曰：「阿法兄弟亦不可信，明當除之。」是夜清河王苻法夢神告之曰：「旦將禍集汝門，惟先覺者可以免之。」寤而心悸。會侍婢來告，乃與特進梁平老、强汪等率壯士數百人潛入雲龍門，苻堅與呂婆樓率麾下三百餘人鼓譟繼進，宿衞將士皆舍杖歸堅。生猶昏寐未寤。堅衆既至，引生置於別室，廢之爲越王，俄而殺之。生臨死猶飮酒數斗，昏醉無所知矣。時年二十三，在位二年，〔三〕僞謚厲王。

苻雄字元才，洪之季子也。少善兵書，而多謀略，好施下士，便弓馬，有政術。健僭位，爲佐命元勳，權侔人主，而謙恭奉法。健常曰：「元才，吾姬旦也。」及卒，健哭之歐血，曰：「天不欲吾定四海邪？何奪元才之速也！」子堅，別有載記。

王墮字安生，京兆霸城人也。博學有雄才，明天文圖緯。苻洪征梁犢，以墮爲司馬，謂洪曰：「讖言苻氏應王，公其人也。」洪深然之。及爲宰相，著匪躬之稱。健常歎曰：「天下羣官皆如王令君者，陰陽曷不和乎！」甚敬重之。

性剛峻疾惡，雅好直言。疾董榮、强國如仇讎，每於朝見之際，略不與言。人謂之曰：「董尚書貴幸一時，公宜降意。」墮曰：「董龍是何雞狗，而令國士與之言乎！」榮聞而慚恨，遂勸生誅之。及刑，榮謂墮曰：「君今復敢數董龍作雞狗乎？」墮瞋目而叱之。龍，榮之小字也。

校勘記

〔一〕母姜氏夢大羆而孕之　各本「姜」作「羌」。册府八九二，御覽九〇八引載記，一二一、四六五引前秦錄並作「姜」。「羌」字譌，今據改。

〔二〕不及黃泉　「不」原作「比」。魏書苻健傳「比」作「不」。此用左傳隱公元年文，今據改。

〔三〕孔特　通鑑九九「特」作「持」。

〔四〕喬景　通鑑九九「景」作「秉」，胡注：載記作「喬景」，避唐諱也。

〔五〕遣別將從均口入淅川　各本無「從均口」三字，宋本有。通志一八九同宋本，今從之。

〔六〕時年三十九在位四年　校文：穆帝紀健卒於永和十一年，距永和七年健稱天王時凡五年，此云「四年」誤。至其卒年，御覽一二二引前秦錄作四十九，相較差十年。

〔七〕時永和十二年也　穆紀生嗣位在永和十一年。御覽一二二引前秦錄，生於苻健皇始五年即位，改元壽光，即晉永和十一年，通鑑一〇〇同。此云「十二年」，疑「二」爲「一」字之誤。

〔八〕淪絕已久　各本無此四字，宋本獨有，册府六五九亦有此四字，今從宋本。

〔九〕安遠將軍范俱難　苻堅載記屢見「俱難」，無「范」字。通鑑一〇四胡注以爲俱姓難名。孝武紀、謝玄傳並作「句難」，「句」「俱」音近，當是傳聞以「俱」爲「句」，然亦可證其人本不姓范。此「范」字疑衍。

〔一〇〕張哲　通鑑一〇〇「張」作「强」。

〔一一〕袁朗　通鑑一〇〇「袁」作「王」。

〔一二〕在位二年 校文：生嗣位在永和十一年，被殺在升平元年，凡在位三年。此云「二年」，蓋誤以生即位在永和十二年故也。

晉書卷一百十三

載記第十三

苻堅上

苻堅字永固，一名文玉，雄之子也。祖洪，從石季龍徙鄴，家於永貴里。其母苟氏嘗游漳水，祈子於西門豹祠，其夜夢與神交，因而有孕，十二月而生堅焉。有神光自天燭其庭。背有赤文，隱起成字，曰「草付臣又土王咸陽」。臂垂過膝，目有紫光。洪奇而愛之，名曰堅頭。

年七歲，聰敏好施，舉止不踰規矩。每侍洪側，輒量洪舉措，取與不失機候。洪每曰：「此兒姿貌瓌偉，質性過人，非常相也。」高平徐統有知人之鑒，遇堅於路，異之，執其手曰：「苻郎，此官之御街，小兒敢戲於此，不畏司隸縛邪？」堅曰：「司隸縛罪人，不縛小兒戲也。」統謂左右曰：「此兒有霸王之相。」左右怪之，統曰：「非爾所及也。」後又遇之，統下車屏人，密謂之曰：「苻郎骨相不恒，後當大貴，但僕不見，如何！」堅曰：「誠如公言，不敢忘德。」八歲，請師就家學。洪曰：「汝戎狄異類，世知飲酒，今乃求學邪！」欣而許之。健之入關也，夢天神遣使者朱衣赤冠，命拜堅爲龍驤將軍，健翌日爲壇於曲沃以授之。健泣謂堅曰：「汝祖昔受此號，今汝復爲神明所命，可不勉之！」堅揮劍捶馬，志氣感厲，士卒莫不憚服焉。性至孝，博學多才藝，有經濟大志，要結英豪，以圖緯世之宜。王猛、呂婆樓、强汪、梁平老等並有王佐之才，爲其羽翼。太原薛讚、略陽權翼見而驚曰：「非常人也！」

及苻生嗣僞位，讚、翼說堅曰：「今主上昏虐，天下離心。有德者昌，無德受殃，天之道也。神器業重，不可令他人取之，願君王行湯武之事，以順天人之心。」堅深然之，納爲謀主。生旣殘虐無度，梁平老等亟以爲言，堅遂弑生，以僞位讓其兄法。法自以庶孽，不敢當。堅及母苟氏並慮衆心未服，難居大位，羣僚固請，乃從之。以升平元年僭稱大秦天王，誅生倖臣董龍、趙韶等二十餘人，赦其境內，改元曰永興。追謚父雄爲文桓皇帝，尊母苟氏爲皇太后，妻苟氏爲皇后，子宏爲皇太子。兄法爲使持節、侍中、都督中外諸軍事、丞相、錄尚書，從祖侯爲太尉，從兄柳爲車騎大將軍、尚書令，封弟融爲陽平公，雙河南公，子丕長樂公，暉平原公，熙廣平公，叡鉅鹿公。李威爲衞將軍、尚書左僕射；梁平老爲右僕射；强汪爲領軍將軍；仇騰爲尚書，領選；席寶爲丞相長史、行太子詹事；呂婆樓爲司隸校尉；王猛、薛讚爲中書侍郎，權翼爲給事黃門侍郎，與猛、讚並掌機密。追復魚遵、雷弱兒、毛貴、王墮、梁楞、梁安、段純、辛牢等本官，以禮改葬之，其子孫皆隨才擢授。初，堅母以法長而賢，又得衆心，懼終爲變，至此，遣殺之。堅性仁友，與法訣于東堂，慟哭嘔血，贈以本官，謚曰哀，封其子陽爲東海公，敷爲淸河公。於是修廢職，繼絕世，禮神祇，課農桑，立學校，鰥寡孤獨高年不自存者，賜穀帛有差，其殊才異行、孝友忠義、德業可稱者，令在所以聞。

其將張平以幷州叛，堅率衆討之，以其建節將軍鄧羌爲前鋒，率騎五千據汾上。堅至銅壁，平盡衆拒戰，爲羌所敗，獲其養子蚝，送之，平懼，乃降于堅。堅赦其罪，署爲右將軍，蚝武賁中郎將，加廣武將軍，徙其所部三千餘戶于長安。

堅自臨晉登龍門，顧謂其羣臣曰：「美哉山河之固！婁敬有言，『關中四塞之國』，眞不虛也。」權翼、薛讚對曰：「臣聞夏殷之都非不險也，周秦之衆非不多也，終於身竄南巢，首懸白旗，軀殘於犬戎，國分於項籍者何也？德之不修故耳。吳起有言：『在德不在險。』深願陛下追蹤唐虞，懷遠以德，山河之固不足恃也。」堅大悅，乃還長安。賜爲父後者爵一級，鰥寡高年穀帛有差，丐所過田租之半。是秋，大旱，堅減膳徹懸，金玉綺繡皆散之戎士，後宮悉去羅紈，衣不曳地。開山澤之利，公私共之，偃甲息兵，與境內休息。

王猛親寵愈密，朝政莫不由之。特進樊世，氐豪也，有大勳於苻氏，負氣倨傲，衆辱猛曰：「吾輩與先帝共興事業，而不預時權；君無汗馬之勞，何敢專管大任？是爲我耕稼而君食之乎！」猛曰：「方當使君爲宰夫，安直耕稼而已。」世大怒曰：「要當懸汝頭于長安城門，不爾者，終不處于世也。」猛言之於堅，堅怒曰：「必須殺此老氐，然後百僚可整。」俄而世入言事，堅謂猛曰：「吾欲以楊壁尚主，壁何如人也？」世勃然曰：「楊壁，臣之壻也，婚已久定，陛下安得令之尚主乎！」猛讓世曰：「陛下帝有海內，而君敢競婚，是爲二天子，安有上下！」世怒起，將擊猛，左右止之。世遂醜言大罵，堅由此發怒，命斬之于西廏。諸氐紛紜，競陳猛短，堅恚甚，慢罵，或有鞭撻於殿庭者。權翼進曰：「陛下宏達大度，善馭英豪，神武卓犖，錄功捨過，有漢祖之風。然慢易之言，所宜除之。」堅笑曰：「朕之過也。」自是公卿以下無不憚猛焉。

堅起明堂，繕南北郊，郊祀其祖洪以配天，宗祀其伯健于明堂以配上帝。親耕藉田，其妻苟氏親蠶於近郊。

堅南游霸陵，顧謂羣臣曰：「漢祖起自布衣，廓平四海，佐命功臣孰爲首乎？」權翼進曰：「漢書以蕭曹爲功臣之冠。」堅曰：「漢祖與項羽爭天下，困於京索之間，身被七十餘創，通中六七，父母妻子爲楚所囚。平城之下，七日不火食，賴陳平之謀，太上、妻子克全，免匈奴之禍。二相何得獨高也！雖有人狗之喻，豈黃中之言乎！」于是酣飲極歡，命羣臣賦詩。大赦，復改元曰甘露。以王猛爲侍中、中書令、京兆尹。

其特進强德，健妻之弟也，昏酒豪横，爲百姓之患。猛捕而殺之，陳尸於市。其中丞鄧羌，性鯁直不撓，與猛協規齊志，數旬之間，貴戚强豪誅死者二十有餘人。於是百僚震肅，豪右屏氣，路不拾遺，風化大行。堅歎曰：「吾今始知天下之有法也，天子之爲尊也！」於是遣使巡察四方及戎夷種落，州郡有高年孤寡，不能自存，長吏刑罰失中、爲百姓所苦，清修疾惡、勸課農桑、有便於俗，篤學至孝、義烈力田者，皆令具條以聞。

時匈奴左賢王衞辰遣使降于堅，遂請田內地，堅許之。雲中護軍賈雍遣其司馬徐斌率騎襲之，因縱兵掠奪。堅怒曰：「朕方修魏絳和戎之術，不可以小利忘大信。昔荆吳之戰，事興蠶婦；澆瓜之惠，梁宋息兵。夫怨不在大，事不在小，擾邊動衆，非國之利也。所獲資產，其悉以歸之。」免雍官，以白衣領護軍，遣使修和，示之信義。辰於是入居塞內，貢獻相尋。烏丸獨孤、鮮卑沒奕于率衆數萬又降於堅。堅初欲處之塞內，苻融以「匈奴爲患，其興自古。比虜馬不敢南首者，畏威故也。今處之于內地，見其弱矣，方當闚兵郡縣，爲北邊之害。不如徙之塞外，以存荒服之義」。堅從之。

堅僭位五年，鳳皇集於東闕，大赦其境內，百僚進位一級。初，堅之將爲赦也，與王猛、苻融密議於露堂，〔二〕悉屏左右。堅親爲赦文，猛、融供進紙墨。有一大蒼蠅入自牖間，鳴聲甚大，集於筆端，驅而復來。俄而長安街巷市里人相告曰：「官今大赦。」有司以聞。堅驚謂融、猛曰：「禁中無耳屬之理，〔三〕事何從泄也？」於是敕外窮推之，咸言有一小人衣黑衣，大呼於市曰：「官今大赦。」須臾不見。堅歎曰：「其向蒼蠅乎？聲狀非常，吾固惡之。諺曰：『欲人勿知，莫若勿為。』聲無細而弗聞，事未形而必彰者，其此之謂也。」堅廣修學官，召郡國學生通一經以上充之，公卿已下子孫並遣受業。其有學為通儒、才堪幹事、清修廉直、孝悌力田者，皆旌表之。于是人思勸勵，號稱多士，盜賊止息，請託路絕，田疇修闢，帑藏充盈，典章法物靡不悉備。堅親臨太學，考學生經義優劣，品而第之。問難五經，博士多不能對。堅謂博士王寔曰：「朕一月三臨太學，黜陟幽明，躬親獎勵，罔敢倦違，庶幾周孔微言不由朕而墜，漢之二武其可追乎！」寔對曰：「自劉石擾覆華畿，二都鞠為茂艸，儒生罕有或存，墳籍滅而莫紀，經淪學廢，奄若秦皇。陛下神武撥亂，道隆虞夏，開庠序之美，弘儒教之風，化盛隆周，垂馨千祀，漢之二武焉足論哉！」堅自是每月一臨太學，諸生競勸焉。

屠各張罔聚衆數千，自稱大單于，寇掠郡縣。堅以其尚書鄧羌為建節將軍，率衆七千討平之。

時商人趙掇、丁妃、鄒瓫等皆家累千金，車服之盛，擬則王侯，堅之諸公競引之為國二卿。黃門侍郎程憲言於堅曰：「趙掇等皆商販醜豎，市郭小人，車馬衣服僭同王者，官齊君子，爲藩國列卿，傷風敗俗，有塵聖化，宜肅明典法，使淸濁顯分。」堅於是推檢引掇等爲國卿者，降其爵。乃下制：「非命士已上，不得乘車馬於都城百里之內。金銀錦繡，工商、皁隸、婦女不得服之，犯者棄市。」

興寧三年，堅又改元爲建元。慕容暐遣其太宰慕容恪攻拔洛陽，略地至於崤澠。堅懼其入關，親屯陝城以備之。

匈奴右賢王曹轂、左賢王衞辰舉兵叛，率衆二萬攻其杏城已南郡縣，屯於馬蘭山。索虜烏延等亦叛堅而通于辰、轂。堅率中外精銳以討之，以其前將軍楊安、鎭軍毛盛等爲前鋒都督。轂遣弟活距戰于同官川，安大敗之，斬活并四千餘級，轂懼而降。堅徙其酋豪六千餘戶於長安。進擊烏延，斬之。鄧羌討衞辰，擒之於木根山。堅自驄馬城如朔方，巡撫夷狄，以衞辰爲夏陽公以統其衆。轂尋死，分其部落，貳城已西二萬餘落封其長子璽爲駱川侯，貳城已東二萬餘落封其小子寅爲力川侯，故號東、西曹。

秦、雍二州地震裂，水泉湧出，金象生毛，長安大風震電，壞屋殺人，堅懼而愈修德政焉。

使王猛、楊安等率衆二萬寇荆州北鄙諸郡，掠漢陽萬餘戶而還。羌斂岐叛堅，自稱益州刺史，率部落四千餘家西依張天錫叛將李儼。堅遣王猛與隴西太守姜衡、南安太守邵羌討斂岐於略陽。張天錫率步騎三萬擊李儼，攻其大夏、武始二郡，克之。天錫將掌據又敗儼諸軍於葵谷，儼懼，遣兄子純謝罪於堅，仍請救。尋而猛攻破略陽，斂岐奔白馬。堅遣楊安與建威王撫率衆會猛以救儼。猛遣邵羌追斂岐，使王撫守侯和，姜衡守白石。猛與楊安救枹罕，及天錫將楊遹戰于枹罕東，猛不利。〔三〕邵羌擒斂岐於白馬，送之長安。天錫遂引師而歸。儼猶憑城未出，猛乃服白乘輿，從數十人，請與相見。儼開門延之，未及設備，而將士續入，遂虜儼而還。堅以其將軍彭越爲平西將軍、涼州刺史，鎭枹罕。以儼爲光祿勳、歸安侯。

是歲，苻雙據上邽，苻柳據蒲坂叛於堅，苻廋據陝城，〔四〕苻武據安定並應之，將共伐長安。堅遣使諭之，各齧梨以爲信，皆不受堅命，阻兵自守。堅遣後禁將軍楊成世、左將軍毛嵩等討雙、武，王猛、鄧羌攻蒲坂，楊安、張蚝攻陝城。成世、毛嵩爲雙、武所敗，堅又遣其武衞王鑒、寧朔呂光等率中外精銳以討之，左衞苻雅、左禁竇衝率羽林騎七千繼發。雙、武乘勝至於楡眉，鑒等擊敗之，斬獲萬五千人。武棄安定，隨雙奔上邽，鑒等攻之。苻柳出挑戰，猛閉壘不應。柳以猛爲憚己，留其世子良守蒲坂，率衆二萬，將攻長安。長安去蒲坂百餘里，〔五〕鄧羌率勁騎七千夜襲敗之，柳引軍還，猛又盡衆邀擊，悉俘其卒，柳與數百騎入於蒲坂。鑒等攻上邽，克之，斬雙、武。猛又尋破蒲坂，斬柳及其妻子，傳首長安。猛屯蒲坂，遣鄧羌與王鑒等攻陷陝城，克之，送廋於長安，殺之。

太和四年，晋大司马桓温伐慕容暐，次於枋頭。暐衆屢敗，遣使乞師於堅，請割武牢以西之地。堅亦欲與暐連横，乃遣其將苟池等率步騎二萬救暐。王師尋敗，引歸，池乃還。

是時慕容垂避害奔於堅，王猛言於堅曰：「慕容垂，燕之戚屬，世雄東夏，寬仁惠下，恩結士庶，燕趙之間咸有奉戴之意。觀其才略，權智無方，兼其諸子明毅有幹藝，人之傑也。蛟龍猛獸，非可馴之物，不如除之。」堅曰：「吾方以義致英豪，建不世之功。且其初至，吾告之至誠，今而害之，人將謂我何！」

王師既旋，慕容暐悔割武牢之地，遣使謂堅曰：「頃者割地，行人失辭。有國有家，分災救患，理之常也。」堅大怒，遣王猛與建威梁成、鄧羌率步騎三萬，署慕容垂爲冠軍將軍，以爲鄉導，攻暐洛州刺史慕容筑於洛陽。暐遣其將慕容臧率精卒十萬，將解筑圍。猛使梁成等以精鋭萬人卷甲赴之，大破臧於滎陽。筑懼而請降，猛陳師以受之，留鄧羌鎮金墉，猛振旅而歸。

太和五年，又遣猛率楊安、張蚝、鄧羌等十將率步騎六萬伐暐。堅親送猛於霸東，謂曰：「今授卿精兵，委以重任，便可從壺關、上黨出潞川，此捷濟之機，所謂捷雷不及掩耳。吾當躬自率衆以繼卿後，於鄴相見。已敕運漕相繼，但憂賊，不煩後慮也。」猛曰：「臣庸劣孤生，操無豪介，蒙陛下恩榮，內侍帷幄，出總戎旅，藉宗廟之靈，稟陛下神算，殘胡不足平也。

願不煩鑾軫，冒犯霜露。臣雖不武，望克不淹時。但願速敕有司，部置鮮卑之所。」堅大悅。於是進師。楊安攻晉陽。猛攻壺關，執暐上黨太守慕容越，所經郡縣皆降於猛，猛留屯騎校尉苟萇戍壺關。會楊安攻晉陽，爲地道，遣張蚝率壯士數百人入其城中，大呼斬關，猛、安遂入晉陽，執暐幷州刺史慕容莊。暐遣其太傅慕容評率衆四十餘萬以救二城，評憚猛不敢進，屯於潞川。猛留將軍毛當戍晉陽，進師與評相持。遣游擊郭慶以銳卒五千，夜從間道出評營後，傍山起火，燒其輜重，火見鄴中。暐懼，遣使讓評，催之速戰。猛知評賣水鬻薪，有可乘之會，評又求戰，乃陣於渭原而誓衆曰：〔六〕「王景略受國厚恩，任兼內外，今與諸君深入賊地，宜各勉進，不可退也。願勠力行間，以報恩顧，受爵明君之朝，慶觴父母之室，不亦美乎！」衆皆勇奮，破釜棄糧，大呼競進。猛望評師之衆也，惡之，謂鄧羌曰：「今日之事，非將軍莫可以捷。成敗之機，在斯一舉。將軍其勉之！」羌曰：「若以司隸見與者，公無以爲憂。」猛曰：「此非吾之所及也。必以安定太守、萬戶侯相處。」羌不悅而退。俄而兵交，猛召之，羌寢而弗應。猛馳就許之，羌於是大飲帳中，與張蚝、徐成等跨馬運矛，馳入評軍，出入數四，旁若無人，搴旗斬將，殺傷甚衆。及日中，評衆大敗，俘斬五萬有餘，乘勝追擊，又降斬十萬，於是進師圍鄴。堅聞之，留李威輔其太子宏守長安，以苻融鎮洛陽，躬率精銳十萬向鄴。七日而至於安陽，過舊閭，引諸耆老語及祖父之事，泫然流涕，乃停信宿。猛潛至安陽迎堅，堅謂之曰：「昔亞夫不出軍迎漢文，將軍何以臨敵而棄衆也？」猛曰：「臣每覽亞夫之事，嘗謂前却人主，以此而爲名將，竊未多之。臣奉陛下神算，擊垂亡之虜，若摧枯拉朽，何足慮也！監國沖幼，鑾駕遠臨，脫有不虞，其如宗廟何！」堅遂攻鄴，陷之。慕容暐出奔高陽，堅將郭慶執而送之。堅入鄴宮，閱其名籍，凡郡百五十七，縣一千五百七十九，戶二百四十五萬八千九百六十九，口九百九十八萬七千九百三十五。諸州郡牧守及六夷渠帥盡降於堅。郭慶窮追餘燼，慕容評奔於高句麗，慶追至遼海，句麗縛評送之。堅散暐宮人珍寶以賜將士，論功封賞各有差。以王猛爲使持節、都督關東六州諸軍事、車騎大將軍、開府儀同三司、冀州牧，鎮鄴，以郭慶爲持節、都督幽州諸軍事、揚武將軍、幽州刺史，鎮薊。

堅自鄴如枋頭，讌諸父老，改枋頭爲永昌縣，復之終世。堅至自永昌，行飲至之禮，歌勞止之詩，以饗其羣臣。赦慕容暐及其王公已下，皆徙於長安，封授有差。堅於是行禮於辟雍，祀先師孔子，其太子及公侯卿大夫士之元子，皆束脩釋奠焉。徙關東豪傑及諸雜夷十萬戶於關中，處烏丸雜類於馮翊、北地，丁零翟斌于新安，徙陳留、東阿萬戶以實青州。諸因亂流移，避仇遠徙，欲還舊業者，悉聽之。

晉叛臣袁瑾固守壽春，爲大司馬桓溫所圍，遣使請救於堅。堅遣王鑒、張蚝率步騎二萬救之，鑒據洛澗，蚝屯八公山。桓溫遣諸將夜襲鑒、蚝，敗之，鑒、蚝屯愼城。

初，仇池氏楊世以地降於堅，堅署爲平南將軍、秦州刺史、仇池公。既而歸順於晉。世死，子纂代立，遂受天子爵命而絕於堅。世弟統驍武得衆，起兵武都，與纂分爭。堅遣其將苻雅、楊安與益州刺史王統率步騎七萬，先取仇池，進圖寧益。〔七〕雅等次于鷲陝，纂率衆五萬距雅。晉梁州刺史楊亮遣督護郭寶率騎千餘救之，戰於陝中，爲雅等所敗，纂收衆奔還。雅進攻仇池，楊統帥武都之衆降於雅。纂將楊他遣子碩密降於雅，請爲內應。纂懼，面縛出降。雅釋其縛，送之長安。以楊統爲平遠將軍、南秦州刺史，加楊安都督，鎮仇池。

先是，王猛獲張天錫將敦煌陰據及甲士五千，堅既東平六州，西擒楊纂，欲以德懷遠，且跨威河右，至是悉送所獲還涼州。天錫懼而遣使謝罪稱藩，堅大悅，即署天錫爲使持節、散騎常侍、都督河右諸軍事、驃騎大將軍、開府儀同三司、涼州刺史、西域都護、西平公。吐谷渾碎奚以楊纂既降，懼而遣使送馬五千匹、金銀五百斤。堅拜奚安遠將軍、漒川侯。〔八〕

堅嘗如鄴，狩于西山，旬餘，樂而忘返。伶人王洛叩馬諫曰：「臣聞千金之子坐不垂堂，萬乘之主行不履危。故文帝馳車，袁公止轡；孝武好田，相如獻規。陛下爲百姓父母，蒼生所繫，何可盤于游田，以玷聖德。若禍起須臾，變在不測者，其如宗廟何！其如太后何！」堅曰：「善。昔文公悟愆於虞人，朕聞罪於王洛，吾過也。」自是遂不復獵。

堅聞桓溫廢海西公也，謂羣臣曰：「溫前敗灞上，後敗枋頭，十五年間，再傾國師。六十歲公舉動如此，不能思愆免退，以謝百姓，方廢君以自悅，將如四海何！諺云『怒其室而作色於父』者，其桓溫之謂乎！」

堅以境內旱，課百姓區種。懼歲不登，省節穀帛之費，太官、後宮減常度二等，百僚之秩以次降之。復魏晉士籍，使役有常聞，諸非正道，典學一皆禁之。〔九〕堅臨太學，考學生經義，上第擢敍者八十三人。自永嘉之亂，庠序無聞，及堅之僭，頗留心儒學，王猛整齊風俗，政理稱舉，學校漸興。關隴清晏，百姓豐樂，自長安至于諸州，皆夾路樹槐柳，二十里一亭，四十里一驛，旅行者取給於途，工商貿販於道。百姓歌之曰：「長安大街，夾樹楊槐。下走朱輪，上有鸞棲。英彥雲集，誨我萌黎。」

是歲，有大風從西南來，俄而晦冥，恒星皆見，又有赤星見於西南。太史令魏延言於堅曰：「於占西南國亡，明年必當平蜀漢。」堅大悅，命秦梁密嚴戎備。乃以王猛爲丞相，以苻融爲鎭東大將軍，代猛爲冀州牧。融將發，堅祖於霸東，奏樂賦詩。堅母苟氏以融少子，甚愛之，比發，三至灞上，其夕又竊如融所，內外莫知。是夜，堅寢於前殿，魏延上言：「天市南門屏內后妃星失明，左右閽寺不見，后妃移動之象。」堅推問知之，驚曰：「天道與人何其不遠！」遂重星官。王猛至長安，加都督中外諸軍事，猛辭讓再三，堅不許。

其後天鼓鳴，有彗星出於尾箕，長十餘丈，名蚩尤旗，經太微，掃東井，自夏及秋冬不滅。太史令張孟言於堅曰：「彗起尾箕，而掃東井，此燕滅秦之象。」因勸堅誅慕容暐及其子弟。堅不納，更以暐爲尚書，垂爲京兆尹，沖爲平陽太守。苻融聞之，上疏於堅曰：「臣聞東胡在燕，曆數彌久，逮于石亂，遂據華夏，跨有六州，南面稱帝。陛下爰命六師，大舉征討，勞卒頻年，勤而後獲，本非慕義懷德歸化。而今父子兄弟列官滿朝，執權履職，勢傾勞舊，陛下親而幸之。臣愚以爲猛獸不可養，狼子野心。往年星異，災起於燕，願少留意，以思天戒。臣據可言之地，不容默已。詩曰：『兄弟急難』，『朋友好合』。昔劉向以肺腑之親，尚能極言，況於臣乎！」堅報之曰：「汝爲德未充而懷是非，立善未稱而名過其實。詩云：『德輶如毛，人鮮克舉。』君子處高，戒懼傾敗，可不務乎！今四海事曠，兆庶未寧，黎元應撫，夷狄應和，方將混六合以一家，同有形於赤子，汝其息之，勿懷耿介。夫天道助順，修德則禳災。苟求諸己，何懼外患焉。」

晉梁州刺史楊亮遣子廣襲仇池，與堅將楊安戰，廣敗績，晉沮水諸戍皆委城奔潰，亮懼而退守磬險，安遂進寇漢川。堅遣王統、朱肜率卒二萬爲前鋒寇蜀，前禁將軍毛當、鷹揚將軍徐成率步騎三萬入自劍閣。楊亮率巴獠萬餘拒之，戰于青谷，王師不利，亮奔固西城。肜乘勝陷漢中，徐成又攻二劍，克之，楊安進據梓潼。晉奮威將軍、西蠻校尉周虓降于肜。揚武將軍、益州刺史周仲孫勒兵距彤等于緜竹，聞堅將毛當將至成都，仲孫率騎五千奔於南中。安、當進兵，遂陷益州。於是西南夷邛、莋、夜郎等皆歸之。堅以安爲右大將軍、益州牧，鎭成都；毛當爲鎭西將軍、梁州刺史，鎭漢中；姚萇爲寧州刺史、領西蠻校尉；〔一〇〕王統爲南秦州刺史，鎭仇池。

蜀人張育、楊光等起兵，與巴獠相應，以叛於堅。晉益州刺史竺瑤、威遠將軍桓石虔率衆三萬據墊江。育乃自號蜀王，遣使歸順，與巴獠酋帥張重、尹萬等五萬餘人進圍成都。尋而育與萬爭權，舉兵相持，堅遣鄧羌與楊安等擊敗之，育、光退屯緜竹。安又敗張重、尹萬于成都南，重死之，及首級二萬三千。〔一一〕鄧羌復擊張育、楊光于緜竹，皆害之。桓石虔敗姚萇於墊江，萇退據五城，石虔與竺瑤移屯巴東。

時有人於堅明光殿大呼謂堅曰：「甲申乙酉，魚羊食人，悲哉無復遺。」堅命執之，俄而不見。祕書監朱彤等因請誅鮮卑，堅不從。遣使巡行四方，觀風俗，問政道，明黜陟，恤孤獨不能自存者。以安車蒲輪徵隱士樂陵王歡爲國子祭酒。〔一二〕及王猛卒，堅置聽訟觀於未央之南。禁老、莊、圖讖之學。中外四禁、二衞、四軍長上將士，皆令修學。課後宮，置典學，立內司，以授于掖庭，選閹人及女隸有聰識者署博士以授經。

遣其武衞苟萇、左將軍毛盛、〔一三〕中書令梁熙、步兵校尉姚萇等率騎十三萬伐張天錫於姑臧。遣尚書郎閻負、梁殊銜命軍前，下書徵天錫。堅嚴飾鹵簿，親餞萇等於城西，賞行將各有差。又遣其秦州刺史苟池、河州刺史李辯、涼州刺史王統，率三州之衆以繼之。閻負等到涼州，天錫自以晉之列藩，志在保境，命斬之，遣將軍馬建出距萇等。俄而梁熙、王統等自清石津攻其將梁濟於河會城，〔一四〕陷之。苟萇濟自石城津，與梁熙等會攻纏縮城，又陷之。馬建懼，自楊非退還淸塞。天錫又遣將軍掌據率衆三萬，與馬建陣於洪池。苟萇遣姚萇以甲卒三千挑戰，諸將勸據擊之，以挫其鋒，據不從。天錫乃率中軍三萬次金昌。萇、熙聞天錫來逼，急攻據、建，建降於萇，遂攻據，害之，及其軍司席仂。萇進軍入清塞，乘高列陣。天錫又遣司兵趙充哲爲前鋒，率勁勇五萬，與萇等戰於赤岸，哲大敗。天錫懼而奔還，致牋請降。萇至姑臧，天錫乘素車白馬，面縛輿櫬，降於軍門。萇釋縛焚櫬，送之於長安，諸郡縣悉降。堅以梁熙爲持節、西中郎將、涼州刺史，領護西羌校尉，鎭姑臧。徙豪右七千餘戶於關中，五品稅百姓金銀一萬三千斤以賞軍士，餘皆安堵如故。堅封天錫重光縣之東寧鄉二百戶，號歸義侯。初，萇等將征天錫，堅爲其立第於長安，至是而居之。

堅既平涼州，又遣其安北將軍、幽州刺史苻洛爲北討大都督，率幽州兵十萬討代王涉翼犍。又遣後將軍俱難與鄧羌等率步騎二十萬東出和龍，西出上郡，與洛會於涉翼犍庭。翼犍戰敗，遁於弱水。苻洛逐之，勢窘迫，退還陰山。其子翼圭縛父請降，洛等振旅而還，封賞有差。堅以翼犍荒俗，未參仁義，令入太學習禮。以翼圭執父不孝，遷之於蜀。散其部落於漢鄣邊故地，立尉、監行事，官僚領押，課之治業營生，三五取丁，優復三年無稅租。其渠帥歲終令朝獻，出入行來爲之制限。堅嘗之太學，召涉翼犍問曰：「中國以學養性，而人壽考，漠北噉牛羊而人不壽，何也？」翼犍不能答。又問：「卿種人有堪將者，可召爲國家用。」對曰：「漠北人能捕六畜，善馳走，逐水草而已，何堪爲將！」又問：「好學否？」對曰：「若不好學，陛下用教臣何爲？」堅善其答。

堅以關中水旱不時，議依鄭白故事，發其王侯已下及豪望富室僮隸三萬人，開涇水上源，鑿山起堤，通渠引瀆，以溉岡鹵之田。及春而成，百姓賴其利。以涼州新附，復租賦一年。爲父後者賜爵一級，孝悌力田爵二級，孤寡高年穀帛有差，女子百戶牛酒，大酺三日。

遣其尚書令苻丕率司馬慕容暐、苟萇等步騎七萬寇襄陽。使楊安將樊鄧之衆爲前鋒，屯騎校尉石越率精騎一萬出魯陽關，慕容垂與姚萇出自南鄉，苟池等與强弩王顯將勁卒四萬從武當繼進，大會漢陽。師次沔北，晉南中郎將朱序以丕軍無舟檝，不以爲虞，石越遂游馬以渡。序大懼，固守中城。越攻陷外郛，獲船百餘艘以濟軍。丕率諸將進攻中城，遣苟池、石越、毛當以衆五萬屯於江陵。晉車騎將軍桓沖擁衆七萬爲序聲援，憚池等不進，保據上明。兗州刺史彭超遣使上言於堅曰：「晉沛郡太守戴逯以卒數千戍彭城，臣請率精鋭五萬攻之，願更遣重將討淮南諸城。」堅於是又遣其後將軍俱難率右將軍毛當、後禁毛盛、陵江邵保等步騎七萬寇淮陰、盱眙。揚武彭超寇彭城。梁州刺史韋鍾寇魏興，攻太守吉挹於西城。晉將軍毛武生率衆五萬距之，與俱難等相持於淮南。〔一五〕

先是，梁熙遣使西域，稱揚堅之威德，并以繒綵賜諸國王，於是朝獻者十有餘國。大宛獻天馬千里駒，皆汗血、朱鬣、五色、鳳膺、麟身，及諸珍異五百餘種。堅曰：「吾思漢文之返千里馬，咨嗟美詠。今所獻馬，其悉返之，庶克念前王，髣髴古人矣。」乃命羣臣作止馬詩而遣之，示無欲也。其下以爲盛德之事，遠同漢文，於是獻詩者四百餘人。

是時苻丕久圍襄陽，御史中丞李柔劾丕以師老無功，請徵下廷尉。堅曰：「丕等費廣無成，實宜貶戮。但師已淹時，不可虛然中返，其特原之，令以功成贖罪。」因遣其黄門郎韋華持節切讓丕等，仍賜以劍，曰：「來春不捷者，汝可自裁，不足復持面見吾也。」初，丕之寇襄陽也，將急攻之，苟萇諫曰：「今以十倍之衆，積粟如山，但掠徙荆楚之人內於許洛，絕其糧運，使外援不接，糧盡無人，不攻自潰，何爲促攻以傷將士之命？」丕從之。及堅讓至，衆咸疑懼，莫知所爲。征南主簿河東王施進曰：「以大將軍英秀，諸將勇鋭，以攻小城，何異洪鑪燎羽毛。所以緩攻，欲以計制之。若決一旦之機，可指日而定。今破襄陽，上明自遁，復何所疑！願請一旬之期，以展三軍之勢。如其不捷，施請爲戮首。」丕於是促圍攻之。堅將親率衆助丕等，使苻融將關東甲卒會于壽春，梁熙統河西之衆以繼中軍。融、熙並上言，以爲未可興師，乃止。

太元四年，晉兗州刺史謝玄率衆數萬次于泗汭，將救彭城。苻丕陷襄陽，執南中郎將朱序，送于長安，堅署爲度支尚書。以其中壘梁成爲南中郎將、都督荆揚州諸軍事、荆州刺史，領護南蠻校尉，配兵一萬鎭襄陽，以征南府器杖給之。彭超圍彭城也，置輜重於留城。至是，晉將謝玄遣將軍何謙之、高衡率衆萬餘，聲趣留城，超引軍赴之。戴逯率彭城之衆奔於謝玄，超留其治中徐褒守彭城而復寇盱眙。俱難旣陷淮陰，留邵保戍之，與超會師而南。晉將毛武生救魏興，遣前鋒督護趙福、將軍袁虞等將水軍一萬，泝江而上。堅南巴校尉姜宇遣將張紹、仇生等水陸五千距之，戰於南縣，王師敗績。尋而韋鍾攻陷魏興，執太守吉挹。毛當與王顯自襄陽而東，會攻淮南。彭超陷盱眙，獲晉建威將軍、高密內史毛璪之，遂攻晉幽州刺史田洛於三阿，去廣陵百里，京都大震，臨江列戍。孝武帝遣征虜將軍謝石率水軍次于涂中，右衞將軍毛安之、游擊將軍河間王曇之次于堂邑，謝玄自廣陵救三阿。毛當、毛盛馳襲安之，王師敗績。玄率衆三萬次於白馬塘，俱難遣其將都顏率騎逆玄，戰於塘西，玄大敗之，斬顏。玄進兵至三阿，與難、超戰，超等又敗，退保盱眙。玄進次石梁，與田洛攻盱眙，難、超出戰，復敗，退屯淮陰。玄遣將軍何謙之、督護諸葛侃率舟師乘潮而上，焚淮橋，又與難等合戰，諫之斬其將邵保，難、超退師淮北。難歸罪彭超，斬其司馬柳渾。堅聞之，大怒，檻車徵超下獄，超自殺，難免爲庶人。

堅以毛當爲平南將軍、徐州刺史，鎭彭城；毛盛爲平東將軍、兗州刺史，鎭胡陸；王顯爲平吳校尉、揚州刺史，戍下邳：賞堂邑之功也。又以苻洛爲散騎常侍、持節、都督益寧西南夷諸軍事、征南大將軍、益州牧，領護西夷校尉，鎭成都，命從伊闕自襄陽溯漢而上。洛，健之兄子也。雄勇多力，而猛氣絕人，堅深忌之，故常爲邊牧。洛有征伐之功而未賞，及是遷也，恚怒，謀於衆曰：「孤於帝室，至親也，主上不能以將相任孤，常擯孤於外，既投之西裔，復不聽過京師，此必有伏計，令梁成沈孤於漢水矣。爲宜束手就命，爲追晉陽之事以匡社稷邪？諸君意如何？」其治中平顏安陳祥瑞，〔一六〕勸洛舉兵。洛因攘袂大言曰：「孤計決矣，沮謀者斬！」於是自稱大將軍、大都督、秦王，署置官司，以平顏爲輔國將軍、幽州刺史，爲其謀主。分遣使者徵兵於鮮卑、烏丸、高句麗、百濟及薛羅、休忍等諸國，並不從。洛懼而欲止，平顏曰：「且宜聲言受詔，盡幽幷之兵出自中山、常山，陽平公必郊迎於路，因而執之，進據冀州，總關東之衆以圖秦雍，可使百姓不覺易主而大業定矣。」洛從之，乃率衆七萬發和龍，將圖長安。於是關中騷動，盜賊並起。堅遣使數之曰：「天下未一家，兄弟匪他，何爲而反？可還和龍，當以幽州永爲世封。」洛謂使者曰：「汝還白東海王，幽州褊阸，不足容萬乘，須還王咸陽，以承高祖之業。若能候駕潼關者，位爲上公，爵歸本國。」堅大怒，遣其左將軍竇衝及呂光率步騎四萬討之，右將軍都貴馳傳詣鄴，率冀州兵三萬爲前鋒，以苻融爲大都督，授之節度。使石越率騎一萬，自東萊出石徑，襲和龍，海行四百餘里。苻重亦盡薊城之衆會洛，次於中山，有衆十萬。衡等與洛戰於中山，大敗之，執洛及其將蘭殊，送於長安。呂光追斬苻重於幽州，石越克和龍，斬平顏及其黨與百餘人。堅赦蘭殊，署爲將軍，徙洛於涼州，徵苻融爲車騎大將軍、領宗正、錄尚書事。

洛既平，堅以關東地廣人殷，思所以鎮靜之，引其羣臣於東堂議曰：「凡我族類，支胤彌繁，今欲分三原、九嵕、武都、汧、雍十五萬戶於諸方要鎮，不忘舊德，爲磐石之宗，於諸君之意如何？」皆曰：「此有周所以祚隆八百，社稷之利也。」於是分四帥子弟三千戶，以配苻丕鎮鄴，如世封諸侯，爲新券主。堅送丕於灞上，流涕而别。諸戎子弟離其父兄者，皆悲號哀慟，酸感行人，識者以爲喪亂流離之象。於是分幽州置平州，以石越爲平州刺史，領護鮮卑中郎將，鎮龍城；大鴻臚韓胤領護赤沙中郎將，移烏丸府于代郡之平城；中書令梁讜爲安遠將軍、〔一七〕幽州刺史，鎮薊城；毛興爲鎮西將軍、河州刺史，鎮枹罕；王騰爲鷹揚將軍、幷州刺史，領護匈奴中郎將，鎮晉陽；二州各配支戶三千；〔一八〕苻暉爲鎮東大將軍、豫州牧，鎮洛陽；苻叡爲安東將軍、雍州刺史，鎮蒲坂。

先是，高陸人穿井得龜，大三尺，背有八卦文，堅命太卜池養之，食以粟，及此而死，藏其骨於太廟。其夜廟丞高虜夢龜謂之曰：「我本出將歸江南，遭時不遇，隕命秦庭。」又有人夢中謂虜曰：「龜三千六百歲而終，終必妖興，亡國之徵也。」

堅自平諸國之後，國內殷實，遂示人以侈，懸珠簾於正殿，以朝羣臣，宮宇車乘，器物服御，悉以珠璣、琅玕、奇寶、珍怪飾之。尙書郎裴元略諫曰：「臣聞堯舜茅茨，周卑宮室，故致和平，慶隆八百。始皇窮極奢麗，嗣不及孫。願陛下則采椽之不琢，鄙瓊室而不居，敷純風於天下，流休範於無窮，賤金玉，珍穀帛，勤恤人隱，勸課農桑，捐無用之器，棄難得之貨，敦至道以厲薄俗，修文德以懷遠人。然後一軌九州，同風天下，刑措旣登，告成東嶽，蹤軒皇以齊美，哂二漢之徙封，臣之願也。」堅大悅，命去珠簾，以元略爲諫議大夫。

鄯善王、車師前部王來朝，大宛獻汗血馬，肅愼貢楛矢，天竺獻火浣布，康居、於闐及海東諸國，凡六十有二王，皆遣使貢其方物。

初，堅母少寡，將軍李威有辟陽之寵，史官載之。至是，堅收起居注及著作所錄而觀之，見其事，慚怒，乃焚其書而大檢史官，將加其罪。著作郎趙泉、〔一九〕車敬等已死，乃止。

荆州刺史都貴遣其司馬閻振、〔二〇〕中兵參軍吳仲等率衆二萬寇竟陵，留輜重于管城，水陸輕進。桓沖遣南平太守桓石虔、竟陵太守郭銓等水陸二萬距之，相持月餘，戰於滶水。振等大敗，退保管城。石虔乘勝攻破之，斬振及仲，俘斬萬七千。

校勘記

〔一〕露堂　斠注：御覽九四四引前秦書、太平廣記四七三引廣古今五行記「露」上有「甘」字。

〔二〕禁中無耳屬之理　斠注：御覽九四四引前秦書作「禁中無屬耳之垣」。載記「之理」當作「之垣」。

〔三〕猛不利　張天錫傳謂「天錫敗績」，通鑑一〇一稱「猛大破之」。疑此誤。

〔四〕苻庾　慕容暐載記作「苻謏」。參卷一一一校記。

〔五〕長安去蒲坂百餘里　長安去蒲坂不止百餘里，此當是苻柳自蒲坂行百餘里，「長安」二字涉上「將攻長安」語而衍，通鑑一〇一無此二字可證。

〔六〕渭原　斠注：御覽三一二引十六國春秋「渭原」作「潞原」。按上文云「評不敢進，屯於潞川」，無西至渭原之理，當以作「潞原」爲是。今按：通典一五九亦作「潞原」。「潞原」當卽漳水經潞城處，與潞川非別地。

〔七〕進圖寧益　各本「圖」作「圗」，冊府一二三一、通志一八八並作「圖」。冊府、通志並出載記，於文義亦作「圖」是，今據改。

〔八〕堅拜奚安遠將軍濲川侯　各本「奚」作「纂」。張森楷云：濲川地在吐谷渾，楊纂爲武都氐族首領，不應以氵川地授之。且上文方敍吐谷渾，此處插入楊纂官爵，文理亦覺不倫。吐谷渾傳謂苻堅拜辟奚爲安遠將軍，與此相合，「纂」當爲「奚」之譌。按：通鑑一〇三作「辟奚」，據宋書、魏書吐谷渾傳「碎」作「辟」，作「碎」誤，但此處自當作「奚」，今據改。

〔九〕使役有常聞諸非正道典學一皆禁之　「聞」字屬上、屬下皆贅，疑是衍文或字訛。

〔一〇〕姚萇爲寧州刺史領西蠻校尉　通鑑一〇三下有「鎭墊江」句。按：上下文記以某人爲某州刺史，並有鎭某地一語，疑此脫去。

〔一一〕及首級二萬三千　通鑑一〇三「及」作「斬」，疑是。

〔一二〕王歡　各本「歡」作「勸」。按：事見儒林王歡傳，「勸」字譌，今改正。

〔一三〕左將軍毛盛　張天錫傳「毛盛」作「毛當」，下文見「右將軍毛當、後禁毛盛」，疑作「毛當」是，但「左」「右」微異。

〔一四〕梁粲　通鑑一〇四作「梁濟」。

〔一五〕梁州刺史韋鍾寇魏興攻太守吉挹於西城晉將軍毛武生率衆五萬距之與俱難等相持於淮南　毛穆之（卽武生）傳云：「苻堅別將寇彭城，復以將軍假節監江北軍事，鎭廣陵。」此處上文方稱「彭超寇彭城」，卽應逕接「晉將軍毛武生率衆五萬拒之」，情事始明。而中間忽插入韋鍾攻魏興事，遂似武生拒韋鍾軍於魏興。疑「韋鍾寇魏興」云云本在「相持於淮南」句下，錯簡在上，通鑑一〇四敍次正如此，可證。又「武生」，通鑑作「虎生」，當是晉書避唐諱改「武」。

〔一六〕平顔　通鑑一〇四「顔」作「規」。下同。

〔一七〕中書令梁讜　各本無「令」字，宋本有。通鑑一〇四、通志一八九並有「令」字，今從宋本。

〔一八〕各配支戶三千　通鑑一〇四「支」作「氐」，疑是。

〔一九〕著作郎趙泉　斠注：史通正史篇曰：前秦史官，初有趙淵、車敬。趙淵以唐人避諱改「泉」。

〔二〇〕都貴遣其司馬閻振　「都貴」，斠注：孝武紀作「都貴」，桓沖傳作「郝貴」，桓石虔傳作「梁成」，人名各異，蓋不可定其孰是孰非。又云：司馬閻振，孝武紀及桓沖、桓石虔傳俱作「襄陽太守閻震」。

晉書卷一百十四

載記第十四

苻堅下 王猛 苻融 苻朗

太元七年，堅饗羣臣於前殿，樂奏賦詩。秦州別駕天水姜平子詩有「丁」字，直而不曲。堅問其故，平子曰：「臣丁至剛，不可以屈，且曲下者不正之物，未足獻也。」堅笑曰：「名不虛行。」因擢爲上第。

堅兄法子東海公陽與王猛子散騎侍郎皮謀反，〔一〕事洩，堅問反狀，陽曰：「禮云，父母之仇，不同天地。臣父哀公，死不以罪，齊襄復九世之仇，而況臣也！」皮曰：「臣父丞相有佐命之勳，而臣不免貧餒，所以圖富也。」堅流涕謂陽曰：「哀公之薨，事不在朕，卿寧不知之！」讓皮曰：「丞相臨終，託卿以十具牛爲田，不聞爲卿求位。知子莫若父，何斯言之徵也！」皆赦不誅，徙陽於高昌，皮於朔方之北。苻融以位忝宗正，不能肅遏姦萌，上疏請待罪私藩。

三司。

堅不許。將以融爲司徒，融固辭。堅銳意荆揚，將謀入寇，乃改授融征南大將軍、開府儀同三司。

新平郡獻玉器。初，堅卽僞位，新平王彫陳說圖讖，堅大悅，以彫爲太史令。嘗言於堅曰：「謹案讖云：『古月之末亂中州，洪水大起健西流，惟有雄子定八州。』此卽三祖、陛下之聖諱也。又曰：『當有艸付臣又土，滅東燕，破白虜，氐在中，華在表。』案圖讖之文，陛下當滅燕，平六州。願徙汧隴諸氐於京師，三秦大戶置之於邊地，以應圖讖之言。」堅訪之王猛，猛以彫爲左道惑衆，勸堅誅之。彫臨刑上疏曰：「臣以趙建武四年，從京兆劉湛學，明于圖記，謂臣曰：『新平地古顓頊之墟，里名曰雞閭。〔三〕記云，此里應出帝王寶器，其名曰延壽寶鼎。顓頊有云，河上先生爲吾隱之於咸陽西北，吾之孫有艸付臣又土應之。』湛又云：『吾嘗齋於室中，夜有流星大如半月，落於此地，斯蓋是乎！』願陛下誌之，平七州之後，出於壬午之年。」至是而新平人得之以獻，器銘篆書文題之法，一爲天王，二爲王后，三爲三公，四爲諸侯，五爲伯子男，六爲卿大夫，七爲元士。自此已下，考載文記，列帝王名臣，自天子王后，內外次序，上應天文，象紫宮布列，依玉牒版辭，不違帝王之數。從上元人皇起，至中元，窮於下元，天地一變，盡三元而止。堅以彫言有徵，追贈光祿大夫。

幽州蝗，廣袤千里，堅遣其散騎常侍劉蘭持節爲使者，發靑、冀、幽、幷百姓討之。

以苻朗爲使持節、都督青徐兗三州諸軍事、鎭東將軍、青州刺史，以諫議大夫裴元略爲陵江將軍、西夷校尉、巴西梓潼二郡太守，密授規模，令與王撫備舟師於蜀，將以入寇。

車師前部王彌寘、鄯善王休密馱朝於堅，堅賜以朝服，引見西堂。寘等觀其宮宇壯麗，儀衞嚴肅，甚懼，因請年年貢獻。堅以西域路遙，不許，令三年一貢，九年一朝，以爲永制。寘等請曰：「大宛諸國雖通貢獻，然誠節未純，請乞依漢置都護故事。若王師出關，請爲鄉導。」堅於是以驍騎呂光爲持節、都督西討諸軍事，與陵江將軍姜飛、輕騎將軍彭晃等配兵七萬，以討定西域。苻融以虛秏中國，投兵萬里之外，得其人不可役，得其地不可耕，固諫以爲不可。堅曰：「二漢力不能制匈奴，猶出師西域。今匈奴既平，易若摧朽，雖勞師遠役，可傳檄而定，化被崑山，垂芳千載，不亦美哉！」朝臣又屢諫，皆不納。

晉將軍朱綽焚踐沔北屯田，掠六百餘戶而還。堅引羣臣會議，曰：「吾統承大業垂二十載，〔三〕芟夷逋穢，四方略定，惟東南一隅未賓王化。吾每思天下不一，未嘗不臨食輟餔，今欲起天下兵以討之。略計兵杖精卒，可有九十七萬，吾將躬先啓行，薄伐南裔，於諸卿意何如？」祕書監朱肜曰：「陛下應天順時，恭行天罰，嘯咤則五嶽摧覆，呼吸則江海絕流，若一舉百萬，必有征無戰。晉主自當銜壁輿櫬，啓顙軍門，若迷而弗悟，必逃死江海，猛將追之，卽可賜命南巢。中州之人，還之桑梓。然後迴駕岱宗，告成封禪，起白雲於中壇，受萬歲於中嶽，爾則終古一時，書契未有。」堅大悅曰：「吾之志也。」左僕射權翼進曰：「臣以爲晉未可伐。夫以紂之無道，天下離心，八百諸侯不謀而至，武王猶曰彼有人焉，迴師止旆。三仁誅放，然後奮戈牧野。今晉道雖微，未聞喪德，君臣和睦，上下同心。謝安、桓沖，江表偉才，可謂晉有人焉。臣聞師克在和，今晉和矣，未可圖也。」堅默然久之，曰：「諸君各言其志。」太子左衞率石越對曰：「吳人恃險偏隅，不賓王命，陛下親御六師，問罪衡越，誠合人神四海之望。但今歲鎮星守斗牛，福德在吳。懸象無差，弗可犯也。且晉中宗，藩王耳，夷夏之情，咸共推之，遺愛猶在於人。昌明，其孫也，國有長江之險，朝無昏貳之釁。臣愚以爲利用修德，未宜動師。孔子曰：『遠人不服，修文德以來之。』願保境養兵，伺其虛隙。」堅曰：「吾聞武王伐紂，逆歲犯星。天道幽遠，未可知也。昔夫差威陵上國，而爲句踐所滅。仲謀澤洽全吳，孫晧因三代之業，龍驤一呼，君臣面縛，雖有長江，其能固乎！以吾之衆旅，投鞭於江，足斷其流。」越曰：「臣聞紂爲無道，天下患之。夫差淫虐，孫晧昏暴，衆叛親離，所以敗也。今晉雖無德，未有斯罪，深願厲兵積粟以待天時。」羣臣各有異同，庭議者久之。堅曰：「所謂築室于道，沮計萬端，吾當內斷於心矣。」羣臣出後，獨留苻融議之。堅曰：「自古大事，定策者一兩人而已，羣議紛紜，徒亂人意，吾當與汝決之。」融曰：「歲鎮在斗牛，吳越之福，不可以伐一也。晉主休明，朝臣用命，不可以伐二也。我數戰，兵疲將倦，有憚敵之意，不可以伐三也。諸言不可者，策之上也，願陛下納之。」堅作色曰：「汝復如此，天下之事，吾當誰與言之！今有衆百萬，資仗如山，吾雖未稱令主，亦不爲闇劣。以累捷之威，擊垂亡之寇，何不克之有乎！吾終不以賊遺子孫，爲宗廟社稷之憂也。」融泣曰：「吳之不可伐昭然，虛勞大舉，必無功而反。臣之所憂，非此而已。陛下寵育鮮卑、羌、羯，布諸畿甸，舊人族類，斥徙遐方。今傾國而去，如有風塵之變者，其如宗廟何！監國以弱卒數萬留守京師，鮮卑、羌、羯攢聚如林，此皆國之賊也，我之仇也。臣恐非但徒返而已，亦未必萬全。臣智識愚淺，誠不足採；王景略一時奇士，陛下每擬之孔明，其臨終之言不可忘也。」堅不納。游於東苑，命沙門道安同輦。權翼諫曰：「臣聞天子法駕，侍中陪乘，淸道而行，進止有度。三代末主，或虧大倫，適一時之情，書惡來世。故班姬辭輦，垂美無窮。道安毀形賤士，不宜參穢神輿。」堅作色曰：「安公道冥至境，德爲時尊，朕舉天下之重，未足以易之。非公與輦之榮，此乃朕之顯也。」命翼扶安升輦，顧謂安曰：「朕將與公南游吳越，整六師而巡狩，謁虞陵於疑嶺，瞻禹穴於會稽，泛長江，臨滄海，不亦樂乎！」安曰：「陛下應天御世，居中土而制四維，逍遙順時，以適聖躬，動則鳴鑾淸道，止則神栖無爲，端拱而化，與堯舜比隆，何爲勞身於馳騎，口倦於經略，櫛風沐雨，蒙塵野次乎？且東南區區，地下氣癘，虞舜游而不返，大禹適而弗歸，何足以上勞神駕，下困蒼生。詩云：『惠此中國，以綏四方。』苟文德足以懷遠，可不煩寸兵而坐賓百越。」堅曰：「非爲地不廣、人不足也，但思混一六合，以濟蒼生。天生蒸庶，樹之君者，所以除煩去亂，安得憚勞！朕既大運所鍾，將簡天心以行天罰。高辛有熊泉之役，唐堯有丹水之師，此皆著之前典，昭之後王。誠如公言，帝王無省方之文乎？且朕此行也，以義舉耳，使流度衣冠之冑，還其墟壙，復其桑梓，止爲濟難銓才，不欲窮兵極武。」安曰：「若鑾駕必欲親動，猶不願遠涉江淮，可暫幸洛陽，明授勝略，馳紙檄於丹楊，開其改迷之路。如其不庭，伐之可也。」堅不納。先是，羣臣以堅信重道安，謂安曰：「主上欲有事於東南，公何不爲蒼生致一言也！」故安因此而諫。苻融及尚書原紹、石越等上書面諫，前後數十，堅終不從。堅少子中山公詵有寵於堅，又諫曰：「臣聞季梁在隨，楚人憚之；宮奇在虞，晉不闚兵。國有人焉故也。及謀之不用，而亡不淹歲。前車之覆軌，後車之明鑒。陽平公，國之謀主，而陛下違之；晉有謝安、桓沖，而陛下伐之。是行也，臣竊惑焉。」堅曰：「國有元龜，可以決大謀；朝有公卿，可以定進否。孺子言焉，將爲戮也。」

所司奏劉蘭討蝗幽州，經秋冬不滅，請徵下廷尉詔獄。堅曰：「災降自天，殆非人力所能除也。此自朕之政違所致，蘭何罪焉！」

明年，呂光發長安，堅送於建章宮，謂光曰：「西戎荒俗，非禮義之邦。羈縻之道，服而赦之，示以中國之威，導以王化之法，勿極武窮兵，過深殘掠。」加鄯善王休密馱使持節、散騎常侍、都督西域諸軍事、寧西將軍，車師前部王彌窴使持節、平西將軍、西域都護，率其國兵爲光鄉導。

是年，益州西南夷、海東諸國皆遣使貢其方物。

堅南游灞上，從容謂羣臣曰：「軒轅，大聖也，其仁若天，其智若神，猶隨不順者從而征之，居無常所，以兵爲衞，故能日月所照，風雨所至，莫不率從。今天下垂平，惟東南未殄。朕忝荷大業，巨責攸歸，豈敢優游卒歲，不建大同之業！每思桓溫之寇也，江東不可不滅。今有勁卒百萬，文武如林，鼓行而摧遺晉，若商風之隕秋籜。朝廷內外，皆言不可，吾實未解所由。晉武若信朝士之言而不征吳者，天下何由一軌！吾計決矣，不復與諸卿議也。」太子宏進曰：「吳今得歲，不可伐也。且晉主無罪，人爲之用；謝安、桓沖兄弟皆一方之儁才，君臣勠力，阻險長江，未可圖也。但可厲兵積粟，以待暴主，一舉而滅之。今若動而無功，則威名損於外，資財竭於內。是故聖王之行師也，內斷必誠，然後用之。彼若憑長江以固守，徙江北百姓於江南，增城清野，杜門不戰，我已疲矣。彼未引弓，土下氣癘，不可久留，陛下將若之何？」堅曰：「往年車騎滅燕，亦犯歲而捷之。天道幽遠，非汝所知也。昔始皇之滅六國，其王豈皆暴乎？且吾內斷於心久矣，舉必克之，何爲無功！吾方命蠻夷以攻其內，精甲勁兵以攻其外，內外如此，安有不克！」道安曰：「太子之言是也，願陛下納之。」堅弗從。

冠軍慕容垂言於堅曰：「陛下德侔軒唐，功高湯武，威澤被於八表，遠夷重譯而歸。司馬昌明因餘燼之資，敢距王命，是而不誅，法將安措！孫氏跨僭江東，終併於晉，其勢然也。臣聞小不敵大，弱不御强，況大秦之應符，陛下之聖武，强兵百萬，韓白盈朝，而令其偷魂假號，以賊虜遺子孫哉！詩云：『築室于道謀，是用不潰于成。』陛下內斷神謀足矣，不煩廣訪朝臣以亂聖慮。昔晉武之平吳也，言可者張杜數賢而已，若採羣臣之言，豈能建不世之功！諺云憑天俟時，時已至矣，其可已乎！」堅大悅，曰：「與吾定天下者，其惟卿耳。」賜帛五百匹。

彗星掃東井。自堅之建元十七年四月，長安有水影，遠觀若水，視地則見人，至是則止。堅惡之。上林竹死，洛陽地陷。

晉車騎將軍桓沖率衆十萬伐堅，遂攻襄陽。遣前將軍劉波、冠軍桓石虔、振威桓石民攻沔北諸城；輔國楊亮伐蜀，攻拔伍城，進攻涪城，龍驤胡彬攻下蔡；鷹揚郭銓攻武當；沖別將攻萬歲城，拔之。堅大怒，遣其子征南叡及冠軍慕容垂、左衞毛當率步騎五萬救襄陽，揚武張崇救武當，後將軍張蚝、步兵校尉姚萇救涪城。叡次新野，垂次鄧城。王師敗張崇於武當，掠二千餘戶而歸。叡遣垂及驍騎石越爲前鋒，次於沔水。垂、越夜命三軍人持十炬火，繫炬於樹枝，光照十數里中。沖懼，退還上明。張蚝出斜谷，楊亮亦引兵退歸。

堅下書悉發諸州公私馬，人十丁遣一兵。門在灼然者，爲崇文義從。良家子年二十已下，武藝驍勇，富室材雄者，皆拜羽林郎。下書期克捷之日，以帝爲尚書左僕射，謝安爲吏部尚書，桓沖爲侍中，並立第以待之。良家子至者三萬餘騎。其秦州主簿金城趙盛之爲建威將軍、少年都統。遣征南苻融、驃騎張蚝、撫軍苻方、衞軍梁成、平南慕容暐、冠軍慕容垂率步騎二十五萬爲前鋒。堅發長安，戎卒六十餘萬，騎二十七萬，前後千里，旗鼓相望。堅至項城，涼州之兵始達咸陽，蜀漢之軍順流而下，幽冀之衆至於彭城，東西萬里，水陸齊進。運漕萬艘，自河入石門，達於汝潁。

融等攻陷壽春，執晉平虜將軍徐元喜、安豐太守王先。垂攻陷鄖城，〔四〕害晉將軍王太丘。梁成與其揚州刺史王顯、弋陽太守王詠等率衆五萬，屯於洛澗，柵淮以遏東軍。成頻敗王師。晉遣都督謝石、徐州刺史謝玄、豫州刺史桓伊、輔國謝琰等水陸七萬，相繼距融，去洛澗二十五里，憚成不進。龍驤將軍胡彬先保硤石，爲融所逼，糧盡，詐揚沙以示融軍，潛遣使告石等曰：「今賊盛糧盡，恐不見大軍。」〔五〕融軍人獲而送之。融乃馳使白堅曰：「賊少易俘，但懼其越逸，宜速進衆軍，掎禽賊帥。」堅大悅，恐石等遁也，捨大軍於項城，以輕騎八千兼道赴之，令軍人曰：「敢言吾至壽春者拔舌。」故石等弗知。晉龍驤將軍劉牢之率勁卒五千，夜襲梁成壘，克之，斬成及王顯、王詠等十將，士卒死者萬五千。謝石等以既敗梁成，水陸繼進。堅與苻融登城而望王師，見部陣齊整，將士精銳，又北望八公山上草木，皆類人形，顧謂融曰：「此亦勍敵也，何謂少乎！」憮然有懼色。初，朝廷聞堅入寇，會稽王道子以威儀鼓吹求助於鍾山之神，奉以相國之號。及堅之見草木狀人，若有力焉。

堅遣其尚書朱序說石等以衆盛，欲脅而降之。序詭謂石曰：「若秦百萬之衆皆至，則莫可敵也。及其衆軍未集，宜在速戰。若挫其前鋒，可以得志。」石聞堅在壽春也，懼，謀不戰以疲之。謝琰勸從序言，遣使請戰，許之。時張蚝敗謝石於肥南，謝玄、謝琰勒卒數萬，陣以待之。蚝乃退，列陣逼肥水。王師不得渡，遣使謂融曰：「君懸軍深入，置陣逼水，此持久之計，豈欲戰者乎？若小退師，令將士周旋，僕與君公緩轡而觀之，不亦美乎！」融於是麾軍卻陣，欲因其濟水，覆而取之。軍遂奔退，制之不可止。融馳騎略陣，馬倒被殺，軍遂大敗。王師乘勝追擊，至於青岡，死者相枕。堅爲流矢所中，單騎遁還於淮北，飢甚，人有進壺飧豚髀者，堅食之，大悅，曰：「昔公孫豆粥何以加也！」命賜帛十匹，緜十斤。辭曰：「臣聞白龍厭天池之樂而見困豫且，陛下目所覩也，耳所聞也。今蒙塵之難，豈自天乎！且妄施不爲惠，妄受不爲忠。陛下，臣之父母也，安有子養而求報哉！」弗顧而退。堅大慚，顧謂其夫人張氏曰：「朕若用朝臣之言，豈見今日之事邪！當何面目復臨天下乎？」潸然流涕而去。聞風聲鶴唳，皆謂晉師之至。其僕射張天錫、尚書朱序及徐元喜等皆歸順。初，諺言「堅不出項」，羣臣勸堅停項，爲六軍聲鎮，堅不從，故敗。

諸軍悉潰，惟慕容垂一軍獨全，堅以千餘騎赴之。垂子寶勸垂殺堅，垂不從，乃以兵屬堅。初，慕容暐屯鄖城，姜成等守漳口，晉隨郡太守夏侯澄攻姜成，斬之，暐棄其衆奔還。堅收離集散，比至洛陽，衆十餘萬，百官威儀軍容粗備。未及關而垂有貳志，說堅請巡撫燕岱，并求拜墓，堅許之。權翼固諫以爲不可，堅不從。尋懼垂爲變，悔之，遣驍騎石越率卒三千戍鄴，驃騎張蚝率羽林五千戍并州，留兵四千配鎮軍毛當戍洛陽。堅至自淮南，次於長安東之行宮，哭苻融而後入，告罪於其太廟，赦殊死已下，文武增位一級，厲兵課農，存卹孤老，諸士卒不返者皆復其家終世。贈融大司馬，謚曰哀公。

衞軍從事中郎丁零翟斌反於河南，長樂公苻丕遣慕容垂及苻飛龍討之。垂南結丁零，殺飛龍，盡坑其衆。豫州牧、平原公苻暉遣毛當擊翟斌，爲斌所敗，當死之。垂子農亡奔列人，招集羣盜，衆至萬數千。丕遣石越擊之，爲農所敗，越死之。垂引丁零、烏丸之衆二十餘萬，爲飛梯地道以攻鄴城。

慕容暐弟燕故濟北王泓先爲北地長史，聞垂攻鄴，亡命奔關東，收諸馬牧鮮卑，衆至數千，還屯華陰。慕容暐乃潛使諸弟及宗人起兵於外。堅遣將軍強永率騎擊之，爲泓所敗，泓衆遂盛，自稱使持節、大都督陝西諸軍事、大將軍、雍州牧、濟北王，推叔父垂爲丞相、都督陝東諸軍事、領大司馬、冀州牧、吳王。

堅謂權翼曰：「吾不從卿言，鮮卑至是。關東之地，吾不復與之爭，將若泓何？」翼曰：「寇不可長。慕容垂正可據山東爲亂，不暇近逼。今暐及宗族種類盡在京師，鮮卑之衆布於畿甸，實社稷之元憂，宜遣重將討之。」堅乃以廣平公苻熙爲使持節、都督雍州雜戎諸軍事、鎭東大將軍、雍州刺史，鎭蒲坂。徵苻叡爲都督中外諸軍事、衞大將軍、司隸校尉、錄尙書事，配兵五萬，以左將軍竇衝爲長史，龍驤姚萇爲司馬，討泓於華澤。平陽太守慕容沖起兵河東，有衆二萬，進攻蒲坂，堅命竇衝討之。苻叡勇果輕敵，不恤士衆。泓聞其至也，懼，率衆將奔關東，叡馳兵要之。姚萇諫曰：「鮮卑有思歸之心，宜驅令出關，〔六〕不可遏也。」叡弗從，戰於華澤，叡敗績，被殺。堅大怒。萇懼誅，遂叛。竇衝擊慕容沖於河東，大破之，沖率騎八千奔於泓軍。泓衆至十餘萬，遣使謂堅曰：「秦爲無道，滅我社稷。今天誘其衷，使秦師傾敗，將欲興復大燕。吳王已定關東，可速資備大駕，奉送家兄皇帝並宗室功臣之家。泓當率關中燕人，翼衞皇帝，還返鄴都，與秦以武牢爲界，分王天下，永爲鄰好，不復爲秦之患也。鉅鹿公輕戇銳進，爲亂兵所害，非泓之意。」堅大怒，召慕容暐責之曰：「卿父子干紀僭亂，乖逆人神，朕應天行罰，盡兵勢而得卿。卿非改迷歸善，而合宗蒙宥，兄弟布列上將、納言，雖曰破滅，其實若歸。奈何因王師小敗，便猖悖若此！垂爲長蛇於關東，泓、沖稱兵內侮。泓書如此，卿欲去者，朕當相資。卿之宗族，可謂人面獸心，殆不可以國士期也。」暐叩頭流血，泣涕陳謝。堅久之曰：「書云，父子兄弟無相及也。卿之忠誠，實簡朕心，此自三豎之罪，非卿之過。」復其位而待之如初。命暐以書招喻垂及泓、沖，使息兵還長安，恕其反叛之咎。而暐密遣使者謂泓曰：「今秦數已終，長安怪異特甚，當不復能久立。吾既籠中之人，必無還理。昔不能保守宗廟，致令傾喪若斯，吾罪人也，不足復顧吾之存亡。社稷不輕，勉建大業，以興復爲務。可以吳王爲相國，中山王爲太宰、領大司馬，汝可爲大將軍、領司徒，承制封拜。聽吾死問，汝便卽尊位。」泓於是進向長安，改年曰燕興。是時鬼夜哭，三旬而止。

堅率步騎二萬討姚萇於北地，次於趙氏塢，使護軍楊壁游騎三千，斷其奔路，右軍徐成、左軍竇衝、鎭軍毛盛等屢戰敗之，仍斷其運水之路。馮翊游欽因淮南之敗，聚衆數千，保據頻陽，遣軍運水及粟，以饋姚萇，楊壁盡獲之。萇軍渴甚，遣其弟鎭北尹買率勁卒二萬決堰。竇衝率衆敗其軍於鸛雀渠，斬尹買及首級萬三千。萇衆危懼，人有渴死者。俄而降雨於萇營，營中水三尺，周營百步之外，寸餘而已，於是萇軍大振。堅方食，去案怒曰：「天其無心，何故降澤賊營！」萇又東引慕容泓爲援。

泓謀臣高蓋、宿勤崇等以泓德望後沖，且持法苛峻，乃殺泓，立沖爲皇太弟，承制行事，自栢署置。

姚萇留其弟征虜緒守楊渠川大營，率衆七萬來攻堅。堅遣楊璧等擊之，爲萇所敗，獲楊璧、毛盛、徐成及前軍齊午等數十人，皆禮而遣之。

苻暉率洛陽、陝城之衆七萬歸於長安。益州刺史王廣遣將軍王蚝率蜀漢之衆來赴難。堅聞慕容沖去長安二百餘里，引師而歸，使撫軍苻方戍驪山，拜苻暉使持節、散騎常侍、都督中外諸軍事、車騎大將軍、司隸校尉、錄尚書，配兵五萬距沖，河間公苻琳爲中軍大將軍，爲暉後繼。沖乃令婦人乘牛馬爲衆，揭竿爲旗，揚土爲塵，督厲其衆，晨攻暉營於鄭西。暉出距戰，沖揚塵鼓譟，暉師敗績。堅又以尚書姜宇爲前將軍，與苻琳率衆三萬，擊沖於灞上，爲沖所敗，宇死之，琳中流矢，沖遂據阿房城。初，堅之滅燕，沖姊爲清河公主，年十四，有殊色，堅納之，寵冠後庭。沖年十二，亦有龍陽之姿，堅又幸之。姊弟專寵，宮人莫進。長安歌之曰：「一雌復一雄，雙飛入紫宮。」咸懼爲亂。王猛切諫，堅乃出沖。長安又謠曰：「鳳皇鳳皇止阿房。」堅以鳳皇非梧桐不栖，非竹實不食，乃植桐竹數十萬株於阿房城以待之。沖小字鳳皇，至是，終爲堅賊，入止阿房城焉。

晉西中郎將桓石虔進據魯陽，〔七〕遣河南太守高茂北戍洛陽。晉冠軍謝玄次於下邳，徐州刺史趙遷棄彭城奔還。玄前鋒張願追遷及於碭山，轉戰而免。玄進據彭城。

時呂光討平西域三十六國，所獲珍寶以萬萬計。堅下書以光爲使持節、散騎常侍、都督玉門以西諸軍事、安西將軍、西域校尉，進封順鄉侯，增邑一千戶。

劉牢之伐兗州，堅刺史張崇棄鄄城奔於慕容垂。牢之遣將軍劉襲追崇，戰於河南，斬其東平太守楊光而退。牢之遂據鄄城。

慕容沖進逼長安，堅登城觀之，歎曰：「此虜何從出也？其强若斯！」大言責沖曰：「爾輩羣奴正可牧牛羊，何爲送死！」沖曰：「奴則奴矣，既厭奴苦，復欲取爾見代。」堅遣使送錦袍一領遺沖，稱詔曰：「古人兵交，使在其閒。卿遠來草創，得無勞乎？今送一袍，以明本懷。朕於卿恩分如何，而於一朝忽爲此變！」沖命詹事答之，亦稱「皇太弟有令：孤今心在天下，豈顧一袍小惠。苟能知命，便可君臣束手，早送皇帝，自當寬貸苻氏，以酬曩好，終不使既往之施獨美於前」。堅大怒曰：「吾不用王景略、陽平公之言，使白虜敢至於此。」

苻丕在鄴糧竭，馬無草，削松木而食之。會丁零叛慕容垂，垂引師去鄴，始具西問，知苻叡等喪敗，長安危逼，乃遣其陽平太守邵興率騎一千，將北引重合侯苻謨、高邑侯苻亮、阜城侯苻定于常山，固安侯苻鑒、中山太守王兗於中山，以爲己援。垂遣將軍張崇要興，獲之於襄國南。又遣其參軍封孚西引張蚝、并州刺史王騰於晉陽，蚝、騰以衆寡不赴。丕進退路窮，乃謀於羣僚。司馬楊膺唱歸順之計，丕猶未從。會晉遣濟北太守丁匡據碻磝，濟陽太守郭滿據滑臺，將軍顏肱、〔八〕劉襲次於河北，丕遣將軍桑據距之，爲王師所敗。襲等進攻黎陽，克之。丕懼，乃遣從弟就與參軍焦逵請救於謝玄。丕書稱假途求糧，還赴國難，須軍援既接，以鄴與之，若西路不通，長安陷沒，請率所領保守鄴城。乃羈縻一方，文降而已。逵與參軍姜讓密謂楊膺曰：「今禍難如此，京師阻隔，吉凶莫審，密邇寇仇，三軍罄絕，傾危之甚，朝不及夕。觀公豪氣不除，非救世之主，既不能竭盡誠款，速致糧援，方設兩端，必無成也。今日之殆，疾於轉機，不容虛設，徒成反覆。宜正書爲表，以結殷勤。若王師之至，必當致身。如其不從，可逼縛與之。苟不義服，一人力耳。古人行權，寧濟爲功，況君侯累葉載德，顯祖初著名於晉朝，今復建崇勳，使功業相繼，千載一時，不可失也。」膺素輕丕，自以力能逼之，乃改書而遣逵等，并遣濟南毛蜀、毛鮮等分房爲任於晉。

堅遣鴻臚郝稚徵處士王嘉於到獸山。既至，堅每日召嘉與道安於外殿，動靜諮問之。慕容暐入見東堂，稽首謝曰：「弟沖不識義方，孤背國恩，臣罪應萬死。陛下垂天地之容，臣蒙更生之惠。臣二子昨婚，明當三日，愚欲暫屈鑾駕，幸臣私第。」堅許之。暐出，嘉曰：「椎蘆作蘧篨，不成文章，會天大雨，不得殺羊。」堅與羣臣莫之能解。是夜大雨，晨不果出。初，暐之遣諸弟起兵於外也，堅防守甚嚴，謀應之而無因。時鮮卑在城者猶有千餘人，暐乃密結鮮卑之衆，謀伏兵請堅，因而殺之。令其豪帥悉羅騰、屈突鐵侯等潛告之曰：「官今使侯外鎮，聽舊人悉隨，可於某日會集某處。」鮮卑信之。北部人突賢與其妹別，妹爲左將軍竇衝小妻，聞以告衝，請留其兄。衝馳入白堅，堅大驚，召騰問之，騰具首服。堅乃誅暐父子及其宗族，城內鮮卑無少長及婦女皆殺之。

慕容垂復圍鄴城。焦逵既至，朝廷果欲徵丕任子，然後出師。逵固陳丕款誠無貳，并宣楊膺之意，乃遣劉牢之等率衆二萬，水陸運漕救鄴。

時長安大飢，人相食，諸將歸而吐肉以飴妻子。

慕容沖僭稱尊號於阿房，改年更始。堅與沖戰，各有勝負。嘗爲沖軍所圍，殿中上將軍鄧邁、左中郎將鄧綏、尚書郎鄧瓊相謂曰：「吾門世荷榮寵，先君建殊功於國家，不可不立忠效節，以成先君之志。且不死君難者，非丈夫也。」於是與毛長樂等蒙獸皮，奮矛而擊沖軍。沖軍潰，堅獲免，嘉其忠勇，並拜五校，加三品將軍，賜爵關內侯。沖又遣其尚書令高蓋率衆夜襲長安，攻陷南門，入於南城。左將軍竇衝、前禁將軍李辯等擊敗之，斬首千八百級，分其屍而食之。堅尋敗沖於城西，追奔至於阿城。〔九〕諸將請乘勝入城，堅懼爲沖所獲，乃擊金以止軍。

是時劉牢之至枋頭。征東參軍徐義、宦人孟豐告苻丕，楊膺、姜讓等謀反，丕收膺、讓戮之。牢之以丕自相屠戮，盤桓不進。

苻暉屢爲沖所敗，堅讓之曰：「汝，吾之子也，擁大衆，屢爲白虜小兒所摧，何用生爲！」暉憤恚自殺。關中堡壁三千餘所，推平遠將軍馮翊趙敖爲統主，相率結盟，遣兵糧助堅。左將軍苟池、右將軍俱石子率騎五千，與沖爭麥，戰於驪山，爲沖所敗，池死之，石子奔鄴。堅大怒，復遣領軍楊定率左右精騎二千五百擊沖，大敗之，俘掠鮮卑萬餘而還。堅怒，悉坑之。定果勇善戰，沖深憚之，遂穿馬埳以自固。

劉牢之至鄴，慕容垂北如新城。鄴中飢甚，丕率鄴城之衆就晉穀于枋頭。牢之入屯鄴城。慕容垂軍人飢甚，多奔中山，幽冀人相食。初，關東謠曰：「幽州𡙇，生當滅。若不滅，百姓絕。」𡙇，垂之本名。與丕相持經年，百姓死幾絕。

先是，姚萇攻新平，新平太守苟輔將降之，郡人遼西太守馮傑、蓮勺令馮翊等諫曰：「天下喪亂，忠臣乃見。昔田單守一城而存齊，今秦之所有，猶連州累鎮，郡國百城。臣子之於君父，盡心焉，盡力焉，死而後已，豈宜貳哉！」輔大悅，於是憑城固守。萇爲土山地道，輔亦爲之。或戰山峯，萇衆死者萬有餘人。輔乃詐降，萇將入，覺之，引衆而退。輔馳出擊之，斬獲萬計。至是，糧竭矢盡，外救不至，萇遣吏謂輔曰：「吾方以義取天下，豈仇忠臣乎？卿但率見衆男女還長安，吾須此城置鎮。」輔以爲然，率男女萬五千口出城，萇圍而坑之，男女無遺。初，石季龍末，清河崔悅爲新平相，爲郡人所殺。悅子液後仕堅，爲尚書郎，自表父仇不同天地，請還冀州。堅愍之，禁錮新平人，缺其城角以恥之。新平酋望深以爲慚，故相率距萇，以立忠義。

時有羣烏數萬，翔鳴於長安城上，其聲甚悲，占者以爲鬭羽不終年，有甲兵入城之象。沖率衆登城，堅身貫甲冑，督戰距之，飛矢滿身，血流被體。時雖兵寇危逼，馮翊諸堡壁猶有負糧冒難而至者，多爲賊所殺。堅謂之曰：「聞來者率不善達，誠是忠臣赴難之義。當今寇難殷繁，非一人之力所能濟也。庶明靈有照，禍極災返，善保誠順，爲國自愛，蓄糧厲甲，端聽師期，不可徒喪無成，相隨獸口。」三輔人爲沖所略者，咸遣使告堅，請放火以爲內應。堅曰：「哀諸卿忠誠之意也，何復已已。但時運圮喪，恐無益於國，空使諸卿坐自夷滅，吾所不忍也。且吾精兵若獸，利器如霜，而衄於烏合疲鈍之賊，豈非天也！宜善思之。」衆固請曰：「臣等不愛性命，投身爲國，若上天有靈，單誠或冀一濟，沒無遺恨矣。」堅遣騎七百應之。而沖營放火者爲風焰所燒，其能免者十有一二。堅深痛之，身爲設祭而招之曰：「有忠有靈，來就此庭。歸汝先父，勿爲妖形。」歔欷流涕，悲不自勝。衆咸相謂曰：「至尊慈恩如此，吾等有死無移。」沖毒暴關中，人皆流散，道路斷絕，千里無煙。堅以甘松護軍仇騰爲馮翊太守，加輔國將軍，與破虜將軍蜀人蘭犢慰勉馮翊諸縣之衆。衆咸曰：「與陛下同死共生，誓無有貳。」

每夜有人周城大呼曰：「楊定健兒應屬我，宮殿臺觀應坐我，父子同出不共汝。」且尋而不見人跡。城中有書曰古符傳賈錄，載「帝出五將久長得」。先是，又謠曰：「堅入五將山長得。」堅大信之，告其太子宏曰：「脫如此言，天或導予。今留汝兼總戎政，勿與賊爭利，朕當出隴收兵運糧以給汝。天其或者正訓予也。」於是遣衞將軍楊定擊沖於城西，爲沖所擒。堅彌懼，付宏以後事，將中山公詵、張夫人率騎數百出如五將，宣告州郡，期以孟冬救長安。宏尋將母妻宗室男女數千騎出奔，百僚逃散。慕容沖入據長安，縱兵大掠，死者不可勝計。

初，秦之未亂也，關中土然，無火而煙氣大起，方數十里中，月餘不滅。堅每臨聽訟觀，令百姓有怨者舉煙於城北，觀而錄之。長安爲之語曰：「欲得必存當舉煙。」又爲謠曰：「長鞘馬鞭擊左股，太歲南行當復虜。」秦人呼鮮卑爲白虜。慕容垂之起於關東，歲在癸未。堅之分氐戶於諸鎭也，趙整因侍，援琴而歌曰：「阿得脂，阿得脂，博勞舊父是仇綏，尾長翼短不能飛，遠徙種人留鮮卑，一旦緩急語阿誰！」堅笑而不納。至是，整言驗矣。

堅至五將山，姚萇遣將軍吳忠圍之。堅衆奔散，獨侍御十數人而已。神色自若，坐而待之，召宰人進食。俄而忠至，執堅以歸新平，幽之於別室。萇求傳國璽於堅曰：「萇次膺符曆，可以爲惠。」堅瞋目叱之曰：「小羌乃敢干逼天子，豈以傳國璽授汝羌也。圖緯符命，何所依據？五胡次序，無汝羌名。違天不祥，其能久乎！璽已送晉，不可得也。」萇又遣尹緯說堅，求爲堯舜禪代之事。堅責緯曰：「禪代者，聖賢之事。姚萇叛賊，奈何擬之古人！」堅既不許萇以禪代，罵而求死，萇乃縊堅於新平佛寺中，時年四十八。中山公詵及張夫人並自殺。是歲，太元十年也。

宏之奔也，歸其南秦州刺史楊壁於下辯，壁距之，乃奔武都氐豪强熙，〔一〇〕假道歸順，朝廷處宏於江州。宏歷位輔國將軍。桓玄簒位，以宏爲梁州刺史。〔一一〕義熙初，以謀叛被誅。

初，堅强盛之時，國有童謠云：「河水清復淸，苻詔死新城。」堅聞而惡之，每征伐，戒軍候云：「地有名新者避之。」時又童謠云：「阿堅連牽三十年，若後欲敗當在江淮間。」堅在位二十七年，〔一二〕因壽春之敗，其國大亂，後二年，竟死於新平佛寺，咸應謠言矣。丕僭號，僞追謚堅曰世祖宣昭皇帝。

王猛字景略，北海劇人也，家於魏郡。少貧賤，以鬻畚爲業。嘗貨畚於洛陽，乃有一人貴買其畚，而云無直，自言家去此無遠，可隨我取直。猛利其貴而從之，行不覺遠，忽至深山，見一父老，鬚髮皓然，踞胡牀而坐，左右十許人，有一人引猛進拜之。父老曰：「王公何緣拜也！」乃十倍償畚直，遣人送之。猛既出，顧視，乃嵩高山也。

猛瓌姿儁偉，博學好兵書，謹重嚴毅，氣度雄遠，細事不干其慮，自不參其神契，略不與交通，是以浮華之士咸輕而笑之。猛悠然自得，不以屑懷。少游於鄴都，時人罕能識也。惟徐統見而奇之，召爲功曹。遁而不應，遂隱於華陰山。懷佐世之志，希龍顏之主，斂翼待時，候風雲而後動。桓溫入關，猛被褐而詣之，一面談當世之事，捫蝨而言，旁若無人。溫察而異之，問曰：「吾奉天子之命，率銳師十萬，杖義討逆，爲百姓除殘賊，而三秦豪傑未有至者何也？」猛曰：「公不遠數千里，深入寇境，長安咫尺而不渡灞水，百姓未見公心故也，所以不至。」溫默然無以酬之。溫之將還，賜猛車馬，拜高官督護，請與俱南。猛還山諮師，師曰：「卿與桓溫豈並世哉！在此自可富貴，何爲遠乎！」猛乃止。

苻堅將有大志，聞猛名，遣呂婆樓招之，一見便若平生，語及廢興大事，異符同契，若玄德之遇孔明也。及堅僭位，以猛爲中書侍郎。時始平多枋頭西歸之人，豪右縱橫，劫盜充斥，乃轉猛爲始平令。猛下車，明法峻刑，澄察善惡，禁勒強豪。鞭殺一吏，百姓上書訟之，有司劾奏，檻車徵下廷尉詔獄。堅親問之，曰：「爲政之體，德化爲先，莅任未幾而殺戮無數，何其酷也！」猛曰：「臣聞宰寧國以禮，治亂邦以法。陛下不以臣不才，任臣以劇邑，謹爲明君翦除凶猾。始殺一姦，餘尙萬數，若以臣不能窮殘盡暴，肅清軌法者，敢不甘心鼎鑊，以謝孤負。酷政之刑，臣實未敢受之。」堅謂羣臣曰：「王景略固是夷吾、子產之儔也。」於是赦之。

遷尚書左丞、咸陽內史、京兆尹。未幾，除吏部尚書、太子詹事，又遷尚書左僕射、輔國將軍、司隸校尉，加騎都尉，居中宿衞。時猛年三十六，歲中五遷，權傾內外，宗戚舊臣皆害其寵。尚書仇騰、丞相長史席寶數譖毁之，堅大怒，黜騰爲甘松護軍，寶白衣領長史。爾後上下咸服，莫有敢言。頃之，遷尚書令、太子太傅，加散騎常侍。猛頻表累讓，堅竟不許。又轉司徒、錄尚書事，餘如故。猛辭以無功，不拜。

後率諸軍討慕容暐，軍禁嚴明，師無私犯。猛之未至鄴也，劫盜公行，及猛之至，遠近帖然，燕人安之。軍還，以功進封清河郡侯，賜以美妾五人，上女妓十二人，中妓三十八人，馬百匹，車十乘。猛上疏固辭不受。

時既留鎮冀州，堅遣猛於六州之內聽以便宜從事，簡召英儁，以補關東守宰，授訖，言臺除正。居數月，上疏曰：「臣前所以朝聞夕拜，不顧艱虞者，正以方難未夷，軍機權速，庶竭命戎行，甘驅馳之役，敷宣皇威，展筋骨之效，故僶俛從事，叨據負乘，可謂恭命於濟時，俟太平於今日。今聖德格于皇天，威靈被于八表，弘化已熙，六合清泰，竊敢披貢丹誠，請避賢路。設官分職，各有司存，豈應孤任愚臣，以速傾敗！東夏之事，非臣區區所能康理，願徙授親賢，濟臣顚墜。若以臣有鷹犬微勤，未忍捐棄者，乞待罪一州，效盡力命。徐方始賓，淮汝防重，六州處分，府選便宜，輒以悉停。督任弗可虛曠，深願時降神規。」堅不許，遣其侍中梁讜詣鄴喻旨，猛乃視事如前。

俄入爲丞相、中書監、尚書令、太子太傅、司隸校尉，持節、常侍、將軍、侯如故。稍加都督中外諸軍事。猛表讓久之。堅曰：「卿昔螭蟠布衣，朕龍潛弱冠，屬世事紛紜，厲士之際，〔一三〕顛覆厥德。朕奇卿於暫見，擬卿爲臥龍，卿亦異朕於一言，迴考槃之雅志，豈不精契神交，千載之會！雖傅巖入夢，姜公悟兆，今古一時，亦不殊也。自卿輔政，幾將二紀，內釐百揆，外蕩羣凶，天下向定，彝倫始敍。朕且欲從容於上，望卿勞心於下，弘濟之務，非卿而誰！」遂不許。其後數年，復授司徒。猛復上疏曰：「臣聞乾象盈虛，惟后則之；位稱以才，官非則曠。鄭武翼周，仍世載詠；王叔昧寵，政替身亡，斯則成敗之殷監，爲臣之炯戒。竊惟鼎宰崇重，參路太階，宜妙盡時賢，對揚休命。魏祖以文和爲公，貽笑孫后；千秋一言致相，匈奴哂之。臣何庸猥，而應斯舉！不但取嗤鄰遠，實令爲虜輕秦。昔東野窮馭，顏子知其將弊。陛下不復料度臣之才力，私懼敗亡是及。且上虧憲典，臣何顏處之！雖陛下私臣，其如天下何！願迴日月之鑒，矜臣後悔，使上無過授之謗，臣蒙覆燾之恩。」堅竟不從。猛乃受命。軍國內外萬機之務，事無巨細，莫不歸之。

猛宰政公平，流放尸素，拔幽滯，顯賢才，外修兵革，內崇儒學，勸課農桑，敎以廉恥，無罪而不刑，無才而不任，庶績咸熙，百揆時敍。於是兵强國富，垂及升平，猛之力也。堅嘗從容謂猛曰：「卿夙夜匪懈，憂勤萬機，若文王得太公，吾將優游以卒歲。」猛曰：「不圖陛下知臣之過，臣何足以擬古人！」堅曰：「以吾觀之，太公豈能過也。」常敕其太子宏、長樂公丕等曰：「汝事王公，如事我也。」其見重如此。

廣平麻思流寄關右，因母亡歸葬，請還冀州。猛謂思曰：「便可速裝，是暮已符卿發遣。」及始出關，郡縣已被符管攝。其令行禁整，事無留滯，皆此類也。性剛明清肅，於善惡尤分。微時一餐之惠，睚眦之忿，靡不報焉，時論頗以此少之。

其年寢疾，堅親祈南北郊、宗廟、社稷，分遣侍臣禱河嶽諸祀，靡不周備。猛疾未瘳，乃大赦其境內殊死已下。猛疾甚，因上疏謝恩，并言時政，多所弘益。堅覽之流涕，悲慟左右。及疾篤，堅親臨省病，問以後事。猛曰：「晉雖僻陋吳越，乃正朔相承。親仁善鄰，國之寶也。臣沒之後，願不以晉爲圖。鮮卑、羌虜，我之仇也，終爲人患，宜漸除之，以便社稷。」言終而死，時年五十一。堅哭之慟。比斂，三臨，謂太子宏曰：「天不欲使吾平一六合邪？何奪吾景略之速也！」贈侍中，丞相餘如故。給東園溫明祕器，帛三千匹，穀萬石。謁者僕射監護喪事，葬禮一依漢大將軍霍光故事。〔一四〕謚曰武侯。朝野巷哭三日。

苻融字博休，堅之季弟也。少而岐嶷夙成，魁偉美姿度。健之世封安樂王，融上疏固辭，健深奇之，曰：「且成吾兒箕山之操。」乃止。苻生愛其器貌，常侍左右，未弱冠便有台輔之望。長而令譽彌高，爲朝野所屬。

堅僭號，拜侍中，尋除中軍將軍。融聰辯明慧，下筆成章，至於談玄論道，雖道安無以出之。耳聞則誦，過目不忘，時人擬之王粲。嘗著浮圖賦，壯麗淸贍，世咸珍之。未有升高不賦，臨喪不誄，朱彤、趙整等推其妙速。旅力雄勇，騎射擊刺，百夫之敵也。銓綜內外，刑政修理，進才理滯，王景略之流也。尤善斷獄，姦無所容，故爲堅所委任。

後爲司隸校尉。京兆人董豐游學三年而返，過宿妻家。是夜妻爲賊所殺，妻兄疑豐殺之，送豐有司。豐不堪楚掠，誣引殺妻。融察而疑之，問曰：「汝行往還，頗有怪異及卜筮以不？」豐曰：「初將發，夜夢乘馬南渡水，返而北渡，復自北而南，馬停水中，鞭策不去。俯而視之，見兩日在於水下，馬左白而溼，右黑而燥。寤而心悸，竊以爲不祥。還之夜，復夢如初。問之筮者，筮者云：『憂獄訟，遠三枕，避三沐。』既至，妻爲具沐，夜授豐枕。豐記筮者之言，皆不從之。妻乃自沐，枕枕而寢。」融曰：「吾知之矣。周易坎爲水，馬爲離，夢乘馬南渡，旋北而南者，從坎之離。三爻同變，變而成離。離爲中女，坎爲中男。兩日，二夫之象。坎爲執法吏。吏詰其夫，婦人被流血而死。坎二陰一陽，離二陽一陰，相承易位。離下坎上，既濟，文王遇之囚牖里，有禮而生，無禮而死。馬左而溼，溼，水也，左水右馬，馮字也。

兩日，昌字也。其馮昌殺之乎！」於是推檢，獲昌而詰之，昌具首服，曰：「本與其妻謀殺董豐，期以新沐枕枕爲驗，是以誤中婦人。」在冀州，有老母遇劫於路，母揚聲唱盜，行人爲母逐之。既擒劫者，劫者返誣行人爲盜。時日垂暮，母及路人莫知孰是，乃俱送之。融見而笑曰：「此易知耳，可二人並走，先出鳳陽門者非盜。」既而還入，融正色謂後出者曰：「汝眞是盜，何以誣人！」其發姦擿伏，皆此類也。所在盜賊止息，路不拾遺。堅及朝臣雅皆歎服，州郡疑獄莫不折之於融。融觀色察形，無不盡其情狀。雖鎭關東，朝之大事靡不馳驛與融議之。

性至孝，初屆冀州，遣使參問其母動止，或日有再三。堅以爲煩，月聽一使。後上疏請還侍養，堅遣使慰喩不許。久之，徵拜侍中、中書監、都督中外諸軍事、車騎大將軍、司隸校尉、太子太傅、領宗正、錄尙書事。俄轉司徒，融苦讓不受。

融爲將善謀略，好施愛士，專方征伐，必有殊功。

堅既有意荆揚，時慕容垂、姚萇等常說堅以平吳封禪之事，堅謂江東可平，寢不暇旦。融每諫曰：「知足不辱，知止不殆，窮兵極武，未有不亡。且國家，戎族也，正朔會不歸人。江東雖不絕如綖，然天之所相，終不可滅。」堅曰：「帝王曆數豈有常哉，惟德之所授耳！汝所以不如吾者，正病此不達變通大運。劉禪可非漢之遺祚，然終爲中國之所幷。吾將任汝以天下之事，奈何事事折吾，沮壞大謀！汝尚如此，況於衆乎！」堅之將入寇也，融又切諫曰：「陛下聽信鮮卑、羌虜諂諛之言，採納良家少年利口之說，臣恐非但無成，亦大事去矣。垂、萇皆我之仇敵，思聞風塵之變，冀因之以逞其凶德。少年等皆富足子弟，希關軍旅，苟說佞諂之言，以會陛下之意，不足採也。」堅弗納。及淮南之敗，垂、萇之叛，堅悼恨彌深。

苻朗字元達，堅之從兄子也。性宏達，神氣爽邁，幼懷遠操，不屑時榮。堅嘗目之曰：「吾家千里駒也。」徵拜鎮東將軍、青州刺史，封樂安男，不得已起而就官。及爲方伯，有若素士，耽翫經籍，手不釋卷，每談虛語玄，不覺日之將夕；登涉山水，不知老之將至。在任甚有稱績。

後晉遣淮陰太守高素伐青州，〔一五〕朗遣使詣謝玄於彭城求降，玄表朗許之，詔加員外散騎侍郎。既至揚州，風流邁於一時，超然自得，志陵萬物，所與悟言，不過一二人而已。驃騎長史王忱，江東之儁秀，聞而詣之，朗稱疾不見。沙門釋法汰問朗曰：「見王吏部兄弟未？」朗曰：「吏部爲誰？非人面而狗心、狗面而人心兄弟者乎？」〔一六〕王忱醜而才慧，國寶美貌而才劣于弟，故朗云然。汰悵然自失。其忤物侮人，皆此類也。謝安常設讌請之，朝士盈坐，並机褥壺席。朗每事欲誇之，唾則令小兒跪而張口，既唾而舍出，頃復如之，坐者以爲不及之遠也。又善識味，鹹酢及肉皆別所由。會稽王司馬道子爲朗設盛饌，極江左精餚。食訖，問曰：「關中之食孰若此？」答曰：「皆好，惟鹽味小生耳。」既問宰夫，皆如其言。或人殺雞以食之，既進，朗曰：「此雞栖恒半露。」檢之，皆驗。又食鵝肉，知黑白之處。人不信，記而試之，無豪釐之差。時人咸以爲知味。

後數年，王國寶譖而殺之。王忱將爲荊州刺史，待殺朗而後發。臨刑，志色自若，爲詩曰：「四大起何因？聚散無窮已。既過一生中，又入一死理。冥心乘和暢，未覺有終始。如何箕山夫，奄焉處東市！曠此百年期，遠同嵇叔子。命也歸自天，委化任冥紀。」著苻子數十篇行於世，亦老莊之流也。

校勘記

〔一〕東海公陽　周虓傳「陽」作「苞」。卷一一三亦作「陽」。

〔二〕里名曰雞閭　御覽七五六引秦書「曰」作「白」。「白雞閭」爲一詞。

〔三〕吾統承大業垂二十載　通鑑一〇四「二」作「三」，胡注云：「自升平元年自立，至此凡二十六年。」按：慕容垂載記苻堅報垂書有云「君臨萬邦，三十年矣」，此「二十」當作「三十」。

〔四〕垂攻陷鄖城　各本「鄖城」作「項城」。據張元濟校勘記云，所見另一宋本本作「鄖」，從殿本改作「項」。局本作「鄖城」，當是據通鑑一〇五、通志一八九改。按：御覽一二二引前秦錄稱「九月堅至項城」，在苻融攻壽春之前，載記此條在融攻壽春之後。是項城先已屬秦，不待垂之攻取。（考秦置東豫州，治許昌，淮北諸縣非晉所有，項城當亦屬東豫。）慕容垂載記，垂上表苻堅，有「迴討鄖城，俘馘萬計」語，此處作「鄖城」無疑，今從局本。

〔五〕恐不見大軍　各本「大」下有「將」字，宋本無。通鑑一〇五、通志一八九皆無「將」字，今從宋本。

〔六〕宜驅令出關　各本無「令」字，宋本有，與通鑑一〇五、通志一八九合，今從之。

〔七〕晉西中郎將桓石虔進據魯陽　周校：「石民」誤「石虔」。按：周所據乃石民傳及通鑑一〇五。

〔八〕將軍顏肱　校文：謝玄傳作「顏雄」。

〔九〕阿城　通志一八九作「阿房」。周校：當作「阿房城」。按：「阿房城」似不能簡稱「阿城」，疑「城」乃「房」之譌。

〔一〇〕武都氐豪强熙　各本「强」作「張」，宋本作「强」。强乃氐大姓，姚興載記上亦見「安南强熙」，今從宋本。

〔一一〕以宏爲梁州刺史　各本「梁」作「涼」，宋本作「梁」。斠注：魏書苻健傳「涼」作「梁」。按：册府一二五、通志一八九及御覽一二二引前秦錄並作「梁」，今從宋本。

〔一二〕堅在位二十七年　堅於升平元年六月殺苻生而自立，至太元十年乃二十九年。「七」字當譌。

〔一三〕厲士之際　李校：「厲士」當爲「厲王」，謂苻生也。按：册府二二七作「厲事」，語亦晦澀。下云「顚覆厥德」，李說當是。

〔一四〕一依漢大將軍霍光故事　各本無「霍光」二字，宋本有。通鑑一〇三、通志一八九並有此二字，今從宋本。

〔一五〕淮陰太守　周校：「淮陰」，謝玄傳作「淮陵」爲是。按：地理志下，淮陰乃廣陵郡屬縣，不得有太守。淮陵本臨淮郡屬縣，元康七年立郡。周說是。

〔一六〕非人面而狗心狗面而人心兄弟者乎　各本無「兄弟」二字，宋本有。册府九四四、通志一八九並有此二字，今從宋本。

晉書卷一百十五

載記第十五

苻丕

苻丕字永叔，〔一〕堅之長庶子也。少而聰慧好學，博綜經史。堅與言將略，嘉之，命鄧羌教以兵法。文武才榦亞于苻融，爲將善收士卒情，出鎮于鄴，東夏安之。

堅敗歸長安，丕爲慕容垂所逼，自鄴奔枋頭。堅之死也，丕復入鄴城，將收兵趙魏，西赴長安。會幽州刺史王永、平州刺史苻沖頻爲垂將平規等所敗，乃遣昌黎太守宋敞焚燒和龍、薊城宮室，率衆三萬進屯壺關，遣使招丕。丕乃去鄴，率男女六萬餘口進如潞川。驃騎張蚝、并州刺史王騰迎之，入據晉陽，始知堅死問，舉哀于晉陽，三軍縞素。王永留苻沖守壺關，率騎一萬會丕，勸稱尊號，丕從之，乃以太元十年僭即皇帝位于晉陽南。立堅行廟，大赦境內，改元曰太安。〔二〕置百官，以張蚝爲侍中、司空，封上黨郡公；王永爲使持節、侍中、都督中外諸軍事、車騎大將軍、尚書令，進封淸河公；王騰爲散騎常侍、中軍大將軍、司隸校尉、陽平郡公；苻沖爲左光祿大夫、尚書左僕射、西平王；俱石子爲衞將軍、濮陽公；楊輔爲尚書右僕射、濟陽公；王亮爲護軍將軍、彭城公；强益耳、梁暢爲侍中，徐義爲吏部尚書，並封縣公。自餘封授各有差。

是時安西呂光自西域還師，至于宜禾，堅涼州刺史梁熙謀閉境距之。高昌太守楊翰言于熙曰：「呂光新定西國，兵强氣銳，其鋒不可當也。度其事意，必有異圖。且今關中擾亂，京師存亡未知，自河已西迄于流沙，地方萬里，帶甲十萬，鼎峙之勢實在今日。若光出流沙，其勢難測。高梧谷口，水險之要，宜先守之而奪其水。彼旣窮渴，自然投戈。如其以遠不守，伊吾之關亦可距也。若度此二要，雖有子房之策，難爲計矣。地有所必爭，眞此機也。」熙弗從。美水令犍爲張統說熙曰：「主上傾國南討，覆敗而還。慕容垂擅兵河北，泓、沖寇逼京師，丁零雜虜，跋扈關洛，州郡姦豪，所在風扇，王綱弛絕，人懷利己。今呂光回師，將軍何以抗也？」熙曰：「誠深憂之，未知計之所出。」統曰：「光雄果勇毅，明略絕人，今以蕩西域之威，擁歸師之銳，鋒若猛火之盛於原，弗可敵也。將軍世受殊恩，忠誠夙著，立勳王室，宜在于今。行唐公洛，上之從弟，勇冠一時。爲將軍計者，莫若奉爲盟主，以攝衆望，推忠義以總率羣豪，則光無異心也。資其精銳，東兼毛興，連王統、楊璧，集四州之衆，掃凶逆於諸夏，寧帝室于關中，此桓文之舉也。」熙又不從。殺洛于西海，以子胤爲鷹揚將軍，率衆五萬距光于酒泉。敦煌太守姚靜、晉昌太守李純以郡降光。胤及光戰于安彌，爲光所敗。武威太守彭濟執熙迎光，光殺之。建威、西郡太守索泮，奮威、督洪池已南諸軍事、酒泉太守宋皓等，並爲光所殺。

堅尚書令、魏昌公苻纂自關中來奔，拜太尉，進封東海王。以中山太守王兗爲平東將軍、平州刺史、阜城侯，苻定爲征東將軍、冀州牧、高城侯，苻紹爲鎮東將軍、督冀州諸軍事、重合侯，苻謨爲征西將軍、幽州牧、〔三〕高邑侯，苻亮爲鎮北大將軍、督幽并二州諸軍事，並進爵郡公。定、紹據信都，謨、亮先據常山，慕容垂之圍鄴城也，並降于垂，聞丕稱尊號，遣使謝罪。王兗固守博陵，與垂相持。左將軍竇衝、秦州刺史王統、河州刺史毛興、益州刺史王廣、南秦州刺史楊壁、衛將軍楊定，並據隴右，遣使招丕，請討姚萇。丕大悅，以定爲驃騎大將軍、雍州牧，衝爲征西大將軍、梁州牧，統鎮西大將軍，興車騎大將軍，壁征南大將軍，並開府儀同三司，加散騎常侍，廣安西將軍，皆進位州牧。

於是王永宣檄州郡曰：「大行皇帝棄背萬國，四海無主。征東大將軍、長樂公，先帝元子，聖武自天，受命荆南，威振衡海，分陝東都，道被夷夏，仁澤光于宇宙，德聲侔于下武。永與司空蚝等謹順天人之望，以季秋吉辰奉公紹承大統，銜哀即事，栖谷總戎，枕戈待旦，志雪大恥。慕容垂爲封豕于關東，泓沖繼凶于京邑，致乘輿播越，宗社淪傾。羌賊姚萇，我之牧士，乘釁滔天，親行大逆，有生之巨賊也。永累葉受恩，世荷將相，不與驪山之戎、滎澤之狄共戴皇天，同履厚土。諸牧伯公侯或宛沛宗臣，或四七勳舊，豈忍捨破國之醜豎，縱君之逆賊乎！主上飛龍九五，實協天心，靈祥休瑞，史不輟書，投戈效義之士三十餘萬，少康、光武之功可旬朔而成。今以衞將軍俱石子爲前軍師，司空張蚝爲中軍都督。武將猛士，風烈雷震，志殄元兇，義無他顧。永謹奉乘輿，恭行天罰。君臣終始之義，在三忘軀之誠，勠力同之，以建晉鄭之美。」

先是，慕容驎攻王兗于博陵，至是糧竭矢盡，郡功曹張猗踰城聚衆應驎。兗臨城數之曰：「卿，秦之人也。吾，卿之君也。起衆應賊，號稱義兵，何名實相違之甚！卿兄往合鄉宗，親逐城主，天地不容，爲世大戮。身滅未幾，卿復續之。卿見爲吾吏，親尋干戈，競爲戎首，爲爾君者，不亦難乎！今人可取卿一切之功，〔四〕寧能忘卿不忠不孝之事！古人有云，求忠臣必出孝子之門，卿母在城，不能顧之，何忠義之可望！惡不絕世，卿之謂也。不圖中州禮義之邦，而卿門風若斯。卿去老母如脫屣，吾復何論哉！」既而城陷，兗及固安侯苻鑒並爲驎所殺。

丕復以王永爲司徒、錄尚書事，徐義爲尚書令，加右光祿大夫。

初，王廣還自成都也，奔其兄秦州刺史統。及長安不守，廣攻河州牧毛興于枹罕。興遣建節將軍、臨清伯衞平率其宗人千七百夜襲廣軍，大敗之。王統復遣兵助廣，興於是嬰城固守。旣而襲王廣，敗之，廣亡奔秦州，爲隴西鮮卑匹蘭所執，送詣姚萇。興旣敗王廣，謀伐王統，平上邽。枹罕諸氐皆窘於兵革而疲不堪命，乃殺興，推衞平爲使持節、安西將軍、河州刺史，遣使請命。

刁雲殺慕容忠，乃推慕容永爲使持節、大都督中外諸軍事、大將軍、大單于、雍秦梁涼四州牧、錄尚書事、河東王，稱藩于垂。征東苻定、鎭東苻紹、征北苻謨、鎭北苻亮皆降于慕容垂。

丕又進王永爲左丞相，苻纂爲大司馬，張蚝爲太尉，王騰爲驃騎大將軍、儀同三司，徐義爲司空，苻沖爲車騎大將軍、尚書令、儀同三司，俱石子爲衞大將軍、尚書左僕射，領官皆如故。永又檄州郡曰：「昔夏有窮夷之難，少康起焉；王莽毒殺平帝，世祖重光漢道；百六之運，何代無之！天降喪亂，羌胡猾夏，先帝晏駕賊庭，京師鞠爲戎穴，神州蕭條，生靈塗炭。天未亡秦，社稷有奉。主上聖德恢弘，道侔光武，所在宅心，天人歸屬，必當隆中興之功，復配天之美。姚萇殘虐，慕容垂凶暴，所過滅戶夷煙，毁發丘墓，毒徧存亡，痛纏幽顯，雖黃巾之害于九州，赤眉之暴于四海，方之未爲甚也。今素秋將及，行師令辰，公侯牧守，壘主鄉豪，或勠力國家，乃心王室，各率所統，以孟冬上旬會大駕于臨晉。」於是天水姜延、馮翊寇明、河東王昭、新平張晏、京兆杜敏、扶風馬郎、建忠高平牧官都尉王敏等咸承檄起兵，各有衆數萬，遣使應丕。皆就拜將軍、郡守，封列侯。冠軍鄧景擁衆五千據彭池，與竇衝爲首尾，擊萇平涼太守金熙。安定北部都尉鮮卑沒奕于率鄯善王胡員吒、護羌中郎將梁苟奴等，與萇左將軍姚方成、鎭遠强京戰于孫丘谷，大敗之。

枹罕諸氐以衞平年老，不可以成事業，議廢之，而憚其宗强，連日不決。氐有啖青者，謂諸將曰：「大事宜定，東討姚萇，不可沈吟猶豫。一旦事發，反爲人害。諸軍但請衞公會集衆將，青爲諸軍決之。」衆以爲然。於是大饗諸將，青抽劍而前曰：「今天下大亂，豺狼塞路，吾曹今日可謂休戚是同，非賢明之主莫可濟艱難也。衞公朽耄，不足以成大事，宜反初服，以避賢路。狄道長苻登雖王室疏屬，而志略雄明，請共立之，以赴大駕。諸君若有不同者，便下異議。」乃奮劍攘袂，將斬貳己者，衆皆從之，莫敢仰視。於是推登爲帥，遣使于丕請命。丕以登爲征西大將軍、開府儀同三司、南安王、持節及州郡督因其所稱而授之。又以徐義爲右丞相。

丕留王騰守晉陽，楊輔戍壺關，率衆四萬進據平陽。王統以秦州降姚萇。慕容永以丕至平陽，恐不自固，乃遣使求假道還東，丕弗許。遣王永及苻纂攻之，以俱石子爲前鋒都督，與慕容永戰于襄陵。王永大敗，永及石子皆死之。

初，苻纂之奔丕也，部下壯士三千餘人，丕猜而忌之。及永之敗，懼爲纂所殺，率騎數千南奔東垣。晉揚威將軍馮該自陝要擊，敗之，斬丕首，執其太子寧、長樂王壽，送于京師，朝廷赦而不誅，歸之于苻宏。徐義爲慕容永所獲，械埋其足，將殺之。義誦觀世音經，至夜中，土開械脫，於重禁之中若有人導之者，遂奔楊佺期，佺期以爲洛陽令。苻纂及弟師奴率丕餘衆數萬，奔據杏城。苻登稱尊號，僞謚丕爲哀平皇帝。丕之臣佐皆沒慕容永，永乃進據上黨之長子，僭稱大號，改元曰中興。丕在位二年而敗。

苻登 索泮 徐嵩

登字文高，堅之族孫也。父敞，健之世爲太尉司馬、隴東太守、建節將軍，後爲苻生所殺。堅即僞位，追贈右將軍、涼州刺史，以登兄同成嗣。毛興之鎭上邽，以爲長史。登少而雄勇，有壯氣，粗險不修細行，故堅弗之奇也。長而折節謹厚，頗覽書傳。拜殿上將軍，稍遷羽林監、揚武將軍、長安令，坐事黜爲狄道長。

及關中亂，去縣歸毛興。同成言於興，請以登爲司馬，常在營部。登度量不羣，好爲奇略，同成常謂之曰：「汝聞不在其位，不謀其政，無數干時，將爲博識者不許。吾非疾汝，恐或不喜人妄豫耳，自是可止。汝後得政，自可專意。」時人聞同成言，多以爲疾登而抑蔽之。登乃屏迹不妄交遊。興有事則召之，戲謂之曰：「小司馬可坐評事。」登出言輒析理中，興內服焉，然敬憚而不能委任。姚萇作亂，遣其弟碩德率衆伐毛興，相持久之。興將死，告同成曰：「與卿累年共擊逆羌，事終不克，何恨之深！可以後事付卿小弟司馬，殄碩德者，必此人也。卿可換攝司馬事。」

登既代衞平，遂專統征伐。是時歲旱衆飢，道殣相望，登每戰殺賊，名爲熟食，謂軍人曰：「汝等朝戰，暮便飽肉，何憂於飢！」士衆從之，噉死人肉，輒飽健能鬭。姚萇聞之，急召碩德曰：「汝不來，必爲苻登所食盡。」碩德於是下隴奔萇。

及丕敗，丕尚書寇遺奉丕子渤海王懿、濟北王昶自杏城奔登。登乃具丕死問，於是爲丕發喪行服，三軍縞素。登請立懿爲主，衆咸曰：「渤海王雖先帝之子，然年在幼沖，未堪多難。國亂而立長君，春秋之義也。三虜跨僭，寇旅殷強，豺狼梟鏡，舉目而是，自古厄運之極，莫甚于斯。大王挺劍西州，鳳翔秦隴，偏師暫接，姚萇奔潰，一戰之功，可謂光格天地。宜龍驤武奮，拯拔舊京，以社稷宗廟爲先，不可顧曹臧、吳札一介微節，以失圖運之機，不建中興之業也。」登於是以太元十一年僭卽皇帝位，大赦境內，改元曰太初。

立堅神主于軍中，載以輜軿，羽葆青蓋，車建黃旗，武賁之士三百人以衞之，將戰必告，凡欲所爲，啓主而後行。繕甲纂兵，將引師而東，乃告堅神主曰：「維曾孫皇帝臣登，以太皇帝之靈恭踐寶位。昔五將之難，賊羌肆害于聖躬，實登之罪也。今合義旅，衆餘五萬，精甲勁兵，足以立功，年穀豐穰，足以資贍。卽日星言電邁，直造賊庭，奮不顧命，隕越爲期，庶上報皇帝酷冤，下雪臣子大恥。惟帝之靈，降監厥誠。」因歔欷流涕。將士莫不悲慟，皆刻鉾鎧爲「死休」字，示以戰死爲志。每戰以長稍鉤刃爲方圓大陣，知有厚薄，從中分配，故人自爲戰，所向無前。

初，長安之將敗也，堅中壘將軍徐嵩、屯騎校尉胡空各聚衆五千，據險築堡以自固，而受姚萇官爵。及萇之害堅，嵩等以王禮葬堅于二堡之間。至是，各率衆降登。拜嵩鎭軍將軍、雍州刺史，空輔國將軍、京兆尹。登復改葬堅以天子之禮。又僭立其妻毛氏爲皇后，弟懿爲皇太弟。遣使拜苻纂爲使持節、侍中、都督中外諸軍事、太師，領大司馬，進封魯王，纂弟師奴爲撫軍大將軍、幷州牧、朔方公。纂怒謂使者曰：「渤海王世祖之孫，先帝之子，南安王何由不立而自尊乎？」纂長史王旅諫曰：「南安已立，理無中改。賊虜未平，不可宗室之中自爲仇敵，願大王遠蹤光武推聖公之義，梟二虜之後，徐更圖之。」纂乃受命。於是貳縣虜帥彭沛穀、屠各董成、張龍世、新平羌雷惡地等盡應之，有衆十餘萬。纂遣師奴攻上郡羌酋金大黑、金洛生，大黑等逆戰，大敗之，斬首五千八百。

登以竇衝爲車騎大將軍、南秦州牧，楊定爲大將軍、益州牧，楊璧爲司空、梁州牧。苻纂敗姚碩德于涇陽，姚萇自陰密距纂，纂退屯敷陸。竇衝攻萇汧、雍二城，克之，斬其將軍姚元平、張略等。又與萇戰于汧東，爲萇所敗。登次于瓦亭。萇攻彭沛穀堡，陷之，沛穀奔杏城，萇遷陰密。〔五〕登征虜、馮翊太守蘭犢率衆二萬自頻陽入于和寧，與苻纂首尾，將圖長安。師奴勸其兄纂稱尊號，纂不從，乃殺纂，自立爲秦公。蘭犢絕之，皆爲姚萇所敗。

登進據胡空堡，戎夏歸之者十有餘萬。姚萇遣其將軍姚方成攻陷徐嵩堡，嵩被殺，悉坑戎士。登率衆下隴入朝那，姚萇據武都相持，累戰互有勝負。登軍中大饑，收葚以供兵士。立其子崇爲皇太子，弁爲南安王，尙爲北海王。姚萇退還安定。登就食新平，留其大軍于胡空堡，率騎萬餘圍萇營，四面大哭，哀聲動人。萇惡之，乃命三軍哭以應登，登乃引退。

萇以登頻戰輒勝，謂堅有神驗，亦於軍中立堅神主，請曰：「往年新平之禍，非萇之罪。臣兄襄從陝北渡，假路求西，狐死首丘，欲暫見鄉里。陛下與苻眉要路距擊，不遂而沒。襄敕臣行殺，非臣之罪。苻登陛下末族，尙欲復讎，臣爲兄報恥，於情理何負！昔陛下假臣龍驤之號，謂臣曰：『朕以龍驤建業，卿其勉之！』明詔昭然，言猶在耳。陛下雖過世爲神，豈假手于苻登而圖臣，忘前征時言邪！今爲陛下立神象，可歸休于此，勿計臣過，聽臣至誠。」登進師攻萇，既而升樓謂萇曰：「自古及今，安有殺君而反立神象請福，望有益乎！」大呼曰：「殺君賊姚萇出來，吾與汝決之，何爲枉害無辜！」萇憚而不應。萇自立堅神象，戰未有利，軍中每夜驚恐，乃嚴鼓斬象首以送登。

登將軍竇洛、竇于等謀反發覺，出奔于萇。登進討彭池不克，攻彌姐營及繁川諸堡，皆克之。萇連戰屢敗，乃遣其中軍姚崇襲大界，登引師要之，大敗崇于安丘，俘斬二萬五千。進攻萇將吳忠、唐匡于平涼，克之，以尙書苻碩原爲前禁將軍、滅羌校尉，戍平涼。登進據苟頭原以逼安定。萇率騎三萬夜襲大界營，陷之，殺登妻毛氏及其子弁、尙，擒名將數十人，驅掠男女五萬餘口而去。

登收合餘兵，退據胡空堡，遣使齎書加竇衝大司馬、驃騎將軍、前鋒大都督、都督隴東諸軍事，楊定左丞相、上大將軍、都督中外諸軍事，楊璧大將軍、都督隴右諸軍事。遣衝率見衆爲先驅，自繁川趣長安。登率衆從新平逕據新豐之千戶固。使定率隴上諸軍爲其後繼，璧留守仇池。又命其幷州刺史楊政、冀州刺史楊楷率所統大會長安。萇遣其將軍王破虜略地秦州，楊定及破虜戰于清水之格奴坂，大敗之。登攻張龍世于鴦泉堡，姚萇救之，登引退。萇密遣其將任瓫、宗度詐爲內應，遣使招登，許開門納之。登以爲然。雷惡地馳謂登曰：「姚萇多計略，善御人，必爲姦變，願深宜詳思。」登乃止。萇聞惡地之諧登也，謂諸將曰：「此羌多姦智，今其諧登，事必無成。」登聞萇懸門以待之，大驚，謂左右曰：「雷征東其殆聖乎！微此公，朕幾爲豎子所誤。」萇攻陷新羅堡。萇扶風太守齊益男奔登。〔六〕登將軍路柴、强武等並以衆降於萇。登攻萇將張業生于隴東，萇救之，不克而退。登將軍魏褐飛攻姚當成于杏城，爲萇所殺。

馮翊郭質起兵廣鄉以應登，宣檄三輔曰：「義感君子，利動小人。吾等生逢先帝堯舜之化，累世受恩，非常伯納言之子，即卿校牧守之胤，而可坐視豺狼忍害君父！裸尸薦棘，痛結幽泉，山陵無松隧之兆，靈主無清廟之頌，賊臣莫大之甚，自古所未聞。雖茹荼之苦，銜蓼之辛，何以諭之！姚萇窮凶肆害，毒被人神，於圖讖曆數萬無一分，而敢妄竊重名，厚顔瞬息，日月固所不照，二儀實亦不育。皇天雖欲絶之，亦將假手於忠節。凡百君子，皆夙漸神化，有懷義方，含恥而存，孰若蹈道而沒乎！」衆咸然之。唯鄭縣人苟曜不從，聚衆數千應姚萇。登以質爲平東將軍、馮翊太守。質遣部將伐曜，大敗而歸。質乃東引楊楷，以爲聲援，又與曜戰于鄭東，爲曜所敗，遂歸于萇，萇以爲將軍，質衆皆潰散。

登自雍攻萇將金溫于范氏堡，〔七〕克之，遂渡渭水，攻萇京兆太守韋范于段氏堡，不克，進據曲牢。苟曜有衆一萬，據逆方堡，〔八〕密應登，登去曲牢繁川，次于馬頭原。萇率騎來距，大戰敗之，斬其尚書吳忠，進攻新平。萇率衆救之，登引退，復攻安定，爲萇所敗，據路承堡。

是時萇疾病，見苻堅爲祟。登聞之，秣馬厲兵，告堅神主曰：「曾孫登自受任執戈，幾將一紀，未嘗不上天錫祐，皇鑒垂矜，所在必克，賊旅冰摧。今太皇帝之靈降災疢于逆羌，以形類推之，醜虜必將不振。登當因其隕斃，順行天誅，拯復梓宮，謝罪清廟。」於是大赦境內，百僚進位二等。與萇將姚崇爭麥于清水，累爲崇所敗。進逼安定，去城九十餘里。萇疾小瘳，率衆距登，登去營逆萇，萇遣其將姚熙隆別攻登營，登懼，退還。萇夜引軍過登營三十餘里以躡登後。旦而候人告曰：「賊諸營已空，不知所向。」登驚曰：「此爲何人，去令我不知，來令我不覺，謂其將死，忽然復來，朕與此羌同世，何其厄哉！」遂罷師還雍。

以竇衝爲右丞相。尋而衝叛，自稱秦王，建年號。登攻之于野人堡，衝請救于姚萇，萇遣其太子興攻胡空堡以救之。登引兵還赴胡空堡，衝遂與萇連和。

至是萇死，登聞之喜曰：「姚興小兒，吾將折杖以笞之。」於是大赦，盡衆而東，攻屠各姚奴、帛蒲二堡，克之，自甘泉向關中。興追登不及數十里，登從六陌趣廢橋，興將尹緯據橋以待之。登爭水不得，衆渴死者十二三。與緯大戰，爲緯所敗，其夜衆潰，登單馬奔雍。

初，登之東也，留其弟司徒廣守雍，太子崇守胡空堡。廣、崇聞登敗，出奔，衆散。登至，無所歸，遂奔平涼，收集遺衆入馬毛山。興率衆攻之，登遣子汝陰王宗質于隴西鮮卑乞伏乾歸，結婚請援，乾歸遣騎二萬救登。登引軍出迎，與興戰于山南，爲興所敗，登被殺。在位九年，時年五十二。崇奔于湟中，僭稱尊號，改元延初。僞謚登曰高皇帝，廟號太宗。崇爲乾歸所逐，崇、定皆死。〔九〕

始，健以穆帝永和七年僭立，至登五世，凡四十有四歲，以孝武帝太元十九年滅。

索泮字德林，敦煌人也。世爲冠族。泮少時游俠，及長，變節好學，有佐世才器。張天錫輔政，以泮爲冠軍、記室參軍。天錫卽位，拜司兵，歷位禁中錄事。執法御掾，州府肅然，郡縣改迹。遷羽林左監，有勤榦之稱。出爲中壘將軍、西郡武威太守、典戎校尉。政務寬和，戎夏懷其惠，天錫甚敬之。苻堅見而歎曰：「涼州信多君子！」既而以泮河西德望，拜別駕。

呂光既克姑臧，泮固郡不降，光攻而獲之。光曰：「孤既平西域，將赴難京師，梁熙無狀，絕孤歸路，此朝廷之罪人，卿何意阻郡固迷，自同元惡！」泮厲色責光曰：「將軍受詔討叛胡，可受詔亂涼州邪？寡君何罪，而將軍害之？泮但苦力寡，不能固守以報君父之讎，豈如逆氐彭濟望風反叛！主滅臣死，禮之常也。」乃就刑于市，神色不變。

弟菱有儁才，仕張天錫爲執法中郎、宂從右監。苻堅世至伏波將軍、典農都尉，與泮俱被害。

徐嵩字元高，盛之子也。少以淸白著稱。苻堅時舉賢良，爲郎中，稍遷長安令，貴戚子弟犯法者，嵩一皆考竟，請託路絕。堅甚奇之，謂其叔父成曰：「人爲長吏，故當應耳。此年少落落，有端貳之才。」遷守始平郡，甚有威惠。

及壘陷，姚方成執而數之，嵩厲色謂方成曰：「汝姚萇罪應萬死，主上止黃眉之斬而宥之，叨據內外，位爲列將，無犬馬識養之誠，首爲大逆。汝曹羌輩豈可以人理期也！何不速殺我，早見先帝，取姚萇于地下。」方成怒，三斬嵩，漆其首爲便器。登哭之哀慟，贈車騎大將軍、儀同三司，謚曰忠武。

史臣曰：自兩京殄覆，九土分崩，赤縣成蛇豕之墟，紫宸遷鼀鼉之穴，干戈日用，戰爭方興，猶逐鹿之並驅，若瞻烏之靡定。苻洪擅蠻陬之桀黠，乘羯虜之危亡，乃附款江東而志圖關右，禍生蠆毒，未逞狠心。健既承家，克隆凶緒，率思歸之衆，投山西之隙，據億丈之巖險，總三秦之果銳，敢窺大寶，遂竊鴻名，校數姦雄，有可言矣。長生慘虐，稟自率由。覩辰象之災，謂法星之夜飲；忍生靈之命，疑猛獸之朝飢。但肆毒于刑殘，曾無心於戒懼。招亂速禍，不亦宜乎！

永固雅量瓌姿，變夷從夏，叶魚龍之謠詠，挺草付之休徵，克翦姦回，纂承僞曆，遵明王之德教，闡先聖之儒風，撫育黎元，憂勤庶政。王猛以宏材緯軍國，苻融以懿戚贊經綸，權薛以諒直進規謨，鄧張以忠勇恢威略，儁賢效足，杞梓呈才，文武兼施，德刑具舉。乃平燕定蜀，擒代吞涼，跨三分之二，居九州之七，遐荒慕義，幽險宅心，因止馬而獻歌，託棲鸞以成頌，因以功侔曩烈，豈直化洽當年！雖五胡之盛，莫之比也。

既而足己夸世，愎諫違謀，輕敵怒鄰，窮兵黷武。懟三正之未叶，恥五運之猶乖，傾率土之師，起滔天之寇，負其犬羊之力，肆其吞噬之能。自謂戰必勝，攻必取，便欲鳴鸞禹穴，駐蹕疑山，疏爵以侯楚材，築館以須歸命。曾弗知人道助順，神理害盈，雖矜涿野之强，終致昆陽之敗。遂使凶渠候隙，狡寇伺間，步搖啓其禍先，燒當乘其亂極，宗祉遷於他族，身首罄于賊臣，貽戒將來，取笑天下，豈不哀哉！豈不謬哉！

苻丕承亂僭竊，尋及傾敗，斯可謂天之所廢，人不能支。苻登集離散之兵，厲死休之志，雖衆寡不敵，難以立功，而義烈慷慨，有足稱矣。

贊曰：洪惟壯勇，威棱氐種。健藉世資，遂雄關隴。長生昏虐，敗不旋踵。永固禎祥，肇自龍驤。垂旒負扆，竊帝圖王。患生縱敵，難起矜强。丕登僭假，淪胥以亡。

校勘記

〔一〕字永叔　斠注：御覽一二二引十六國春秋前秦錄、魏書苻健傳「永叔」均作「永敍」。「叔」與「敍」形近致譌，疑當作「敍」。按：册府二一九、通志一八九亦並作「敍」，「叔」字當譌。

〔二〕改元曰太安　御覽一二二引前秦錄「太安」作「太平」，通鑑一〇六又作「大安」。

〔三〕苻謨爲征西將軍幽州牧　周校：幽州不當爲征西。按下文云「征北苻謨」，知「西」乃「北」之誤。

〔四〕今人可取卿一切之功　各本「可」作「何」，局本作「可」。册府九四三亦作「可」，局本當是據册府改，於文義爲長，今從之。

〔五〕萇遷陰密　通鑑一〇七「遷」作「還」。上云「姚萇自陰密拒纂」，疑作「還」是。

〔六〕萇扶風太守齊益男奔登　通鑑一〇七稱：「後秦主萇攻秦扶風太守齊益男於新羅堡，克之，益男走。」則益男乃苻登之扶風太守。疑此「萇」字衍。

〔七〕金溫　通鑑一〇七作「金榮」。

〔八〕據逆方堡　周校：「逆方堡」，姚萇載記作「逆萬堡」，疑「萬」古作「万」而誤爲「方」也。按：御覽二九三引十六國春秋、通典一五四並作「萬」，周說是。

〔九〕崇定皆死　斠注：御覽一二二引前秦錄，崇奔於楊定，帥衆二萬攻乾歸，爲乾歸所敗，崇、定皆死。是「定」爲楊定，載記漏書楊定，不詳始末。按：乾歸敗斬楊定，亦見乾歸載記。此處先未見楊定，忽云「崇、定皆死」，令人不解定是何人。

晉書卷一百十六

載記第十六

姚弋仲

姚弋仲，南安赤亭羌人也。其先有虞氏之苗裔。禹封舜少子於西戎，世爲羌酋。其後燒當雄於洮罕之間，七世孫塡虞，漢中元末寇擾西州，爲楊虛侯馬武所敗，徙出塞。虞九世孫遷那率種人內附，漢朝嘉之，假冠軍將軍、西羌校尉、歸順王，處之於南安之赤亭。那玄孫柯迴爲魏鎭西將軍、綏戎校尉、西羌都督。迴生弋仲，少英毅，不營產業，唯以收恤爲務，衆皆畏而親之。永嘉之亂，東徙楡眉，戎夏繈負隨之者數萬，自稱護西羌校尉、雍州刺史、扶風公。

劉曜之平陳安也，以弋仲爲平西將軍，封平襄公，邑之于隴上。及石季龍克上邽，弋仲說之曰：「明公握兵十萬，功高一時，正是行權立策之日。隴上多豪，秦風猛勁，道隆後服，道滂先叛，宜徙隴上豪强，虛其心腹，以實畿甸。」季龍納之，啓勒以弋仲行安西將軍、六夷左都督。後晉豫州刺史祖約奔於勒，勒禮待之，弋仲上疏曰：「祖約殘賊晉朝，逼殺太后，不忠於主，而陛下寵之，臣恐姦亂之萌，此其始矣。」勒善之，後竟誅約。

勒既死，季龍執權，思弋仲之言，遂徙秦雍豪傑於關東。弋仲率部衆數萬遷于淸河，拜奮武將軍、西羌大都督，封襄平縣公。及季龍廢石弘自立，弋仲稱疾不賀。季龍累召之，乃赴，正色謂季龍曰：「奈何把臂受託而反奪之乎！」季龍憚其强正而不之責。遷持節、十郡六夷大都督、冠軍大將軍。性淸儉鯁直，不修威儀，屢獻讜言，無所迴避，季龍甚重之。朝之大議，靡不參決，公卿亦憚而推下之。武城左尉，季龍寵姬之弟也，曾擾其部，弋仲執尉，數以迫脅之狀，命左右斬之。尉叩頭流血，左右諫，乃止。其剛直不回，皆此類也。

季龍末，梁犢敗李農於滎陽，季龍大懼，馳召弋仲。弋仲率其部衆八千餘人屯于南郊，輕騎至鄴。時季龍病，不時見弋仲，引入領軍省，賜其所食之食。弋仲怒不食，曰：「召我擊賊，豈來覓食邪！我不知上存亡，若一見，雖死無恨。」左右言之，乃引見。弋仲數季龍曰：「兒死來愁邪？乃至於疾！兒小時不能使好人輔相，至令相殺。兒自有過，責其下人太甚，故反耳。汝病久，所立兒小，若不差，天下必亂。當宜憂此，不煩憂賊也。犢等因思歸之心，共爲姦盜，所行殘賊，此成擒耳。老羌請效死前鋒，使一舉而了。」弋仲性狷直，俗無尊卑皆汝之，季龍恕而不責，於坐授使持節、侍中、征西大將軍，賜以鎧馬。弋仲曰：「汝看老羌堪破賊以不？」於是貫鉀跨馬于庭中，策馬南馳，不辭而出，遂滅梁犢。以功加劍履上殿，入朝不趨，進封西平郡公。

冉閔之亂，弋仲率衆討閔，次於混橋。石祗僭號于襄國，以弋仲爲右丞相，待以殊禮。祗與閔相攻，弋仲遣其子襄救祗，戒襄曰：「汝才十倍於閔，若不梟擒，不須復見我也。」襄擊閔於常盧澤，〔二〕大破之而歸。弋仲怒襄之不擒閔也，杖之一百。

弋仲部曲馬何羅博學有文才，張豺之輔石世也，背弋仲歸豺，豺以爲尚書郎。豺敗，復歸，咸勸殺之。弋仲曰：「今正是招才納奇之日，當收其力用，不足害也。」以爲參軍。其寬恕如此。

弋仲有子四十二人，常戒諸子曰：「吾本以晉室大亂，石氏待吾厚，故欲討其賊臣以報其德。今石氏已滅，中原無主，自古以來未有戎狄作天子者。我死，汝便歸晉，當竭盡臣節，無爲不義之事。」乃遣使請降。永和七年，拜弋仲使持節、六夷大都督、都督江淮諸軍事、〔三〕車騎大將軍、儀同三司、大單于，封高陵郡公。八年，卒，時年七十三。

子襄之入關也，爲苻生所敗，弋仲之柩爲生所得，生以王禮葬之於天水冀縣。萇僭位，追謚曰景元皇帝，廟號始祖，墓曰高陵，置園邑五百家。

姚襄

襄字景國，弋仲之第五子也。年十七，身長八尺五寸，臂垂過膝，雄武多才藝，明察善撫納，士衆愛敬之，咸請爲嗣。弋仲弗許，百姓固請者日有千數，乃授之以兵。石祗僭號，以襄爲使持節、驃騎將軍、護烏丸校尉、豫州刺史、新昌公。晉遣使拜襄持節、平北將軍、并州刺史、卽丘縣公。

弋仲死，襄祕不發喪，率戶六萬南攻陽平、元城、發干，皆破之，殺掠三千餘家，屯於碻磝津。以太原王亮爲長史，天水尹赤爲司馬，略陽伏子成爲左部帥，南安歛岐爲右部帥，略陽王黑那爲前部帥，强白爲後部帥，太原薛讚、略陽權翼爲參軍。南至滎陽，始發喪行服。與高昌、李歷戰於麻田，馬中流矢死，賴其弟萇以免。晉處襄於譙城，遣五弟爲任，單騎度淮，見豫州刺史謝尚於壽春。尚命去仗衞，幅巾以待之，一面交款，便若平生。

襄少有高名，雄武冠世，好學博通，雅善談論，英濟之稱著于南夏。中軍將軍、楊州刺史殷浩憚其威名，乃因襄諸弟，頻遣刺客殺襄，刺客皆推誠告實，襄待之若舊。浩潛遣將軍魏憬率五千餘人襲襄，襄乃斬憬而幷其衆。浩愈惡之，乃使將軍劉啓守譙，遷襄于梁國蠡臺，表授梁國內史。襄遣權翼詣浩，浩曰：「姚平北每舉動自由，豈所望也。」翼曰：「將軍輕納姦言，自生疑貳，愚謂猜嫌之由，不在於彼。」浩曰：「姚君縱放小人，盜竊吾馬，王臣之體固若是乎？」冀曰：「將軍謂姚平北以威武自强，終爲難保，校兵練衆，將懲不恪，取馬者欲以自衞耳。」浩曰：「何至是也。」浩遣謝萬討襄，襄逆擊破之。浩甚怒，會聞關中有變，浩率衆北伐，襄乃要擊浩於山桑，大敗之，斬獲萬計，收其資仗。使兄益守山桑壘，復如淮南。浩遣劉啓、王彬之伐山桑，襄自淮南擊滅之，鼓行濟淮，屯于盱眙，招掠流人，衆至七萬，分置守宰，勸課農桑，遣使建鄴，罪狀殷浩，并自陳謝。

流人郭斁等千餘人執晉堂邑內史劉仕降于襄，〔三〕朝廷大震，以吏部尚書周閔爲中軍將軍，緣江備守。襄將佐部衆皆北人，咸勸襄北還。襄方軌北引，自稱大將軍、大單于，進攻外黃，爲晉邊將所敗。襄收散卒而勤撫恤之，於是復振。乃據許昌，將如河東以圖關右，自許遂攻洛陽，踰月不克。其長史王亮諫襄曰：「公英略蓋天下，士衆思效力命，不可損威勞衆，守此孤城。宜還河北，以弘遠略。」襄曰：「洛陽雖小，山河四塞之固，亦是用武之地。吾欲先據洛陽，然後開建大業。」俄而亮卒，襄哭之甚慟，曰：「天將不欲成吾事乎？王亮捨我去也！」

晉征西大將軍桓溫自江陵伐襄，戰於伊水北，爲溫所敗，率麾下數千騎奔于北山。其夜，百姓棄妻子隨襄者五千餘人，屯據陽鄉，赴者又四千餘戶。襄前後敗喪數矣，衆知襄所在，輒扶老攜幼奔馳而赴之。時或傳襄創重不濟，溫軍所得士女莫不北望揮涕。其得物情如此。先是，弘農楊亮歸襄，襄待以客禮。後奔桓溫，溫問襄於亮，亮曰：「神明器宇，孫策之儔，而雄武過之。」其見重如是。

襄尋徙北屈，將圖關中，進屯杏城，遣其從兄輔國姚蘭略地鄜城，使其兄益及將軍王欽盧招集北地戎夏，歸附者五萬餘戶。苻生遣其將苻飛拒戰，蘭敗，爲飛所執。襄率衆西引，生又遣苻堅、鄧羌等要之。襄將戰，沙門智通固諫襄，宜厲兵收衆，更思後舉。襄曰：「二雄不俱立，冀天不棄德以濟黎元，吾計決矣。」會羌師來逼，襄怒，遂長驅而進，戰于三原。襄敗，爲堅所殺，時年二十七，是歲晉升平元年也。苻生以公禮葬之。萇僭號，追諡魏武王，封襄孫延定爲東城侯。

姚萇

萇字景茂，弋仲第二十四子也。少聰哲，多權略，廓落任率，不修行業，諸兄皆奇之。隨襄征伐，每參大謀。襄之寇洛陽也，夢萇服袞衣，升御坐，諸酋長皆侍立，且謂將佐曰：「吾夢如此，此兒志度不恒，或能大起吾族。」襄之敗于麻田也，馬中流矢死，萇下馬以授襄，襄曰：「汝何以自免？」萇曰：「但令兄濟，豎子安敢害萇！」會救至，俱免。

及襄死，萇率諸弟降於苻生。苻堅以萇爲揚武將軍，歷左衞將軍，隴東、汲郡、河東、武都、武威、巴西、扶風太守，寧、幽、兗三州刺史，復爲揚武將軍，步兵校尉，封益都侯。爲堅將，累有大功。

初，萇隨楊安伐蜀，嘗晝寢水旁，上有神光煥然，左右咸異之。及苻堅寇晉，以萇爲龍驤將軍、督益梁州諸軍事，謂萇曰：「朕本以龍驤建業，龍驤之號未曾假人，今特以相授，山南之事一以委卿。」堅左將軍竇衝進曰：「王者無戲言，此將不祥之徵也，惟陛下察之。」堅默然。

堅既敗於淮南，歸長安，慕容泓起兵叛堅。堅遣子叡討之，以萇爲司馬。爲泓所敗，叡死之。萇遣龍驤長史趙都詣堅謝罪，堅怒，殺之。萇懼，奔於渭北，遂如馬牧。西州豪族尹詳、趙曜、王欽盧、牛雙、狄廣、張乾等率五萬餘家，咸推萇爲盟主。萇將距之，天水尹緯說萇曰：「今百六之數既臻，秦亡之兆已見，以將軍威靈命世，必能匡濟時艱，故豪傑驅馳，咸同推仰。明公宜降心從議，以副羣望，不可坐觀沈溺而不拯救之。」萇乃從緯謀，以太元九年自稱大將軍、大單于、萬年秦王，大赦境內，年號白雀，稱制行事。以天水尹詳、南安龐演爲左右長史，南安姚晃、尹緯爲左右司馬，天水狄伯支、焦虔、梁希、龐魏、任謙爲從事中郎，姜訓、〔四〕閻遵爲掾屬，王據、焦世、蔣秀、尹延年、牛雙、張乾爲參軍，王欽盧、姚方成、王破虜、楊難、尹嵩、裴騎、趙曜、狄廣、党刪等爲帥。

時慕容沖與苻堅相攻，衆甚盛。萇將西上，恐沖遏之，乃遣使通和，以子崇爲質於沖，進屯北地，厲兵積粟，以觀時變。苻堅先徙晉人李詳等數千戶于敷陸，〔五〕至是，降於萇，北地、新平、安定羌胡降者十餘萬戶。堅率諸將攻之，不能克。

萇聞慕容沖攻長安，議進趨之計，羣下咸曰：「宜先據咸陽以制天下。」萇曰：「燕因懷舊之士而起兵，若功成事捷，咸有東歸之思，安能久固秦川！吾欲移兵嶺北，廣收資實，須秦弊燕迴，然後垂拱取之。兵不血刃，坐定天下，此卞莊得二之義也。」堅寧朔將軍宋方率騎三千從雲中將赴長安，萇自貳縣要破之，方單馬奔免，其司馬田晃率衆降萇。萇遣諸將攻新平，克之，因略地至安定，嶺北諸城盡降之。

時苻堅爲慕容沖所逼，走入五將山。沖入長安。堅司隸校尉權翼、尙書趙遷、大鴻臚皇甫覆、光祿大夫薛讚、扶風太守段鏗等文武數百人奔於萇。萇遣驍騎將軍吳忠率騎圍堅，萇如新平。俄而忠執堅，送之。

慕容沖遣其車騎大將軍高蓋率衆五萬來伐，戰於新平南，大破之，蓋率麾下數千人來降，拜散騎常侍。

沖旣率衆東下，長安空虛。盧水郝奴稱帝於長安，渭北盡應之。扶風王驎有衆數千，保據馬嵬。奴遣弟多攻鱗。萇伐鱗，破之，鱗走漢中。執多而進攻奴，降之。

以太元十一年萇僭卽皇帝位于長安，大赦，改元曰建初，國號大秦，改長安曰常安。立妻虵氏爲皇后，子興爲皇太子，置百官。自謂以火德承苻氏木行，服色如漢氏承周故事。徙安定五千餘戶于長安。以弟征虜緒爲司隸校尉，鎭長安。

萇如安定，擊平涼胡金熙、鮮卑沒奕于，大破之。遂如秦州，與苻堅秦州刺史王統相持，天水屠各、略陽羌胡應萇者二萬餘戶，統懼，乃降。因饗將士于上邽，南安人古成詵進曰：「臣州人殷地險，儁傑如林，用武之國也。王秦州不能收拔賢才，三分鼎足，而坐玩珠玉，以至于此。陛下宜散秦州金帛以施六軍，旌賢表善以副鄙州之望。」萇善之，擢爲尙書郎。拜弟碩德都督隴右諸軍事、征西將軍、秦州刺史，領護東羌校尉，鎭上邽。

萇還安定，修德政，布惠化，省非急之費，以救時弊，閭閻之士有豪介之善者，皆顯異之。

萇復如秦州，爲苻登所敗，語在登傳。以其太子興鎭長安，而與登相距。登馮翊太守蘭櫝與苻師奴離貳，慕容永攻之，櫝遣使請救。萇將赴救，尙書令姚旻、左僕射尹緯等言於萇曰：「苻登近在瓦亭，陛下未宜輕舉。」萇曰：「登遲重少決，每失時機，聞吾自行，正當廣集兵資，必不能輕軍深入。兩月之間，足可克此三豎，吾事必矣。」遂師次於泥源。〔六〕師奴率衆來距，大戰，敗之，盡俘其衆。又擒蘭櫝，收其士馬。萇乃掘苻堅尸，鞭撻無數，裸剝衣裳，薦之以棘，坎土而埋之。慕容永征西將軍王宣率衆降萇。

初，關西雄傑以苻氏既終，萇雄略命世，天下之事可一旦而定。萇既與苻登相持積年，數爲登所敗，遠近咸懷去就之計，唯征虜齊難、冠軍徐洛生、輔國劉郭單、冠威彌姐婆觸、龍驤趙惡地、鎮北梁國兒等守忠不貳，並留子弟守營，供繼軍糧，身將精卒，隨萇征伐。時諸營既多，故號萇軍爲大營，大營之號自此始也。時天大雪，萇下書深自責罰，散後宮文綺珍寶以供戎事，身食一味，妻不重綵。將帥死王事者，加秩二等，士卒戰沒，皆有褒贈。立太學，禮先賢之後。

敦煌索盧曜請刺苻登，萇曰：「卿以身徇難，將爲誰乎？」曜曰：「臣死之後，深以友人隴西辛遲仰託。」萇遣之。事發，爲登所殺，萇以遲爲騎都尉。

登進逼安定，諸將勸萇決戰，萇曰：「與窮寇競勝，兵家之下。吾將以計取之。」於是留其尚書令姚旻守安定，夜襲登輜重於大界，克之。諸將或欲因登駭亂擊之，〔七〕萇曰：「登衆雖亂，怒氣猶盛，未可輕也。」遂止。萇以安定地狹，且逼苻登，使姚碩德鎮安定，徙安定千餘家于陰密，遣弟征南靖鎮之。

立社稷于長安。百姓年七十有德行者，拜爲中大夫，歲賜牛酒。

尹緯、姚晃謂古成詵曰：「苻登窮寇，歷年未滅，姦雄鴟峙，所在糾扇，夷夏皆貳，將若之何？」詵曰：「主上權略無方，信賞必罰，賢能之士，咸懷樂推，豈慮大業不成，氐賊不滅乎！」緯曰：「登窮寇未滅，姦雄所在扇合，吾等寧無懼乎？」詵曰：「三秦天府之國，主上十分已有其八。今所在可慮者，苻登、楊定、雷惡地耳，自餘瑣瑣，焉足論哉！然惡地地狹衆寡，不足爲憂。苻登藉烏合犬羊，偸存假息，料其智勇，非至尊之匹。霸王之起，必有驅除，然後克定大業。昔漢魏之興也，皆十有餘年，乃能一同於海內，五六年間未爲久也。主上神略內明，英武外發，可謂無敵於天下耳，取登有餘力。願布德行仁，招賢納士，厲兵秣馬，以候天機。如其鴻業不成者，詵請腰斬以謝明公。」緯言之於萇，萇大悅，賜詵爵關內侯。

雷惡地率衆降萇，拜爲鎮東將軍。魏褐飛自稱大將軍、衝天王，率氐胡數萬人攻安北姚當城於杏城，雷惡地應之，攻鎮東姚漢得於李潤。萇議將討之，羣臣咸曰：「陛下不憂六十里苻登，乃憂六百里褐飛？」萇曰：「登非可卒殄，吾城亦非登所能卒圖。惡地多智，非常人也。南引褐飛，東結董成，〔八〕甘言美說以成姦謀，若得杏城、李潤，惡地據之，控制遠近，相爲羽翼，長安東北非復吾有。」於是潛軍赴之。萇時衆不滿二千，褐飛、惡地衆至數萬，氐胡赴之者首尾不絕。萇每見一軍至，輒有喜色。羣下怪而問之，萇曰：「今同惡相濟，皆來會集，吾得乘勝席卷，一舉而覆其巢穴，東北無復餘也。」褐飛等以萇兵少，盡衆來攻。萇固壘不戰，示之以弱，潛遣子崇率騎數百，出其不意，以乘其後。褐飛兵擾亂，萇遣鎮遠王超、平遠譚亮率步騎擊之，褐飛衆大潰，斬褐飛及首級萬餘。惡地請降，萇待之如初。惡地每謂人曰：「吾自言智勇所施，足爲一時之傑。校數諸雄，如吾之徒，皆應跨據一方，獸嘯千里。遇姚公智力摧屈，是吾分也。」惡地猛毅清肅，不可干以非義，嶺北諸豪皆敬憚之。

萇命其將當城於營處一柵孔中蒔樹一根，以旌戰功。歲餘，問之，城曰：「營所至小，已廣之矣。」萇曰：「少來鬬戰無如此快，以千六百人破三萬衆，國之事業，由此克舉。小乃爲奇，大何足貴！」

貳城胡曹寅、王達獻馬三千匹。以寅爲鎮北將軍、幷州刺史，達鎮遠將軍、金城太守。

萇性簡率，羣下有過，或面加罵辱。太常權翼言於萇曰：「陛下弘達自任，不修小節，駕馭羣雄，苞羅儁異，棄嫌錄善，有高祖之量。然輕慢之風，所宜除也。」萇曰：「吾之性也。吾於舜之美，未有片焉；漢祖之短，已收其一。若不聞讜言，安知過也！」

南羌竇鴦率戶五千來降，拜安西將軍。

萇下書，有復私仇者，皆誅之。將吏亡滅者，各隨所親以立後，振給長育之。

鎮東苟曜據逆萬堡，密引苻登。萇與登戰，敗於馬頭原，收衆復戰。姚碩德謂諸將曰：「上愼於輕戰，每欲以計取之。今戰既失利，而更逼賊者，必有由也。」萇聞而謂碩德曰：「登用兵遲緩，不識虛實，今輕兵直進，逕據吾東，必苟曜豎子與之連結也。事久變成，其禍難測。所以速戰者，欲使豎子謀之未就，好之未深，散敗其事耳。」進戰，大敗之，登退屯于郿。登將金槌以新平降萇，〔九〕萇輕將數百騎入槌營。羣下諫之，萇曰：「槌既去苻登，復欲圖我，將安所歸！且懷德初附，推款委質，吾復以不信待之，何以御物乎！」羣氐果有異謀，槌不從而止。

萇如陰密攻登，敕其太子興曰：「苟曜好姦變，將爲國害，聞吾還北，必來見汝，汝便執之。」苟曜果見興于長安，興遣尹緯讓而誅之。

萇大敗登于安定東，置酒高會，諸將咸曰：「若值魏武王，不令此賊至今，陛下將牢太過耳。」萇笑曰：「吾不如亡兄有四：身長八尺五寸，臂垂過膝，人望而畏之，一也；當十萬之衆，與天下爭衡，望麾而進，前無橫陣，二也；溫古知今，講論道藝，駕馭英雄，收羅儁異，三也；董率大衆，履險若夷，上下咸允，人盡死力，四也。所以得建立功業，策任羣賢者，正望算略中一片耳。」羣臣咸稱萬歲。

萇下書令留臺諸鎮各置學官，勿有所廢，考試優劣，隨才擢敍。苻登驃騎將軍沒奕于率戶六千降，拜使持節、車騎將軍、高平公。

萇寢疾，遣姚碩德鎮李潤，尹緯守長安，召其太子興詣行營。征南姚方成言於興曰：

「今寇賊未滅，上復寢疾，王統、苻胤等皆有部曲，終爲人害，宜盡除之。」興於是誅苻胤、王統、王廣、徐成、毛盛，乃赴召。興至，萇怒曰：「王統兄弟是吾州里，無他遠志，徐成等昔在秦朝，並爲名將。天下小定，吾方任之，奈何輒便誅害，令人喪氣！」

萇下書，兵吏從征伐，戶在大營者，世世復其家，無所豫。

苻登與竇衝相持，萇議擊之，尹緯言於萇曰：「太子純厚之稱，著于遐邇，將領英略，未爲遠近所知。宜遣太子親行，可以漸廣威武，防闚鬬之原。」萇從之，戒興曰：「賊徒知汝轉近，必相驅入堡，聚而掩之，無不克矣。」比至胡空堡，衝圍自解。登聞興向胡空堡，引還，興因襲平涼，大獲而歸，咸如萇策。使興還鎮長安。

萇下書除妖謗之言及赦前姦穢，有相劾舉者，皆以其罪罪之。

晉平遠將軍、護氐校尉楊佛嵩率胡蜀三千餘戶降于萇，晉將楊佺期、趙睦追之。遣姚崇赴救，大敗晉師，斬趙睦。以佛嵩爲鎮東將軍。

萇如長安，至於新支堡，疾篤，輿疾而進。夢苻堅將天官使者、鬼兵數百突入營中，萇懼，走入宮，宮人迎萇刺鬼，誤中萇陰，鬼相謂曰：「正中死處。」拔矛，出血石餘。寤而驚悸，遂患陰腫，醫刺之，出血如夢。萇遂狂言，或稱「臣萇，殺陛下者兄襄，非臣之罪，願不枉臣」。至長安，召太尉姚旻、尚書左僕射尹緯、右僕射姚晃、尚書狄伯支等入，受遺輔政。萇謂興曰：「有毀此諸人者，愼勿受之。汝撫骨肉以仁，接大臣以禮，待物以信，遇黔首以恩，四者旣備，吾無憂矣。」以太元十八年死，時年六十四，在位八年。僞謚武昭皇帝，廟號太祖，墓稱原陵。

校勘記

〔一〕常盧澤　冉閔載記、通鑑九九「常盧」作「長蘆」。水經濁漳水注見長蘆水。字當作「長」，「常」，蓋當後秦史臣避姚萇嫌名而改，唐人未及回改者。

〔二〕都督江淮諸軍事　御覽一二三引後秦錄、通鑑九九「江淮」作「江北」。胡注：「江北」恐當作「河北」。按：江淮爲東晉根本重地，地域甚廣，豈能以都督授弋仲。弋仲時在淸河，亦未必使其都督江北。胡說疑是。

〔三〕流人郭斁等千餘人執晉堂邑內史劉仕降于襄　據張元濟校勘記云，所見另一宋本「斁」字空格，百衲本從殿本補。周校：穆帝紀作「郭敞執陳留內史劉仕」。按：通鑑九九從紀。堂邑西晉雖曾置郡，不聞曾爲王國，何以稱內史，疑誤。「斁」字當是舊本模糊，故宋本已空格，或本是「敞」字，形近譌「斁」。

〔四〕羗訓　通鑑一〇五作「羌訓」。

〔五〕李詳　各本「詳」作「祥」，宋本作「詳」。通志一九〇亦作「詳」，今從宋本。

〔六〕遂師次於渥源　通鑑一〇七「渥」作「泥」，胡注：「漢書地理志，北地郡有泥陽縣，應劭注云：泥水出郁致北蠻中。」疑「渥」乃「泥」之譌。

〔七〕諸將或欲因登駭亂擊之　各本「亂」下衍「欲」字，今據册府二二七、通志一九〇删。又「或」字，册府、通志並作「咸」。

〔八〕董成　御覽二九三引十六國春秋、通典一五四「成」作「咸」。

〔九〕金槌　通鑑一〇七作「强金槌」。